OPEN是一種人本的寬厚。

OPEN是一種自由的開闊。

OPEN是一種平等的容納。

OPEN 4/21

得救的舌頭

作　　者　伊利亞斯・卡內提
譯　　者　林維杰
責任編輯　江怡瑩
美術設計　江美芳
發 行 人　王學哲

出 版 者
印 刷 所　臺灣商務印書館股份有限公司
地址：臺北市 10036 重慶南路 1 段 37 號
電話：(02)23116118 ・ 23115538
傳眞：(02)23710274 ・ 23701091
讀者服務專線：0800056196
郵政劃撥：0000165 － 1 號
E-mail：cptw@ms12.hinet.net
網址：www.commercialpress.com.tw
出版事業登記證：局版北市業字第 993 號

初版一刷　2004 年 7 月

定價新臺幣 370 元
ISBN　957-05-1881-2（平裝）／ 24221000

OPEN 4/21

卡內提回憶錄三部曲之一 Die gerettete Zunge

得救的舌頭

一個青年人的故事 1905-1921

1981年諾貝爾文學獎得主
伊利亞斯・卡內提 Elias Canetti ／著
林維杰／譯

臺灣商務印書館 發行

目次

第一部 魯斯特舒克（一九〇五—一九一一）

第二部 曼徹斯特（一九一一—一九一三）

第三部 維也納（一九一三—一九一六）

第四部
蘇黎世—舒伊赫策街（一九一六—一九一九）

第五部
蘇黎世—深井區（一九一九—一九二一）

獻給格奧爾格・卡內提

1911～1971

第一部

魯斯特舒克

1905—1911

我最初的回憶

我最初的記憶是沈浸於一片紅色。在一個女孩子的臂彎裡，我從一扇門走出來，眼前的地板是紅色的，靠左邊一座往下的樓梯也是紅色。在對面同樣的高度，一個臉上掛著笑容的男人自另一扇門中走出來，友善地迎向我。他走到非常貼近我時，停下腳步說：「伸出你的舌頭。」我把舌頭伸出來，他則自口袋裡取出一把折疊式小刀，展開它並把它靠近我的舌頭：「現在讓我們割掉它吧！」我可不敢伸回來，他愈靠愈近，同時以刀鋒輕觸我的舌頭。最後一刻他拿開刀子說：「今天還不要，明天吧！」他合起了刀子並把它收進口袋裡。

每天早晨，我們踏出門走進那道紅色的走廊時，那扇門便打開來，然後掛著笑容的男人出現了。我明白他會說些什麼，並等待他發出伸舌頭的指令，我知道他要割掉我的舌頭，而每一回都使我更加害怕。通常一天就是這樣開始的。

我把這個記憶保留了許久之後，才向母親提出疑問。就是那片充斥整個屋子的紅色，使她回想起是卡爾斯巴德①的旅店，一九〇七年她與父親帶著我在那兒消磨了整個夏天。當時為了照料兩歲的我，她從保加利亞帶來保姆，一個自身也不滿十五歲的女孩子。每天黎明時

---

① Karlsbad，捷克西北部城市，位於布拉格西邊。

分，她便抱著孩子出門。雖然只會說保加利亞文，她卻可以毫無困難地穿梭於熱鬧的卡爾斯巴德，而且總是能準時帶著孩子回來。有一回在街上，她被人瞧見與一位陌生的年輕男子在一塊兒。關於那男子的來歷，她只說是偶然認識的朋友，沒有什麼可說的。過了幾週後真相大白，原來那男子所住的房間，剛好就位在我們同一條走廊的另一邊。有些時候，這女孩會在夜裡用飛快的速度衝進他的房間。我的父母親覺得對那女孩子應善盡保護的責任，便即刻把她送回保加利亞去了。

這女孩與年輕男子兩人都是一大早便出門，這樣的方式促成了他們的相遇，也促使了這一切的開端。利用刀子的威脅方式確實達到了目的，小孩對此保持了十年的沈默。

家族的驕傲

我出生在魯斯特舒克（Rustschuk）這個位於多瑙河下游的城市，對一個年幼的孩子來說，這座城市實在很奇妙。如果我僅僅說魯斯特舒克是一座位於保加利亞的城市，這樣的介紹方式其實也不完整。這裡居住著來自世界各地的人，一天之內你有可能聽見七、八種語言。除了那些經常來自鄉下的保加利亞人之外，還有著許多土耳其人，他們集中住在城裡的特定區域，而我們這裡則是猶太裔西班牙的社區。另外還有希臘人、阿爾巴尼亞人、亞美尼亞人以及吉普賽人，更有著從多瑙河對岸來的羅馬尼亞人，我的奶媽就是羅馬尼亞人，雖然我對她已經沒有任何記憶了。除此之外，還有一些零星的俄羅斯人。

當時我是個孩子，還不能察覺到這個城市的居民在種族上的多樣性，卻能不斷感受到它帶給我的影響。由於那些人分屬不同的民族，而且所著的服飾又各不相同，使得某些特殊的身影一直深深地烙印在我的腦海。在那六年間，家裡的僕人曾有一次是捷克人，之後又有一位亞美尼亞人。我母親最好的朋友奧嘉則是俄羅斯女子。那些吉普賽人每週總會聚集在我家的院子，數量之多，簡直就像是一整個種族的人傾巢而出，那樣驚悚的感覺容我留待稍後再敘。

魯斯特舒克這個古老的多瑙河港口，其實有著某種特別的意義。這個港口除了不斷吸引來自四面八方的人之外，多瑙河這個話題更為人們津津樂道。有些故事是這樣的：在多瑙河某些特殊的結凍年分裡，人們駕著雪橇在河面上前往羅馬尼亞，這時遇上了飢餓的狼群，牠們窮追不捨地緊跟在拉雪橇的馬匹後頭。

狼是我第一種聽說的野獸。那些保加利亞的農家少女老愛講些狼人的傳說，害得我有一晚就讓臉上蒙著狼面具的父親給嚇壞了。

早年我在魯斯特舒克的生活真是多采多姿，令人既激動又害怕，不過要完整地描述出來，可不是那麼容易。往後我所經歷的事件，其實都只是重演在魯斯特舒克的歷史罷了。在魯斯特舒克，另一個不同的世界就是指歐洲，如果有人沿著多瑙河前往上游的維也納，我們會說他去歐洲了。所謂歐洲的起點，也就是昔日土耳其帝國的終點。大部分的猶太裔西班牙人仍然是土耳其公民。對他們而言，生活在虔信基督教的巴爾幹斯拉夫人統治之下，還不如被土耳其人統治好過得多。但那些為數眾多的富裕西班牙猶太商人，則與新的保加利亞政體維持著良好關係，而長期統治保加利亞的費迪南（Ferdinand）國王，更被視為猶太人的朋友。

這些西班牙人對忠誠的態度有點兒複雜。他們是虔誠的猶太人，教區生活對他們而言有其重要性，雖然這樣的生活並不狂熱，但卻是他們生存的重心。由於他們的西班牙傳統背景，因此自視為特殊的猶太人。在被驅逐的幾百年間，其使用的語言與原來的西班牙文之間，甚少變化。這種語言裡頭吸收了些許的土耳其字彙，不過仍可以辨識出來，對人們來說，還是有相應的西班牙字眼可用。

我聽的第一首童謠是西班牙文的，聽的故事則是古老的西班牙「羅曼史」，不過最有力、對小孩來講最不可抗拒的，卻是其中所蘊含的某種西班牙式風情。那些猶太裔西班牙人以一種天真的傲慢姿態看待其他的猶太人。有一個鄙夷的字詞可以形容他們——托德斯可（Todesco）——指的就是那些德國猶太人或東歐一帶的阿許肯那猶太人。和一個托德斯可人通婚，是令人難以想像的。回想起來，在我仍是孩提時期，於魯斯特舒克所認識的許多家庭中，這樣的通婚情形是從不曾聽說的，也不認識半個這樣的家庭。我祖父甚至在我未滿六歲時便曾經警告我，將來絕不可以有這種門不當戶不對的婚姻。但這種歧視也不能一概而論。那些猶太裔西班牙人當中有一些所謂「世家」，指的是已經富裕許多年的家庭。「es de buena famiglia」（他出身世家）是最令人引以為傲的一句話。我母親提到這句話的次數多到令我生厭。當她沈湎於維也納國家劇院、以及與我一同閱讀莎士比亞的時候，或是她後來提及最鍾愛的作家史特林堡②的當兒，總是毫不羞赧地強調自己出身於好家庭，再沒有更好的家庭可與之相比了。雖然她熟悉某些高文化語言，這些語言中的文學作品也已完全充滿著她的生活，她卻不覺得熱切追求廣博的知識，與一直為她所助長的那種自大的家族驕傲態度，兩者間有何衝突可言。

當時我仍完全受她所控制，她則為我開啟了通往各樣智識的大門，我盲目且熱切地跟隨著她。但那時我已感受到其間的衝突性，而這樣的衝突不斷地折磨著我，令我手足無措。在年少的不同階段，我曾經不只一次就這個問題於談話中向她提起，甚而指責她，但對她卻也起不了什麼作用。她早就清楚地為其驕傲找到說詞，然而她這種令我不解的傲慢又狹隘的心態，卻使我早早便對重視出身的高傲態度起反感。以任何可能形式表現出社會階級意識的人，我全然不能接受他們，只能把他們視為來自異國的可笑動物。對那些高傲於出身背景的人，我發現自己其實也採取另一種相反方向的偏見。那些少數與我為善的貴族們，我必會觀察他們是否會談論出身背景，以及是否懷有這樣的意識。我為這些行為付出心力，換來的代價就是他們紛紛棄我而去，不再與我為友。所有的偏見都是由另一個偏見所激發的，而通常又是從與之立場相對的偏見所造成。

母親的階級意識，除了因為她是自視甚高的猶太裔西班牙人之外，更包含著金錢的因素在內。從家族當中，尤其是母親的娘家這一邊，我見識到金錢對人產生的影響。那些傾全力專注於追求金錢者，是我認為最糟糕的。有狂熱追求金錢而最後淪落成被迫害妄想症患者；

---

② Strindberg，1849~1912，瑞典小說家與戲劇家，較著名的作品有《茱莉小姐》（1888）及《死之舞》（1901）。

有鬩牆之爭，為了金錢兄弟反目成仇者，其訴諸法院纏訟多年，兩敗俱傷，直到所有的金錢都耗盡為止。他們全都是我母親所引以自豪的「世家」子弟。她親身目睹了這一切的經過，我們也時常討論這些事情。母親具有洞燭先機的智慧，她長年閱讀偉大的世界文學作品，又有自身的人生經驗累積，所以學習到種種人性的知識。她知道自己家族中那些瘋狂自殺行為背後的動機。母親大可以輕鬆地據此寫成一部小說，但她沒有，因為她對家族的自豪仍然不變。如果這是因為出於對家族的愛，或許我可以早一點了解她為什麼不寫那樣的小說。她並不喜歡家族中的許多領袖，其中有某些使她憤慨者，也有讓她輕蔑的人，但是整個家族仍令她引以為傲。

稍長之後，我在與人交往而逐漸擴大的關係之中，察覺自己和她其實並沒有兩樣。我把一生中大部分的黃金歲月，全花在了解人類於歷史文明中所呈現出來的花招詭計。我對權力做冷酷的分析和研究，有如母親對家族中的訴訟案件所抱持的態度。對於人類的惡行我少有說不出口的。但我仍以身為人類而感到驕傲。唯一令我真正深惡痛絕的只有人類的公敵——死亡。

小雞卡口。狼和狼人

我常聽到「la butica」這個既熱情又溫柔的字彙，人們如此指稱我祖父和他的兒子們白天所工作的商店。因為我的年紀還小，很少被帶到店裡去。那間店位於魯斯特舒克有錢人的高級住宅區內，一條有點坡度且直通港口的路上。街道兩旁都是一些規模較大的商店，祖父那間店是一間三層樓高的屋子，在我記憶中那是一間既高大又雄偉的樓房，因為山丘上的其他住家都只有一層樓高。店裡只做殖民地雜貨的批發生意。那是一間瀰漫著美好氣味的店，置身其內令人感到寬敞舒適。裝著各式穀物而沒有封口的大袋子，就直接放在地板上。袋子裡有些裝著小米，有些裝著大麥，還有一些是稻米。如果手很乾淨，我就可以伸進袋子裡摸摸那些穀子，真是一種舒服的感覺。我把雙手伸進袋子裡，掬起那些穀粒嗅一嗅，再舉高雙手讓穀粒從我的指縫間緩緩地流回袋中。這是我常做的事情，雖然店裡頭還有很多值得注意的東西，但我最喜歡的還是這件事。要把我從那些袋子旁邊帶離開，還真是不容易。店裡另有一些茶葉和咖啡，特別是巧克力，它們的數量很多，而且包裝得十分精美，但是這些東西可不像在平常的店裡一樣零售。不過最討我歡喜的，還是那些擺在地上而沒有封口的袋子，它們的高度正好讓我伸手進去把玩那些不同的穀類，就是這些穀粒對我有特別的意義。

店裡絕大部分的東西都可以吃，但不是全部，不能吃的就像那些火材、肥皂和蠟燭，還有刀子、剪刀、磨刀石、短鐮刀、長柄鐮刀等等。從各個村子來的農人們往往在農具前矗立許久，最後他們會用手指測試刀鋒的鋭利程度。我在一旁看得既有趣又有些害怕，因為大人們從不允許我觸摸那些傢伙。有一回，某個農夫大概覺得我的臉蛋很有意思，抓著我的拇指強塞進他手中，把它放在他的拇指邊，要我感受一下他的皮膚有多麼粗糙。從來沒有人把巧克力獎賞給我，坐在後面辦公室的祖父把生意管理得井然有序，什麼事都一板一眼的，絲毫馬虎不得。不過，在家裡他就會流露出對我的慈愛，因為我承繼了他的全部姓氏，甚至連名字都一樣。但在店裡，他可不怎麼願意看到我，也不准我長時間待在裡頭。如果他下一道命令，受命的店員匆忙間就得用跑的，有時候店員直接拿起包裹便離開店裡。我最喜歡一個瘦削的、衣衫襤褸的老年男人，他總是面帶微笑，卻又心不在焉的樣子。老男人猶豫不定，祖父一開口他就驚惶失措，老像是做白日夢般渾渾噩噩，全然不似我在店裡看到的其他人。他和我說話一貫是和顏悅色，但語音含混不清，弄得我一頭霧水，不過仍可以感受到他對我的善意。他叫契雷博，是個貧窮、毫無希望又沒有工作能力的親戚，祖父出於同情才雇用他。我常聽到契雷博給呼來喚去，就像個僕人似的，因此對他存著極深刻的記憶，許久之後我才明白，原來他是祖父的兄弟。

我家的院子大門外，街道上老是塵埃飛揚又一片死寂。若下起大雨，整條街便泥濘不堪，出租馬車總會留下深深的車轍。大人不許我上街玩，說什麼我們的大院子有足夠的空間，而且很安全。有時候我會聽見外頭傳來一陣陣強烈的咯咯聲，不久後愈益震耳且激動。不過聲音持續不了多久，一個身著襤褸不堪的黑衣男子，渾身顫抖不已而嚇得咯咯叫，他為了躲避街上孩童而撲倒在我家門前。全部的街童都尾隨在後，學母雞一樣地叫著「卡口！卡口！」他害怕雞，因此孩子們就跟在後頭學雞叫折磨他。他三步併做兩步竄到孩子前方，就在我的眼前化身為一隻母雞。他淒厲地咯咯亂叫，極度害怕，雙臂像隻雞一般不停拍打。他上氣不接下氣地靠在祖父家門口的階梯上喘息著，卻不敢進來。緊接著他又跳到另外一邊，先是躺了下來，接著就一動也不動了，那些孩子們站在院子的大門外仍不停地學著雞叫。他們是不准踏入庭院的。就在那男子像具死屍般的躺在那兒時，孩子們似乎感到有些害怕，於是也逃閃了。緊接著便聽見外頭響起那有如凱旋曲般的叫囂聲「卡口！咯里咯咯！卡口！咯里咯咯！」——意思是「卡口小雞！卡口小雞！」他躺著不動，直到再也聽不見那些叫囂的聲音為止，然後蹺曲著身子，小心翼翼看了看四周，摸了摸全身上下，才起身悄悄地離開院子。這時他再也不是那隻拍打翅膀驚惶失措的雞了，而是附近一個疲憊的白癡。

有時候那些孩子們會躲在不遠的街上等他，一場駭人的遊戲又會開始。通常他們轉到另一條街上後，我就看不見了。也許我曾經同情過卡口，每當他跳起來的那一瞬間總會驚嚇到我，但最令我百看不厭的，卻是他化身為一隻黑色大母雞的過程。我不了解那些孩子們為什麼要追他。他縱身一躍之後安靜地躺在那裡，我卻擔心他不再起身變回一隻母雞。

多瑙河流到保加利亞時已經屬於下游了，那兒的河面相當寬廣。對岸的城市圭弗圭屬於羅馬尼亞。聽說餵我吃奶的乳母便是打那裡來。她是一個既健康又強壯的農家婦女，在哺育我的同時，把自己的孩子也帶來一起餵奶。我經常聽到誇獎她的言辭，雖然我對她沒什麼印象，但是因為她的緣故，每當我聽到羅馬尼亞語時，總感到那是一種溫馨的聲音。

少數幾年的冬天裡，整個多瑙河都凍結了，大家會談起那些令人血脈僨張的故事。母親還小的時候，常乘著雪橇前往羅馬尼亞，她曾經向我展示過那些彼時用來禦寒所穿戴的皮草。若天氣異常寒冷，飢寒交迫的狼群便會下山攻擊在前頭拉雪橇的馬。馬伕們往往會試著用馬鞭驅趕那些傢伙，不過沒用，他們還是得開槍。曾有一回，他們沒有帶槍便出門。一位武裝的捷克僕人應該與他們同行，卻因事耽擱未能趕上，馬車便逕自出發了。他們艱苦地抵抗狼群的攻擊，情況十分危急，若非對面有兩個人正好乘雪橇趕來，並用槍射殺了其中的一匹且驅散其他惡狼，慘劇就可能發生。母親給嚇壞了，她描述當時的情景，直說那些猩紅的狼舌有多麼靠近她。多年後她仍經常夢到那些狼舌。

我經常央求母親說那些故事，她也很樂意講述，因此狼成了我幻想中的第一種野生動物。尤其是從那些保加利亞的農家女孩那兒聽來的童話故事，更加深了我對狼的恐懼。那些女孩當中有五、六位是住在我們家的。她們的年紀都還小，或許才十或十二歲時吧，便被親人從鄉下帶到城裡的人家幫傭。她們老是赤著腳在屋子裡跑來跑去，隨時都很高興的樣子。她們要做的事也不算多，做起事來總是一堆人聚在一起。她們是我最早的玩伴。

如果晚上爸媽一起出門，我便同她們留在家裡。大客廳四周靠牆的地方，放著一些長長矮矮的土耳其沙發，地上到處鋪著一塊又一塊的地毯，另外就是一些小桌子。除了地毯和小桌子，這些沙發便是我所能回想起來在客廳中的長年家具。每當天色變暗，女僕們便開始害怕，大家緊密地蹲坐在一張靠窗的沙發上，並把我拉到最中間的位子，然後她們開始講述那些關於狼人和吸血鬼的故事。一個又一個地接著講個不停，我一直怕個不停而直發抖，並用力擠向兩旁的女僕。很糟糕！我們害怕得很，以至於沒有任何人敢站起來。雙親回來時，發現我們一堆人全都顫抖不已。

我所聽過的童話故事，只剩下狼人和吸血鬼的內容仍留在記憶裡。也許我根本沒聽過其他題材的故事。我不需要拿著一本巴爾幹童話書來對照，就能馬上認出當中的幾則故事。我能回憶起其中的每一個細節，但不是以當初所聽到的語言。我聽故事時，那些人是使用保加利亞文講述，我卻以德文了解它們。這其間的神祕轉譯過程相當奇特，也許是我年少時期裡最值得描述的一件事。大多數兒童的語言遭遇皆不相同，也許我應該多談一點這方面的事情。

我的雙親彼此用德文交談，因為他們不讓我了解交談的內容。對我們這些小孩，以及所有的親戚朋友們，他們則使用某種西班牙文。那真的是一種口語，而且是古老的西班牙語，即使日後我仍經常聽得到，也從來不曾忘掉。家中那些農家女孩只會說保加利亞語，事實上，我也真的從她們那裡學會了這種語言。但因為我從來不曾上過保加利亞學校，所以我在六歲那年離開魯斯特舒克後，很快便把它忘得一乾二淨。早年發生的一些重大事件，都是以這種西班牙語或保加利亞語保存在我的腦海裡。稍後我又不自覺地把其中大部分的內容翻譯成德文。除了一些特別戲劇化的事件、劇烈的爭吵，以及奇怪惱人的事情之外，我會把它們原封不動，而且是非常精確地——有如磐石般不容摧毀地以西班牙原文保留在腦海中。至於其他大部分的內容，尤其是保加利亞文的那一部分（例如那些童話故事），都是以德文的面貌留在記憶中。

這一切到底是如何發生的？連我自己也無法解釋得清楚。我不知道究竟是在哪一個時刻，或許又是一個什麼樣的時機，導致它們自動把那些內容轉換成德文。我不曾深究過這件事，或許是害怕吧，遵循嚴格的原則以進行系統性的探究，會摧毀那些珍貴的記憶。我只能確定地說：那些年當中所發生的事情，彷彿是昨天才剛發生的一般強烈、清晰，我自己就是靠著這些回憶活過了六十多年。但是其中大部分的內容，卻僅僅靠著一些當年連我都不甚了解的字彙來維繫著。對我而言，這一切是如此的自然，就算讓我現在把這些事情寫出來，也感覺不到其中有任何的改變或扭曲。這不像是一本書所進行的文字性翻譯工作，由一種語言轉換成另外一種語言，而是在不自覺的情況下所完成的翻譯。我對「翻譯」這個詞厭惡得有如瘟疫，它給過度使用了，一點意義都沒有，所以我請求大家在這個特殊的情況下，能夠原諒我使用這個字眼。

亞美尼亞人的斧頭。吉普賽人

斯湯達爾③在他的《昂利・勃呂拉傳》（*Henry Brulard*）中輕鬆地談起繪製地形圖的樂趣，可是從未發生在我身上。很遺憾我一直不擅長於繪圖。因此我得簡短地以另一種方式，來描述一下我們在魯斯特舒克庭院四周的住宅建置狀況。

如果有人從街上穿過大門踏進庭院，座落在他右邊的，正是卡內提祖父的房子。它看來比其餘屋宇來得壯觀許多，也較為高大。我不敢說它是否還有其他樓層，但是與其他一層樓高的屋子比起來，祖父的房子顯得更雄偉，或許是因為通向房子的階梯多一些。它看起來也比其他房子來得明亮，大概是油漆顏色淺的緣故吧！

房子的對面，也就是座落在庭院大門左邊的那間房子，住著我父親的大姊——索菲姑姑和她的先生——納坦姑丈。他的姓氏是艾爾加金姆，一個我從來就不喜歡的名字。也許這姓氏對

③ Stendhal，1783~1842，法國小說家，最著名的作品是《紅與黑》（1830）。

我而言有些陌生，因為它一點也不像其他人的名字，聽起來也不似西班牙文。他們有三個孩子：雷姬娜、賈奎斯、勞麗卡，其中最年幼的也比我大上四歲，這樣的年齡差距有些糟糕。

我們家緊臨著這棟房子，都在同一條直線上，也在庭院的左側，房子的外觀跟姑丈家極為相似。爬上幾步通往房子的台階，上面有一個與這兩棟房子等寬的平台。

三棟房子間的庭院相當大，我們房子的對面，不是正中間，而是往旁邊一點，座落著一口汲水井。它的水量並不多，因此大部分用水還是得靠驢子載著一個又一個的大木桶從多瑙河搬運回來。多瑙河的河水如果不先煮過是無法飲用的，之後必須再把一大桶又一大桶燒過的水，置放於屋前的平台上讓它冷卻。

果園就位於汲水井的後方，由樹籬與庭院區隔開來。它並不特別漂亮，形狀有點兒規律，也許年代也不夠久遠。母親娘家親戚的果園可要比它漂亮多了。

穿過大庭院，就能由房子的較窄一面進入屋裡，愈往後走房子愈寬。雖然它只有一層樓高，在我的記憶中卻相當寬敞。如果沿著庭院的外圍繞著房子最長的這一面走，便會進入一個小院子，廚房的門就開在這裡。院子裡堆滿尚未劈好的木頭，雞鴨四處亂竄。廚房裡永遠是忙碌的，那些女廚師一會兒端著東西出來，一會兒又拿些什麼東西進去，還有半打的女僕也在一旁跳來跳去的忙著。

有一個僕人經常在廚房前的小院子劈柴，我最記得他了，他是我的朋友——一個悲傷的亞美尼亞人。他常常一面劈著木柴，一面唱著歌，我雖然聽不懂那些歌曲的內容，但聽來總有心被撕裂的感覺。我問母親他為什麼如此悲傷，她答道：壞人想把伊斯坦堡的亞美尼亞人殺光，他在那裡失去了所有的家人，躲在藏身處，又親眼看到妹妹被殺死，之後他便逃到保加利亞來。父親因為同情他的遭遇而收留他。每當他劈著木柴時便會憶及妹妹，因而唱出那些悲傷的歌曲。

我非常喜愛他。當他劈柴時，我會站在客廳盡頭面對廚房靠近窗户邊的沙發上看他，並把我的身子伸出窗外盯著他瞧。他唱起歌來，總讓我想到他妹妹。我一直希望有個妹妹。他蓄著一把黑黑長長的小鬍子，和一頭漆黑的頭髮，或者是我老見到他雙臂高舉著斧頭，身材因而顯得十分高大。也許是因為很少見到店員契雷博，相較之下我更喜歡這個亞美尼亞人。我們之間偶爾會交談幾句，但是並不多，我也想不起當時說的是哪種語言。他開始劈木柴時總會先等著我，我一出現，他便微笑著舉起斧頭。他劈柴時有些嚇人，就像是把怒氣發洩在那些木頭上，接著便有些詭異地唱起那些哀傷的歌曲，等到他放下斧頭時又再度對著我微笑。我等待他的微笑，正如同他等著我的出現。他是我這輩子見過的第一個難民。

每到星期五，那些吉普賽人便會出現。所有的猶太家庭在星期五都忙著為安息日做準備。整個屋子從上到下都打掃得乾乾淨淨，那些保加利亞女僕一會兒進一會兒出的，廚房裡鎮日忙得不可開交，誰也沒空睬我。我一個人在大客廳裡，孤伶伶的，把臉貼靠近花園的窗户上等待著吉普賽人。生活中我總是害怕他們。我認為跟那些女僕擠在長沙發上的漫長黑夜裡，她們必定也說了些關於吉普賽人的故事。我一直惦記著他們會偷抱小孩的故事，並且深信他們想要帶走我。

雖然如此害怕，我卻不捨得錯失看他們的機會，他們構成的景象真令人難忘。他們人多，很需要空間，庭院大門早已敞開著等他們。他們到來時就像是一整族都出動了，中間位置站著一位瞎眼的族長。有人說他是這族的曾祖父，一位好看的白髮老人。他走得很慢，左右兩邊各有一位成年的孫女攙扶著他，她們身上穿著五顏六色的舊衣裳，是破布縫製成的。在他四周圍密密麻麻的擠著一大群吉普賽人，各個年齡都有，其中男性只占極少數，幾乎全是婦女；還有為數不少的孩子，年紀小的由母親抱在懷中，其他的孩子就在一旁蹦蹦跳跳。他們絕不會遠離那位高傲的老人，永遠以他為中心。整個行列緊密非常，甚至前進時也緊靠在一起，別處我可不曾看過這種奇異的景象。在這個多采多姿的城市裡，他們仍是最綺麗的一群。他們使用各種色彩鮮豔的破布綴補在衣服上，當中以紅色占多數，也最顯眼。群眾之中許多人都在肩上掛一個棉質布袋，我向來不敢直視那些袋子，想像中，裡頭裝的都是一些被他們偷來的小孩。

那些吉普賽人的數量簡直多到數不完，但是今天回想起來，再試著估量他們的人數，我想當日的畫面中最多不會超過三十或四十個人。無論如何，我從不曾見過這樣多的人同時在庭院中出現，又因為中間那位老人的緣故，他們前進的速度變得很慢，整個院子擠得水泄不通，到處都是人，好像沒有止盡似的。但是他們也沒有逗留多久，反而繞著房子的外圍直接進入廚房前面的小庭院。院子裡四處堆放著木頭，他們就在那裡坐了下來。

我慣常於等待那些吉普賽人。只要他們一出現在院子的大門前，瞥見瞎眼老人的那一刻，我拔腿就跑，一路尖叫著：吉普賽人！吉普賽人！從長形的起居室穿過與廚房連結的那道更長的走廊，一直衝到後面。母親正在那兒指點安息日的菜色，她會親手準備其中幾道特別可口的菜餚。奔跑的途中我經常撞見那些女僕，但是我不會留意她們，只是繼續尖叫著直跑到母親身旁，聽她說些安撫我的話。我也不會留在她身邊，而是又沿著原路跑回去，透過窗戶繼續看那些吉普賽人走到哪裡了，如果前進了些，我馬上又跑到廚房告訴她們。我想看吉普賽人，整個心思都被他們盤據了，但是一見到他們卻又害怕被帶走，於是乎又尖叫著跑開。這樣來回地奔跑總要持續上好一會兒。也因為如此，我對屋子的前後院這一塊區域保有一份強烈的情感。一旦他們到達了目的地——廚房前面，老人會先行坐下來，其他人再圍繞著他坐下，婦女們打開袋子接受饋贈的救濟品，從不爭執。他們會從成堆的木柴中獲贈一些較大的劈材，那是他們最渴望的。他們也會得到吃的，尤其是一些已經處理過的食物。家人絕不會拿些垃圾來搪塞他們。當我瞥見袋子裡裝的不是偷來的小孩時，便鬆了一口氣。在母親的保護下，我走近他們仔細觀察，並提防自己太靠近那些想要摸我的婦女。瞎眼的老人坐在那裡，一邊休息一邊慢慢吃菜，絲毫不慌張。其他人則碰都不碰一下，就把菜餚直接裝進袋子裡。只有孩子們獲准吃那些獲贈的糖果。我感到十分驚訝，他們對待小孩是如此友善，一點兒也不像是會綁架小孩的強盜，卻依舊無法減少我對他們的恐懼。過了一段我覺得極為漫長的時間後，他們要離開了，隊伍移動的速度比起他們來時稍微快了一些，他們又循著來時的路，繞過屋子的外圍穿過院子往回走。我從同一扇窗戶往外望，看著他們穿過大門然後消失。此時，我最後一次跑回廚房宣布說：吉普賽人走了！這時僕人便牽起我的手，帶著我走向門邊，帶上鎖，說道：現在他們不會再來了。通常大門在日間是敞開的，但是星期五那天會把它關起來，讓後來的其他吉普賽人知道，他們的人已經來過了，應該再繼續往前走。

弟弟的誕生

最早我仍坐高腳椅的時候，地板離我似乎很遠，我總擔心摔下去。父親的長兄「布可」伯伯來拜訪我們，把我從椅子上抱下來，放在地上，然後一臉肅穆地把手平放在我頭上，寓意深長地說：「我賜福於你！小伊利亞斯，阿門！」我喜歡聽他那種莊嚴的口音，當他賜福的時候，我相信自己真的變強壯了。他是個喜愛開玩笑的人，而且很快便笑了出來，我發覺他只是捉弄我而已。這個老讓我上當的賜福典禮，就在我羞愧萬分的情形下結束。

無論做什麼事情，這位伯父總要重複個千百次。他教了我很多短曲兒，卻不肯停下來等我學會自己唱，等到下回他再來拜訪我們，便會詢問我那些短曲兒，並且很有耐心地加以糾正，還讓我在大人面前表演。我期待他的賜福，雖然他總是馬上揭穿它，如果他能稍稍克制一下，他會是我最喜愛的伯伯。他住在華納，主持祖父事業中的一個分店，只有在節日或特別的時候才會來魯斯特舒克。大家提到他時，總是用著一種尊敬的口吻，因為他是「布可」——一個光榮的稱呼，這個稱謂專指每個家庭中的長子，如果我繼續留在魯斯特舒克，也會成為「布可」。

我當了四年獨子，那段期間裡一直像個女孩子般穿著裙子。我一直希望能夠像個男孩穿著褲子，但他們老是推託，勸慰我說再過一陣子吧。然後弟弟尼辛姆來到這個世界，趁著那次機會，我終於獲准穿上了第一條褲子。因為我對那個場合中能夠穿上褲子這件事感到無比驕傲，也因此能把當時發生的每一個小細節都記得清清楚楚。

那時屋子裡到處都是人，所見到的每一張臉都是那麼的嚴肅。他們不准我去臥室裡找母親，往常我的小床都擺在母親的臥室裡。我在門外徘徊著，如果有人打開門走進去，我便試著想看她一眼，但他們總是迅速關上門。我聽見哀號的聲音，卻無法辨認出是誰，當我試著詢問那是誰的叫聲，人們總是回以「走開」。我還不曾見過大人們如此嚴肅過，沒有人有空照顧我，這是從來未曾發生過的。（我後來獲悉那是一次漫長的難產，大家都為母親的安危而擔心。）有著黑色鬍子的梅納荷莫夫醫生也在場，平常他對我很友善，當我唱些短歌時，還會讚美我，現在卻連看我一眼同我說話都不願意，當我不肯離開房門口時，甚至還很生氣的瞪著我。哀號聲越來越大，「我親愛的媽媽！我親愛的媽媽！」我把頭緊貼著門側傾聽著，那些呻吟聲大到使我心驚膽戰。突然間，我了解到那些呻吟聲是發自母親，一股無名的恐懼使我再也不想見到她了。

終於我獲准進入臥室，所有人的臉上都掛著笑容，父親也笑著，他們給我看弟弟。母親則臉色蒼白且毫無反應地躺在床上。梅納荷莫夫醫生說道：「她需要安靜。」但是那裡一點兒也不安靜，陌生的婦人們在屋裡走來走去的，現在大家又察覺到我的存在了，我受到了些許鼓勵。很少來我們家的外祖母說道：「她現在好多了。」母親什麼話也沒說，我畏懼她，這便一溜煙似地跑離房間，也不再守在房門外。之後好一段時間，我對母親感到十分陌生，這情形持續了大約一個月左右，才又重新恢復了對母親的信任。

接下來我見到割禮儀式。家裡來了更多人，我獲准參觀儀式。印象中他們似乎是刻意要我看的。屋子裡所有的門全都敞開著，大門也是。一張為了請客而布置好的長桌子擺在大起居室裡，割禮儀式是在位於臥室對面的另一間房裡舉行。只有男人在場，大家全站在一旁，小弟被抱在一個盆子的上方，我看到了刀子，特別的是我看到了許多血滴進盆子裡。

弟弟的名字是照著外祖父的名字──尼辛姆取的，他們對我解釋道：我因為是長子，所以繼承了祖父的名字。長子的地位被大家誇耀著，我從割禮儀式的那一刻起便意識到這種地位，對這種地位也一直很驕傲。

宴會進行得很愉快，我穿著褲子不停地來回閒逛，直到每一位客人都注意到我的褲子。一有新的客人到來，我便迫不急待地跑到門邊，滿心期待地站在他們旁邊。那真是門庭若市，大家都到齊後，卻找不到隔壁的賈奎斯表哥，有人說他騎著腳踏車出去了。大家紛紛指責他這種行徑。餐後他才滿身塵土地回來，我見到他在屋前從腳踏車上跳下來，他比我年長八歲，穿著中學的制服。他向我說明那個既新奇又美好的東西，這輛腳踏車是他新近才獲得的禮物。他準備神不知鬼不覺地溜進屋子混進賓客當中，卻因為我吵著也要一輛腳踏車而形跡敗露。索菲姑姑衝向他加以譴責。他用手指威脅我，之後又消失了。

打那一天起，我才知道吃東西時必須閉著嘴巴。我站在雷姬娜（那輛腳踏車車主的姊姊）前面，看著她把堅果放進嘴裡，我呆呆地站在那裡看著她閉嘴咀嚼，嚼了好久才結束。她跟我說：從現在起，我吃東西時也必須照著她這樣做，否則大人們又會要我穿裙子。

土耳其人的房子。兩位祖父

當卡內提祖父到店裡去的時候，我偶爾會被帶到他的房子裡向祖母請安。她坐在土耳其式的沙發上抽煙，喝著黑咖啡。她總是待在家裡，從不出門。在我的記憶中，當時似乎從不曾在屋外的任何地方見過她。她的名字叫做羅拉，和祖父一樣是阿得瑞安波④的人。他叫她「歐若」（Oro），其實是黃金的意思。我一直不能了解她名字的意義，她是所有親戚中仍然保留最多土耳其風情的人。她從不起身站到沙發前，我甚至不知道她是如何躺到沙發上的，因為我從來不曾見過她走到沙發邊。她只是躺在那裡不斷地嘆氣、抽煙，喝著一杯又一杯的咖啡。用嘆息的聲音接待我，再打發我走，什麼話也沒說，再用悲傷的口氣對著帶我來的人說個幾句話。也許她以為自己病了，又或者她是真的生病了，可以確定的是，她的確具有東方式的懶散。在祖父那種惡魔似的活潑方式下，她一定受了不少罪。

無論祖父出現在任何場所，他都會立即成為眾人的焦點，只是當時我尚未感受到。家族裡的人都懼怕他——一位感到高興就熱淚盈眶的暴君。最讓他開心的事，便是和一群同姓的孫子聚會。他以美妙的歌喉著稱於親戚、朋友之間，也就是整個社區，女人們尤其臣服於他

---

④ Adrianopel，土耳其西方北城市，西元三七八年羅馬人與西哥德人在此的一場戰役，開啟了日耳曼人侵犯羅馬帝國的爭端。

的歌聲。當他受邀時從不攜帶祖母同行，他討厭她的笨拙和那些永不停止的嘆息聲。他總是被一大群人包圍，講述著故事，一個人分飾著好幾個不同的角色。在某些特殊的場合下，他也會應大家的要求唱唱歌。

當時在魯斯特舒克，除了卡內提祖父外，還住了許多土耳其人。我學會的第一首兒歌〈小紅蘋果，來自伊斯坦堡的小紅蘋果〉的尾句便是伊斯坦堡這個城市，我經常聽說那是一座巨大無比的城市，並聯想到日常所見到的土耳其人。卡內提祖父及祖母都是從阿得瑞安波那裡來的，他們經常用「艾迪那」來稱呼那個地方，其實就是阿得瑞安波的土耳其文。祖父的土耳其歌曲總是無法唱到結束，因為唱到高音的部分，他總喜歡把音拖得很長。我比較喜歡西班牙歌曲，它們的節奏快些也較強烈點。

離我們家不遠處就是些較富裕的土耳其人住宅，從那些裝設在窗前用來防衛婦女的柵欄就可以辨認出來。我所聽說的第一樁謀殺案件，就是一個土耳其人因為忌妒而引起的情殺案。在前往阿爾蒂提外祖父家的途中，母親領著我經過一座房屋，指引我看高處的柵欄並說道：有一位土耳其婦女站在那裡注視一位路過的保加利亞男人，那個土耳其男人——她的丈夫立刻上前刺死了她。我不相信從前的我真能明瞭什麼是死人，但是與母親散步的同時，藉由她的引導我才明瞭了死亡的意義。我問她：那個被發現倒臥在血泊中的土耳其婦女，是否再也站不起來？「不會的，」她說：「不會，她已經死了，你懂嗎？」我聽見了，但還是不懂，又再三詢問她，逼著她重複回答了好幾次，直到她失去耐性，把話題轉移到別處去。這件謀殺案令我印象深刻的，不僅僅是死者倒臥於血泊這一件事情，還有那位因為妒忌而犯下謀殺案的男人。關於妒忌這一點上我也有些感同身受，因而能夠了解，導致那個吃醋的男人最終殺人的結果。我毫無異議地接受關於妒忌這回事。

我自己體認到妒忌這回事，是在散步的終點，那時我們正抵達阿爾蒂提外祖父的家。我們每星期前去他家拜訪一次，時間多半在星期六。他住在一座寬敞的紅色大房子裡。穿過屋子左邊的一扇側門，便進入一座年代久遠的花園，那座花園要比我們家裡的漂亮多了。園裡有棵桑樹，它的枝枒低垂著，很容易爬得上去。大人們還不准我攀爬，但是每回從樹下經過，母親總不忘指出其上的一處樹枝，那是她少女時期習於躲藏的地方。每當她想清靜地閱讀而不受干擾時，便帶著書本，蹺曲身子像隻小老鼠般靜悄悄地藏身於此。由於她躲藏的位置很隱密，從樹下往上瞧，什麼也看不見，若有人從底下呼喚，她根本就聽不到。由於她是如此熱衷於書本，在那棵樹上她閱讀了自己所有的藏書。距離桑樹不遠處，便是通往屋子的台階。住屋的位置要比我們家來得高些，但是穿廊的位置有些昏暗。穿過許多間廳房後，來到最後一間房間，外祖父就坐在房裡的一張高背扶手椅上。一位身上總是披掛著圍巾和蘇格蘭花呢披肩的矮小蒼白老人，他一副病奄奄的樣子。

母親說道：「父親大人，我親吻您的手。」然後，把我推上前去；雖然我並不喜歡他，但我卻得親吻他的手。他一點也不像卡內提祖父般風趣，有時憤怒，有時溫柔，或者嚴厲。他老是一個模樣，動也不動地坐在椅子上。從不與我交談，也不會送東西給我，跟母親談了幾句話後，接著就開始上演我最痛恨的部分了。每回一到拜訪結束前，千篇一律的尾聲，就是他帶著狡猾的笑意盯著我看，用微弱的聲音問我：「你比較愛誰？阿爾蒂提外祖父，或是卡內提祖父？」他很清楚答案，大家都喜愛卡內提祖父，無論老少。只有外祖父沒有人喜愛他。但是他想逼迫我說出實話，讓我陷入困窘難堪的場面，每個星期六都上演一次，他引以為樂。起初我什麼話也沒說，只是無助地盯著他看，他又追問了一次，直到我鼓起足夠的勇氣說謊，「兩位都喜歡！」我回道。他舉起手指頭恐嚇地喊著，那是我唯一聽過他如此大聲說過的話：「偽君子！」（Falscher）並且特意強調其中「a」這個音。那帶著些許恐嚇又同時夾雜怨懟的聲音，一直在我耳中回響著，彷彿我昨天才拜望過他似的。

在穿過許多房間出來的途中，我因為撒了謊的緣故，心情顯得十分沮喪。雖然母親對她家族的擁護仍不可撼動，也不願放棄拜訪她父親的這個例行儀式，但是她應當會有內疚的感覺吧！因為她讓我因此承受了這個控訴，這個控訴事實上是針對著卡內提祖父而來的。為了安慰我，她帶我到屋子後面的果園及玫瑰園，指出那些她從少女時期就喜歡的花卉。她深深地吸了一口花的香味，張大著鼻孔，鼻翼微微顫動。她把我舉高，讓我也好聞聞玫瑰花香。如果有些水果成熟了，她便採擷一些給我，這可不能讓外祖父知道，因為那天是安息日。日後回想起來，那實在是一座美麗的庭園，沒有過多的修剪，枝葉有些蕪雜。母親為了取悅我而做了甘冒不諱的事情，一定也使我的罪惡感消失了。回家的途中我又興致勃勃的開始提出各式各樣的問題。

回到家中，從勞麗卡表姊那裡得知，外祖父對於他所有的孫子們都比較喜愛另外一位祖父這件事情，感到十分忌妒。基於信任我的緣故，她又對我說了一個關於大家為什麼不喜歡他的大祕密：因為他很小氣，但是卻不許我告訴母親。

普珥節。彗星

有一個節慶讓我們小孩子感受最強烈，那就是普珥節，雖然我們的年紀還太小，無法真正參與。普珥節⑤是個歡樂的節日，慶祝猶太人自邪惡的迫害者哈曼⑥手中被拯救。哈曼是個家喻戶曉的人物，他的名字已經融入日常生活的語言當中，在我得知哈曼確有其人，並且是一個策劃出許多可怕陰謀的古人之前，我一直認為那是個罵人的字眼。每當我問東問西久久糾纏著大人，或是不肯上床睡覺，又或者是拒絕按照他們對我的要求去做事，他們便嘆一口氣，然後說道：「哈曼」。這時我就知道，他們已不再覺得有趣了，因為我玩得有些過分。「哈曼」意味著最後的通牒，也是一種嘆息，更是罵人的話。日後當別人告訴我哈曼是一個企圖殺盡所有猶太人的壞蛋時，我大吃一驚。感謝摩得凱以及以斯帖皇后讓他失敗了，猶太人於是得以愉悅地慶祝這個猶太人的普珥節。

大人們改裝後便出門了。街上不時傳來嘈雜的聲音，屋子裡到處都是戴面具的人，我弄不清楚誰是誰，簡直就像童話一般。大人們徹夜不眠，即使是還不能參加慶祝的小孩子們也感染了熱鬧的氣氛。我清醒地躺在小床上竊聽著，最有趣的是，雙親有時候會戴上面具後又卸下，以展示他們的面具，但我情願不知道是他們。

---

⑤ Purim，猶太曆十二月十三、十四日。
⑥ Hamán，哈曼的相關內容出自於舊約〈以斯帖記〉第三章以下。

一天夜裡，我才剛剛入睡，被一隻張著大嘴巴伸長著血紅色舌頭的大野狼給叫醒了，牠俯身傾向我的小床，狀極恐怖地吼叫。我使出全身的力氣嘶喊著「大野狼！大野狼！」沒人聽見，也沒有人前來。我哭泣著，不斷發出更尖銳且刺耳的叫聲。這時一隻手伸過來，一把握住狼的耳朵，把那個狼形面具罩子從頭上褪了下來，父親的滿臉笑意現身在面具後頭。我仍然不停地尖叫著「大野狼！大野狼！」我試圖把父親驅趕出去，他指著手上的狼形面具，我不信任他，父親則不斷說著：「你看不出來是我嗎？是我假扮的，不是真正的大野狼。」我仍不斷抽噎啜泣，完全無法平靜下來。

這就是狼人的故事。父親不可能知道我跟那些小女傭單獨在黑暗中擠成一堆時，她們都對我說了些什麼。母親則除了責備自己曾說了那些關於雪橇的故事之外，還怪罪父親對喬裝打扮的興致。劇場表演是他的最愛。他在維也納求學時，唯一希望的就是能成為一個演員。但是在魯斯特舒克，他只得被迫繼承祖父的事業。他和母親有時也會參加此地一座業餘劇場的演出，但是較之他早年在維也納的夢想，真是差之千里。母親說：「普珥節期間的父親誠然是不受約束的。」有些時候，他一個接一個不停地換上各類不同的面具，以各種奇特的方式出現，讓所有的朋友們不但驚愕萬分，還嚇得要命。

我對狼的恐懼延續了相當長的一段時間。我睡在父母親的房間裡，夜夜從惡夢中驚醒，經常吵到同睡一房的雙親。父親試著安撫我，直到我又再次睡著。但是要不了多久狼又會再次來到夢境中，我們在許久之後才擺脫這個夢魘。自從那段時間起，我就被視為一個容易受到傷害的孩子，不能過度刺激我的幻想力。後果就是緊接著的數個月當中，只能聽些枯燥乏味的故事，不過我後來全忘得一乾二淨。

接著發生了大彗星事件。我是個想到一件事就會再想起另一件事的人，這兩件事情中間當然是有關連性的。我相信彗星的出現把我從對狼的恐懼中解放出來，打從那天起，我忘掉了孩提時期的害怕，卻進而轉向對彗星的恐懼。我還不曾見過人們像彗星降臨的那段時間裡，那樣的恐慌和激動。另外，狼人和彗星都是晚上才出現的，因此我在記憶中把這兩件事情串連在一起。

我尚未看到彗星之前，所有的人都在談論彗星，我聽見有人說世界末日即將來臨，我無法想像世界末日會是什麼樣的情景。但是我察覺到人們的轉變，每當我走近他們，他們便竊竊私語，並且流露出同情的眼光盯著我看。那些保加利亞女僕不會私下耳語，而是直率地說出來，經由她們粗糙的回答方式我得知世界末日來臨了。城裡的人都如此深信著，也必定盛傳了好一段時間，因此在我心中留下了不可磨滅的印象，但我自己並不感到特別害怕。至於受過教育的雙親是否也感染上那種恐慌，我並不清楚，但是我確定他們並不反對一般群眾的看法，否則根據以往的經驗，他們應該會有所行動，對我加以開導，但是他們什麼也沒做。

一天夜裡，據說彗星即將到來，而且會墜落地面。他們沒有送我上床睡覺，我聽見有人說：現在這樣做是毫無意義的，孩子們理應也到院子裡來。我從來不曾在院子裡見過這麼多人，許多人站在院子的四周，我們家各房的孩子、鄰居家的孩子都站在院子當中；所有的人——無論是大人或小孩，全都朝上緊盯著那顆既碩大又無比耀眼的彗星。我望著那顆占了大半個天空的彗星，為了想看清楚它的全長而拉長脖子，我現在仍感受得到那種頸脊緊繃的感覺。也許我在記憶中把它的長度加長了，也許它並沒有盤據著大半個天空，只不過占了天空的一小部分，這個問題我得找個當時在場、並且不那麼恐懼的大人來回答。雖然當時的天空異常明亮，幾乎就像白天一般，但是我可以確定發生的時間應該是晚上，因為我是第一次在那麼深的夜裡還未上床睡覺；對我而言，那是真正的大事。所有的人都站在庭院裡，望著天空等待著，大人們幾乎不再來回走動了，一切顯得出奇的安靜，只有一些低低的私語聲。早先孩子們還有些騷動，但大人並沒有心思搭理他們。等待中，我似乎也受到他們的影響而開始有些恐懼，為了紓解我的情緒，有人遞給我一小串櫻桃，我把頭舉高塞了一顆到嘴裡。正當我目不轉睛地盯著大彗星，由於太緊張又或者震懾於彗星的美麗，我竟然忘了嘴裡的櫻桃，連核也一併吞下肚。

就這樣持續了好長一段時間，沒有人覺得疲倦，大家仍緊緊地站在一塊兒。我看不到父親與母親在身旁，也看不見任何一個在我生命中占重要地位的個人，我只看見一堆人在一起。如果我不是稍後便如此頻繁地使用這個字彙，我會說：我把他們看成「群體」，一個等待中停滯的「群體」。

神奇的語言。火

就在復活節期間的踰越節⑦之前，屋子裡會舉行一場大掃除，所有的東西全被移動得亂七八糟，沒有一樣是在原來的位置上。大掃除很早便開始了，大概要持續兩星期左右，那段期間簡直混亂得可以。沒人有空陪你，你總是不經意地妨礙他人，老被要求讓到一旁去，或者被推走、支開。廚房裡頭也忙得不可開交，大家忙著準備一些有趣的食物，你只能趁機偷偷瞄上一眼。其中我最喜歡的要屬咖啡色的蛋，那得先把蛋浸泡在咖啡裡煮上一整天才能完成。

到了踰越節前夕，客廳裡會擺上一張長條桌。也許房間需要這般的長度，在這種場合裡才放得下足夠招待這麼多客人的長桌。整個家族的人都會在踰越節前夕聚集到我家慶祝。習俗上，總要到街上邀請兩三位陌生人一起加入餐宴，並分享一切食物。

祖父端坐在桌子盡頭的主位上朗讀猶太經典的傳奇篇，也就是猶太人出埃及記的故事。那是祖父最驕傲的一刻，並不只因為他坐在上位，而是無論他的兒子們或者是女婿們全都尊敬他，遵從他的一切指示。他身為當中最年長的一位，有著猛禽般的頭，也是場中情緒最激動的一位，所有的舉動都逃不過他銳利的目光。他吟唱聖詩時，即使最輕微的舉動，或桌上有些甚麼樣的動靜，他都會藉著小小的手勢或眼神來糾正。這所有的一切是如此地溫暖又親密，整個氣氛宛如一則古老的故事，大小事情均事先規劃過，有其所在的位置。在踰越節的前夕我對祖父欽佩不已，還有他的兒子，他們跟他一起生活並不輕鬆，那天晚上也都顯得神

⑦ Pessach，猶太教節日，用於紀念在埃及的希伯來奴隸重獲自由，節日始於尼散月（三或四月）十五日，結束於二十二日。

情愉快而興致高昂。

身為孩童中最年幼的我肩負著一項極為重要的任務，我必須說出「瑪-尼須坦阿」。趁著踰越節的機會，經由一問一答的方式來陳述出埃及記的故事內容。由出席者當中最年幼者開始，問那些放在托盤上事先準備好的東西代表什麼意義？那都是些未發酵麵包、苦藥草和一些其他不尋常的物品。祖父擔綱演出敘述者，他以出埃及記的故事內容詳盡地回答年幼者所提出的問題。如果我不是事先背好，再拿著書本假裝成閱讀之後提出問題，祖父是無法開始講述故事的。其實這整個故事的詳盡內容我早已熟悉了，平日家人便經常講解給我聽，但是在整個誦讀的過程中，我總感到祖父像是真的在回答我所提出的問題。也因為如此，那天晚上對我來說意義非凡，我成為儀式中最重要的人，一個不可或缺的角色。幸運的是，沒有年幼的堂弟或表弟排擠掉這個位置。

雖然我一直留意傾聽祖父的每個字和每一個動作，但是在整個誦讀的過程當中，我一直期盼著它的結束，因為接下來就是最棒的一部分了：男人們突然跳了起來，剛開始先在外圍跳舞，然後大家再一起唱著「小羔羊，小羔羊」，邊唱邊跳。那是一首有趣的歌，我早已耳熟能詳，最後叔伯當中的一位招手喚我過去，這時已接近儀式的尾聲，我得把歌詞內容逐行譯成西班牙文，這舉動也包含在儀式當中。

當父親從店裡回到家中，便馬上找母親說話。那時他們十分恩愛，彼此交談時使用一種我不了解的語言——他們用德語交談，那是他們在維也納那段幸福的求學時期所使用的語言。

他們最愛聊的話題便是市民劇場，早在他們相識之前，各自看過的同一齣戲與同樣的演員便是後來聊不完的回憶。日後我得悉，他們是因為彼此在這類的話題上談得十分投機而墜入愛河的。兩個人都未能實踐他們對戲劇的夢想——成為演員，但他們卻分別排除萬難而結為夫妻。

外祖父阿爾蒂提來自保加利亞一個富有的古老西班牙裔猶太人家族。他反對把最年幼且最疼愛的女兒嫁給一個來自阿得瑞安波暴發户的兒子。卡內提祖父則是一個白手起家的人，他自小就是一個受騙而流落街頭的孤兒，日後雖然靠一己之力辛勤致富，但是在外祖父阿爾蒂提眼中，仍只是一個戲子、騙子。「他是個騙子」，有一回我聽見外祖父阿爾蒂提親口這樣說，他並不知道我也在聽他說話。卡內提祖父對於阿爾蒂提外祖父因為自大而看不起他，感到十分氣憤。他的兒子可以娶任何一個女孩為妻，卻偏偏一定要娶阿爾蒂提家的女兒，這對他而言簡直就是自取其辱。因此我的父母親一開始並不敢公開兩人的關係，靠著堅韌的毅力，慢慢經由他們年長的兄姊和一些好心的親戚幫助之下，才總算達成他們的願望，有情人終成眷屬。兩位老人家最終還是讓步了，但是彼此依舊無法忍受對方，兩個人的關係始終很緊張。當兩個年輕人之間的戀情仍在保密階段時，彼此不斷使用德語來拉近雙方的距離，可以想見，有多少伴侶在這種愛情舞台上演出。

我有很好的理由相信自己受到排斥。每當雙親一開始用德語交談，他們的氣氛就會異常活潑又有趣，而我卻被排除在外。我察覺到其中德語聲調的變化。我全神貫注傾聽著，然後問他們某個句子或某些字是什麼意思。他們總是笑著對我說：我還太小，不需要那些東西，等我長大些就會懂了。他們只透露維也納這個字，這唯一的字詞，就覺得已經太多了。我認為他們談的必定是一些美好的事物，一些只能用德語才得以表達的事物。我白費了大半天的工夫苦苦哀求他們，最後只落得氣憤地跑到另外一個很少使用的房間，自言自語說著從他們那裡聽來的句子，模仿他們的聲調。每當我獨處時，便經常像練習魔咒一般唸著那些我硬背下來的句子或單字。一個接一個，又快又急像連珠炮似的一發不可收拾，我相信沒有人知道我在唸什麼。我小心翼翼地不讓雙親知道，回以他們對我保持的神祕。

我發現父親幫母親另外取了一個名字，只有在用德文交談時，父親才稱呼她專用的名字。她的名字是瑪蒂提，他叫她梅蒂。有一回我站在花園裡，盡可能地偽裝自己的聲音對著屋子裡大聲喊著：「梅蒂！梅蒂！」因為父親每次一回到家，便會在庭院裡大聲喊她。我喊完後快速地順著屋子繞上一圈，過了好一會兒才現身，並且裝著一臉無辜的表情。母親站在院子裡，一副茫然的樣子，問我可有見到父親。對我而言那真是一次勝利，她把我的嗓音誤認為父親，父親一回到家，母親立刻便告訴他這件事情，但我決定不告訴他們真相。

他們從來沒有懷疑過是我，但是那段時間內，想了解他們的神祕語言一直是我眾多願望中最強烈渴望的。我無法解釋為甚麼自己並不因此而對父親有任何惱怒的感覺，但是在我的內心深處，卻對母親抱持著某種怨恨，直到多年後父親去世，她親自教導我德文，這種怨恨的感覺才日漸消失。

有一天煙霧瀰漫了整個庭院，家裡一個女僕跑到街上打聽消息，隨即激動萬分地跑回來，說是鄰近有一間房子著火了，整座房屋已陷入火海，幾乎燒光了。霎時間環繞著我們院子的三間屋子的人全跑了出來，除了從不起身離開沙發的祖母之外，大家全朝著失火的方向跑去，事情發生得太突然，大家把我給忘了。我一個人顯得有些害怕，也跟著跑出去。或許是朝著火災發生的方向去看看，也許只是跟著我看到的人群跑，我穿過敞開的庭院大門跑到街上。平時大人們禁止我外出，此刻我陷入如暴風般急速席捲而來的人群當中。幸好不久遇見了兩位較年長的女僕，她們不願就此掉頭回家，只得兩個人把我夾在中間繼續疾速前進，也許是怕我發生危險。我們在距離火災現場還有一段距離的地方便站住了，在那裡，我第一次見到燃燒中的房屋。整座屋子早已燒個精光，連陽台也倒塌了，只剩閃爍的火花還四下噴濺。彼時已接近晚上，天色逐漸暗了下來，火光顯得益發耀眼。比起那座燃燒的房屋，更令我印象深刻的是那些在四周圍竄來竄去的人群。從這個距離看過去，只見到為數眾多、小小黑黑的身影，毫無秩序地跑著。其中有些留在比較接近房子的地方，有些則正要離開，那些要離開的人背上都馱著一些東西。一個女僕說：「小偷！那些人是小偷，他們趁還沒被人捉到前在偷搬東西。」相形之下，她們對小偷的反應較之火災來得更激烈。她們不斷高聲喊著：「小偷！」我也感染上那種激昂的情緒。那些黑黑小小的身影彎著腰，持續不斷地往四面八方逃竄，有些肩上扛著包袱，有些背上馱著有稜有角的物品，我無法分辨都是些甚麼東西，東西看似沈重因而弓著他們的身子。我問女僕：他們都背些甚麼？但女僕們只是不停地重複著；「小偷！他們是小偷！」

這個令我難以忘懷的影像一直停留在腦海裡，日後才在一位畫家的畫作中再次出現。我無法解釋哪一些是原本的，哪些部分又是日後添加上去的。十九歲的那年，在維也納，我矗立於布魯格爾⑧的一幅畫作前，一眼就認出那些孩提時期所見到的小人影和火災現場。那幅畫作對我熟悉的程度，簡直就像是自己一直走動於其中。我感到一股強烈的吸引力，所以天天來看畫。我生活中由那場火災開始後的那一部分就在這幅畫中持續存在著，期間彷彿不曾間隔十五年之久。布魯格爾成為我眼中最重要的畫家，我對他的學習吸收並不像對許多日後的其他畫家一樣，是經由觀察或思索而來。我在自己身上發現了他，彷彿他早已知道我一定會走向他，而他就等在那裡。

蝮蛇和字母

有一個關於早期的記憶，場景在一座湖邊，我透過淚水看著廣闊的湖面，我、父母親和一位牽著我手的女傭，就站在岸上的一艘船旁邊。父母親說他們要搭船到湖上去。我也想一道前往，便試著掙脫開女傭爬上船。他們不准我去，我得和牽著我手的女傭回家。我哭了，他們對我說著話，我卻只是不停地哭著。這種情形維持了好一段時間，他們仍不退讓，於是我咬了那個不放手的女傭。父親和母親生氣地丟下我和她作為懲罰，然後兩個人乘著船走了。我用盡全身力氣大聲地喊著他們，但他們已離開好遠了，湖在我眼中不斷地擴大，所有的一

⑧ Brueghels，十六世紀荷蘭畫家。

切全淹沒在我的淚水裡。

那是渥特湖，我當時三歲，事隔多年後他們才說給我聽，次年我們在席本布爾根的克隆城（Kronstadt）度過夏天。我見到許多樹林、一座山、一棟城堡，以及許許多多座落在小山丘旁的房屋。我自己並不在畫面裡頭，但是卻記得當時父親所說的那些有關蛇的故事。父親去維也納之前，曾經就讀於克隆城的一所寄宿學校。那附近有許多蝮蛇出沒，當地的農民想消滅蛇，男孩們學會如何抓蛇後，便可以拿一袋死蛇去換取兩枚十字幣。父親把如何抓蛇展示給我看：先抓住頭部後面一點的部位，這樣一來蛇就無法傷人，再如何殺死蛇。父親說這並不困難，一旦你學會了訣竅，就不會有危險。我非常佩服父親，而且想要知道袋子裡的蛇是否真的死了。我害怕牠們只是裝死，突然間又從袋子裡竄出來。父親說袋子會綁得很緊，而且那些一定要是死蛇，否則就換不到那兩個十字幣。我不相信有東西會真的死掉。

接下來的三個夏天，我們都是在古奧匈帝國的領土中度過的，分別是渥特湖、卡爾斯巴德、克隆城，如果把這三個互有一段距離的城市作為三個點連起來，就成了一個三角形，而且會發現這個三角區域包含了古帝國的精華地區。

早在魯斯特舒克的那段期間，奧地利對我們的影響就很大了。並不僅僅因為雙親曾經在奧地利求學過，也不僅是因為他們彼此間用德文交談，父親每天都會讀《新自由報》（*Neue Freie Presse*）。那是重要的時刻，當他緩緩打開報紙開始閱讀時，便不再搭理我，我知道他不會再回答我任何問題，就連母親也不會再問他話，即使是用德文。我試圖查明報紙上有些甚麼令他著迷的東西，剛開始我以為是油墨的氣味，便趁著四下無人的時候，偷偷地爬上椅子，拿起報紙猛力吸氣。我觀察到父親的頭隨著報紙而移動，趁著他兩手張開報紙閱讀時，我又躲在他背後的地板上模仿他的動作，雖然我沒有報紙。有一次訪客到來，在他轉過身時突然發現我正玩著假裝閱讀的遊戲，他先撇下訪客對我解釋說：那些字母才是重點，他用手指敲著上面一個個的小字，不久的將來我自己就要開始學習了。這喚起了我對文字的渴望。

我知道報紙是從離這裡好遠的維也納運來的，順著多瑙河去得花上四天的時間才能到達。人們經常說起親戚當中，那些為了讓名醫診斷因而長途跋涉特地到維也納去的人。當時那些醫學專家的名字，都是我孩提時最早聽過的名人。日後我來到維也納時，感到十分訝異，因為羅倫茲、史雷辛格、史尼滋勒、諾以曼、哈耶克以及哈班這些名字都是真實存在的。我從來沒有想像過他們的長相，他們之所以重要，是藉著他們開立的診斷書所奠定的。經由長途跋涉辛苦取得的那些診斷書改變了我生活周遭的人們，因為產生如此徹底的改變，也使人視他們有如神祇，懼怕他們卻又不得不求助於他們。人們看診回來後，只被允許吃特定的食物，也禁吃某些東西。在我的想像中，他們所使用的語言是某種專屬語言，沒有人能了解，得用猜的。我從來不曾想到，那種語言和我從父母親那裡聽來的神祕語言其實就是同一種語言，也就是我雖然不懂卻經常練習的德語。

語言是經常被討論的話題，僅僅在我們這個城市裡就可以聽到七、八種不同的語言。每個人幾乎都略懂皮毛，只有那些來自農村的小女傭們光會講一種保加利亞文，也因此被視為愚蠢。每個人都會數一數他通曉幾種語言，這很重要，有些時候可能會因為精通多種語言而救了自己，甚至挽救他人的性命。

早年那些商人在旅行途中，經常把所有的錢都存放於纏在腰部的袋子裡，乘坐多瑙河上的蒸汽船時亦是如此，這樣做其實相當危險。母親的外祖父有一回在蒸汽船的甲板上睡著了，無意間聽到兩個人用希臘文商議著一樁謀殺案，他們計畫當船駛近下一個城市時，突襲一位商人的艙房，先殺了他再搶走商人那袋沈重的錢，然後把屍體經由艙房的窗戶丟進多瑙河，等船一停便立刻逃走。我的外曾祖父於是把聽來的希臘文轉達給船長，商人事先早已得到警告，一個船員先偷偷躲在船艙的暗處，其他人則埋伏於艙外。等到那兩個歹徒按照事前的計畫行事時，當場給活逮，並且戴上腳鐐送交給原先他們計畫上岸城市的警察。這一切都是因為有人懂得其他語言——比方說希臘文，此外還有許多攸關語言的故事，全都令人感到振奮。

殺機

我和表姊勞麗卡是形影不離的玩伴。她是隔壁索菲姑姑家最小的女兒，比我大了四歲。庭院是我們的地盤，勞麗卡得留意不讓我跑到街上去。庭院很大，我可以四處遊走，但絕不可以攀爬汲水井，因為曾經發生過小孩掉到井裡淹死的意外。我們一起玩很多遊戲，彼此溝通良好，年齡上的差距在我們之間似乎不存在。我們有共同的躲藏處，從不告訴別人，我們一起收藏了一些小玩意兒，一方所有的東西，也都屬於對方。當我一收到禮物，便即刻跑掉說：「我要給勞麗卡看！」然後商量著要藏在哪一個隱密處。我們之間從不起爭執，她想怎麼做，我便照著做，我想要怎麼做，她也會照著做。我們是如此愛對方，連想要的東西也一樣。我令她察覺不到自己是個女孩子和老么。自從弟弟出生之後，我開始獲准穿褲子，便十分清楚地意識到自己身為長子的重要性。也許是這樣的緣故，彌補了我們之間在年齡上的差距。

後來勞麗卡上學去了，整個上午都不在家，脫離了我。我自己一個人玩耍並且等著她。只要她一回到家門口，我便上前詢問她在學校裡都做了哪些事，她會詳加敘述，使得我更加渴望上學，並且想像自己也能夠跟她一起去學校。過了一些時日，她開始帶著作業簿回家寫字和閱讀。她在我眼前翻開簿子，態度很慎重，簿子上那些由藍色墨水所寫成的字，比起任何東西都更令我著迷。當我想觸摸那些字時，她突然變得十分嚴肅，不許我摸，並說只有她自己才可以而不肯鬆手給我。這是她第一次拒絕我的請求，令我感到很傷心。經過我不斷地苦苦哀求，她總算肯讓我用手指頭去指那些字，但仍然不准碰到簿子。我順口問她那些字是什麼意思，這次她回答了我，但是我覺得她回答時並不太確定，而且又相矛盾，再加上我正因為她不肯讓我碰簿子而感到有些委屈，便對她說：「你根本不懂，你是個壞學生！」

從此她再也不肯讓我摸簿子了。不久後，她擁有的簿子愈來愈多，她很清楚我對她所擁有的每一本簿子都感到十分忌妒，從此便開始一場恐怖的遊戲。她對我的態度有了一百八十度的大轉變，她刻意讓我覺得自己是如此年幼。日復一日，無論我如何哀求，她總是拒絕。她非常清楚，拖延愈久愈可以加深對我的折磨。我絲毫不感到訝異，沒有人能夠預測到她對待我的方式會導致日後所發生的那場災難。

在那個令全家人難以忘懷的日子，我一如往常地站在大門口等著勞麗卡。「讓我看看那些字。」她一出現我便請求著她，她什麼話也沒有回答，我知道同樣的戲碼又要再上演一次，此時也沒有人會把我們分開。她輕輕放下背包，緩緩自裡頭拿出簿子，慢慢地翻著它，然後閃電般快速地在我鼻子前晃一下，我伸手去搶，她迅速收了回去，並且跳開來，隔著一段距離拿著打開的簿子對我喊道：「你太小了！你太小了！你不識字！」

我試著抓她，在她後面追得她滿院子四處亂竄，我求她、懇請她借我簿子。偶爾她會刻意讓我接近，讓我以為就快拿到簿子了，然後在最後一秒鐘又抽走簿子。我用熟練的技巧成功地把她逼近了一道不算高的牆下，使得她再也無路可逃。我激動地對著她高聲喊叫：「把它給我！把它給我！把它給我！」我要的是簿子，要的是上頭的字，兩者對我的意義相同。她把簿子舉到超過頭的高度，她比我高了許多，再把簿子放在牆上。我的個子太小拿不到，我徒勞無功地跳著叫著，她則站在一旁冷冷嘲笑。我倏然丟下她，往繞過屋子通到廚房前的院子那條路走去，我去拿亞美尼亞人的斧頭，想用斧頭殺了她。

院子裡堆著劈好的木柴，斧頭就放在一旁，亞美尼亞人不在。我舉起斧頭，雙手把斧頭直挺挺地拿在胸前，嘴裡不斷重複地唱頌可怕的詞句：「我現在要去殺勞麗卡！我現在要去殺勞麗卡！」循著來時的路前進，回到庭院。

她見到我雙手高舉著斧頭回來，便一路尖叫著跑開，她叫得如此大聲，好像已被斧頭砍中似的，她不間斷的尖叫聲輕而易舉蓋過我那並不特別大聲、卻十分堅定又單調的覆頌聲：「我現在要去殺勞麗卡！」

祖父驚愕地自屋裡跑出來，手上還拿著散步時用的拐杖充做武器，衝向我並自我手中搶下斧頭，指責我的語氣相當憤怒。屋子裡所有的人都跑到院子裡圍觀。父親出門去了，但是母親在家。他們聚在一起開家族會議，討論這個企圖殺人的孩子。我誠然得以竭力說明是勞麗卡再三折磨才惹火了我，使得年僅五歲的我居然會用斧頭殺她，而且居然拿得動如此沈重的斧頭，但是大家並不能理解。我相信他們知道文字對我的重要性，這就像《聖經》對猶太人有著深遠的意義。但是在我的內心深處必定潛藏著某些不良的、危險的因子，導致我竟然企圖殺死我的玩伴。

我受到極為嚴厲的懲罰，母親在驚嚇之餘仍不忘安慰我，她說：「不久你自己就可以開始學寫字讀書了，不需要等到上學校，你可以現在先學。」

沒有人察覺我的謀殺意圖與亞美尼亞人悲慘的命運兩者之間的關連性。我喜歡他，喜歡他那些悲傷的歌曲及歌詞，我也喜歡那把斧頭，那把用來劈柴的斧頭。

被詛咒的遠行

我跟勞麗卡的關係並沒有因此完全破裂。她不再信任我，總是避開我，即使放學回家也盡量避免在我面前打開書包。我對她寫的字已失去興趣了，我相信她是個壞學生，是因為怕別人發現她拼錯字而丟臉，才不願讓人看她的簿子。也許只有這樣的解釋才能挽救我的自尊心。

她先是採取一種古怪的報復方式，事發之後卻又堅決矢口否認。我只能朝著善意的方向去解釋她的行為，她也許不知道自己究竟做了些甚麼事。

家裡大部分用水的主要來源是多瑙河的河水。人們把河水裝在一個個大木桶裡，再放在一種特別建造的車子上，然後由驢子拉著這種裝著木桶的車子。車前頭有個「提水人」拿著鞭子運送水，提水的人其實並未真正提著水，並且就在院子的大門口以極為低廉的價格販售。人們把卸下來的水倒入大鍋中煮沸，煮沸過的水會先放在屋前的長廊上，過一段時間直到它冷卻為止。

勞麗卡和我之間的關係，又恢復到至少偶爾會一起玩捉人的遊戲了。有一回，我們在那些裝著熱水的鍋子間來回奔跑，就在那些鍋子前，勞麗卡正好找到我，推撞了我一下。我倏地跌進了熱水當中，全身上下只有頭部沒有燙傷，索菲姑姑聽見了淒慘的叫聲，把我從熱水中拉了出來，脱掉身上的衣服，連皮膚也跟著一起剝掉了。我痛不欲生，在床上躺了好幾個星期。

當時父親人正在英國，對我而言，這真是最糟糕不過，我想自己一定快死了，於是一直呼喊他，哭訴著我再也見不到他了，這比起身體上的痛楚更加令我苦惱。關於當時的情況我已不復記憶，也感覺不到肉體上的痛苦，但是我仍然能夠感受到當時想見父親的那種絕望情緒。我以為他不知道我發生了什麼事，當大家保證説他知道時，我又喊著：「他為什麼不來？他為什麼不來？我要見他！」也許大家真有些躊躇不定，幾天前他才抵達曼徹斯特，為我們的移民做準備；也許大家以為我的情況會自行好轉，他不需要在這種情形之下趕回來。又即使父親在得到消息後即刻啟程，這麼遙遠的路途，他也不可能馬上回到家。一天一天拖延過去，他們安慰著我，當我的病情急劇惡化時，他們一小時又一小時地勸慰著我。一天晚上大家都以為我終於睡著時，我從床上跳了起來，把東西撕扯得滿地都是，不再痛苦呻吟而是大聲喊叫著父親：「他什麼時候來！他什麼時候來！」母親、醫生和其他那些費心照料我的人，我全不在意他們，我眼中沒有他們，也不知道他們都對我做了些什麼。那些日子裡他們一定為我做了許多事，我不在乎他們，我唯一記掛的只有父親，那不僅僅只是思念，而是一道傷口，事事物物皆指向父親這道傷口。

然後我聽見他的聲音，他自後面靠近我。我正趴著，他輕輕叫著我的名字，然後繞到床頭。我看著他，他把手輕輕地放在我的頭髮上，真的是父親，我不再感到痛楚。

那一瞬間發生的所有事情，都是經由別人轉述而得知的。傷口轉化成一項奇蹟，我逐漸痊癒了，父親承諾他不再離開，接下來的一星期會留在我身邊。醫生就是證人，如果不是父親即時出現並守護一旁，我極可能會就此喪命。醫生已經放棄我了，但是他仍堅持父親的歸來是唯一的希望，雖然並不是絕對有效的希望。是他把我們三兄弟接生到這個世界的，稍後他說：他所親身經歷過的出生過程裡，就數這次的重生最為困難。

幾個月之後，一九一一年，我最小的弟弟來到這個世界，這回的生產過程很輕鬆，母親覺得自己有足夠的體力親自哺乳。這次的生產過程完全不同於上一次，也許是太容易了，大家的記憶並不深刻，也沒能夠引起太多的注意，很快的就不再是大家的焦點。

但是我察覺到有什麼重大的事件正進行著，父母親之間談話的主題經常都環繞著英國，連口氣都變了，語調顯得十分嚴肅和堅決，在我面前用德文交談的次數也不那麼頻繁。我獲悉小弟取名為格奧爾格（Georg），那是效法英國的新國王所取的名字，只是以德語拼寫。我很喜歡，因為有些意料之外。但是祖父卻不太中意，他堅持應該取個《聖經》中的名字。我聽見父母親說：他們決不讓步，那是他們的兒子，他們要取什麼樣的名字要由他們自行決定。

雙親與祖父之間的對抗早已進行好一段時間了，名字的選擇權不過是公開向他宣戰罷了。母親有兩個兄弟在曼徹斯特開商店，生意非常興隆；其中一人突然意外身亡，兄弟中的另一人提供我父親一個去英國的機會，並且又可以成為他的合夥人。對父母親來說這是一個不可多得的機會，他們早就覺得在魯斯特舒克的生活受到太多的限制，而且東方氣息又太濃厚了。去英國正好可以掙脫祖父那些專橫的限制，他們立即應允了。這事說起來要比實際執行來得容易多了，他們與祖父展開了一場激烈的苦戰，祖父無論如何也不肯讓兒子出走，這場戰爭持續了半年，其中的細節我並不清楚，但是家中氣氛的變化是我感覺得到的，尤其是在親戚間經常打照面的院子裡。在院子裡，祖父只要一逮到機會便抓著我又哭又親的，如果正好有人看見，他更是痛哭流涕。我一點也不喜歡臉頰上被淚水沾得溼答答的，雖然他總宣稱我是他最寵愛的孫兒，沒有了我，他也活不下去。父母親發覺祖父想讓我對英國產生反感，為了抵銷他的影響力，他們對我說明英國是一個多好的地方，父親說：「那裡所有的人都很正直，當一個人說了些甚麼，就一定會做到，根本連握手保證都不需要。」我是站在父親這一邊的，別無其他的可能性，他根本不需要向我承諾，一到英國就會馬上送我去上學，讓我學習讀書寫字。

祖父對待父親——特別是對待母親的態度，跟對待我完全不同，他視母親為移民計畫的主使者。有一次母親對著祖父說：「是的！我們再也受不了魯斯特舒克的生活了！我們兩個都想離開這裡！」他轉過身去用背脊對著她，在我們尚留在家裡的幾個月當中，他待她如同空氣般視若無睹。父親仍得去店裡工作，祖父把怒氣全發洩到他身上，而且一星期比一星期嚴重。當他明白自己無力扭轉局勢時，就在出發的前幾天，公然在庭院裡詛咒自己的兒子，所有在場的親戚都驚愕萬分。我聽見他們彼此間的談論，再也沒有比父親詛咒自己的兒子更為可怕的事了。

第二部

曼徹斯特

1911—1913

壁紙和書籍。梅賽河畔的散步

父親死後，有幾個月的時間我睡在他床上，讓母親一個人獨處是危險的，我不知道是誰想到的辦法，安排我去守護母親的生命。她經常哭泣，我在一旁聽著，卻不知如何安慰她，也無從安慰起。但只要她一起身站到窗户邊，我隨即跳起來緊跟著站到一旁，用手臂環抱著她不讓她走，我們没有交談，那是個無聲的畫面。我緊緊抱住她，如果她想要自窗户跳下，必得連我往下拉。她没有力氣拖著我一起自殺。如果這種自殺的緊張氣氛和緩了，或者她對自己的決定有些遲疑，我便會察覺到她放鬆身體。她緊抱著我的頭靠近身體，大聲哭泣。她以為我睡著了，盡力克制自己不要哭得太大聲，以免吵醒了我。當她靜靜地起身溜到窗邊時，還以為我睡得很熟，我其實早就偷偷醒來，她是如此悲痛，以至於没能察覺到。多年之後當我們聊起那一段期間的情形，她承認自己非常訝異我居然每次都能夠及時站到她身旁，雙手還抱住她。她無法掙脱我，我不肯鬆手，她任由我攔住，但是我感覺得到她對我的守護深感厭煩。每個晚上不會超過一次，一陣混亂之後兩個人都筋疲力竭地睡著了。漸漸地，她對我產生一種敬意，在很多事情上開始採取對待大人的方式來與我相處。

幾個月後我們搬離了布頓街的房子；父親是在那裡過世的。我們搬到母親的哥哥位在皇宮路上的房子，那是一間住了許多人的大房子，最危急的時刻已經過去了。

但是住在布頓街的那段時間，並不僅僅只是由夜裡那些糟透了的畫面組成的，鎮日裡還充斥著一種被壓抑的安靜氣氛。黃昏時分，我和母親坐在黃色沙龍裡的一張小牌桌邊共進晚餐，那張小桌子是為了我們吃飯才特意搬進來的，原先並不擺在那裡，桌上只擺設了我們兩個人的食物，由一小盤可口的點心所組成的冷盤，菜色就是那幾樣：白色的羊乳酪、黃瓜和橄欖，就跟在保加利亞時一樣。我當時七歲，母親二十七歲，在進餐時我們禮貌地談著嚴肅的話題，四周靜悄悄地一點也不像是在小孩房時般吵鬧。母親對我說道：「你是我的大兒子。」這使我對夜裡守護她的責任更加堅定。一整天下來我最渴望的就是晚餐時刻的到來，我自己用餐，學著她只拿很少的菜到自己的盤子裡，所有的動作都是如此小心謹慎。我對當時手指的動作記得格外清楚，但是對於我和母親之間的談話內容，除了那不斷重複的句子：「你是我的大兒子」之外，其他什麼也不記得了。當她趨前彎身時，我見到她牽動嘴角露出一絲虛弱的微笑。她說起話來也不如往日一般熱烈，而是有所保留。我認為用餐時我並未感覺到她的傷痛，也許是因為我在一旁，母子倆同病相憐而減輕了她的哀傷，有一次她還對我解釋了一些有關橄欖的事情。

在這之前母親對我並沒有太大的意義，我從未單獨見過她。我們都是由一位女家庭教師照料著，在樓上的兒童房裡嬉戲。我的弟弟們分別比我小了四歲和五歲半，最小的格奧爾格給放在他專屬的遊戲床裡。中間的尼辛姆以惡作劇著稱，只要讓他單獨一人，馬上就會有些胡鬧的事情發生。他轉開浴室的水龍頭，在別人發覺前，水早已沿著樓梯流到底層；又或是把廁所裡的衛生紙捲打開來鋪滿了樓上的走道，他總有辦法找到新的壞點子胡鬧，也不會改過，因此只好叫他「頑皮的男孩」。

我是唯一到蘭開夏小姐位於貝洛莫爾路上那所學校上課的人，有關這學校的事我以後再說。

大部分時候我都是自己一個人關在家裡的遊戲房裡。事實上我很少玩耍，我對著壁紙上那些看來就像是人一樣的小黑圈圈圖形說話。我自己編撰故事，有些時候講給它們聽，有些時候它們也成為故事中的角色，這樣的遊戲可以持續幾個鐘頭，令我百玩不厭。女家庭教師和兩個弟弟外出時，我便一個人重回到壁紙旁邊，跟壁紙上的人一起玩，這樣總比跟兩個弟弟好些，跟弟弟們在一起要不是發生一些無謂的紛擾就是被騷擾，像是調皮的尼辛姆。兩個弟弟在一旁時，我會對著壁紙上的人形小聲地耳語，如果女家庭教師也在場，我就只在心中想像故事內容，嘴巴動也不動。當大家全離開了，我會稍微等一下，才放心開始我同壁紙人的遊戲。不多久聲音愈來愈響也愈形激動，我只記得自己試圖說服壁紙上的人形勇敢地去做，它們拒絕了，我因而鄙視它們；我又是激勵它們，又是斥責它們。一個人獨處時，我總會感到有些兒害怕，我一有什麼感覺便推諉給那些人形，它們是懦夫。但它們也參與遊戲並且有自己的說詞，其中在特別顯眼的位置上的一個圓圈總是以流利的辯詞反駁我。經過一場激烈的爭辯後，我好不容易才成功地說服它。女家庭教師提早回來時，聽見兒童房裡的聲音，她快步衝進來揭穿了我的祕密。從此之後，他們散步時便硬帶著我一塊兒去，認為一個人自言自語是不健康的，我不該老是一個人獨處。有聲的壁紙人遊戲結束了，但是我已習慣，仍然持續不斷地編造故事，即使弟弟們在房間裡也一樣。我一面同他們玩，一面繼續編我的故事，只有女家庭教師在場除外，她認為戒除這個不健康的遊戲是她的責任，在她面前我一籌莫展，壁紙也只好沈默以對。

這段期間裡，與父親的談話是我感到最美好的事情。早晨去辦公室前，他總會先到兒童房繞一圈，對著每個孩子說句不同的問候語，他是如此開朗和有趣，總是能夠找到一些新樂趣。早上他停留的時間並不長，那是在他還沒有到樓下餐廳與母親共進早餐、也還沒有看報紙之前的空檔。晚上他總會替每個孩子帶點小東西回來，沒有一天會空著手回家。晚上待的時間較長，他還會跟我們一起做體操，他最喜歡的是讓我們三個孩子站在伸直的手臂上，他抓住兩個弟弟，而我必須學著自己站穩。我雖然愛他勝於任何人，但是對這樣的動作仍然感到有些害怕。

我開始上學幾個月之後，不久便發生了一件既令人興奮又隆重的事情，影響我往後的一生。父親回家時帶回一本書給我，並且單獨帶我一個人到後面那個我們睡覺的房間去，告訴我那是兒童版的《一千零一夜》，封面上的圖片是彩色的，我想大概是阿拉丁和神燈。他嚴肅地鼓勵我說：閱讀是多麼美好的一件事情。他唸了一篇故事給我聽，並且告訴我書上其他故事也都像這一則故事般迷人，我應該試著去讀它們，晚上再告訴他都讀了些什麼。等我唸完這本書，他會再給我其他的書。雖然我才剛從學校學會認字而已，但不等他再說第二次，我便埋首於那本奇妙的書，每天都向他報告心得。他也信守承諾，總會替我帶來新的書，沒有一天會沒書可讀。

那是一整套的兒童叢書，每本書的封面都是一樣的規格，除了封面上不同的彩色圖片以資辨別外，每一冊書的字體大小都一樣，閱讀起來就好像是同一本書，那一系列的書對我而言是其他東西所不能比擬的。所有的書名我都記得：《一千零一夜》之後是《格林童話》、《魯賓遜漂流記》、《格列佛遊記》、《莎士比亞故事集》、《唐吉軻德傳》、但丁的作品和《威廉・泰爾》①。我不禁自問：但丁的作品如何能改編成兒童讀物！每一冊書中都會有幾頁彩色圖片，但是我並不喜歡那些圖片，它們的故事更美，我不知道今天如果讓我再見到那些圖片是否還認得出來。這些書都是我為了博得父親的歡心才閱讀的，那時我七歲，它們的內容影響了我，從這些書裡可以輕易找出日後的我。那些在我心中永不磨滅的人物當中，只缺了奧德賽一人。

我每讀完一本書就會跟父親討論，有些時候因為太激動了，他還必須讓我先冷靜下來。我特別感謝他從不像別的成年人一般，告訴我那些童話不是真的。也許到今天我都還認為它們是真的，我當然可以察覺到魯賓遜和水手辛巴達的不同，但是我並不因此而認為當中有哪些是有價值的，哪些又是毫無意義。雖然我還是因為但丁的地獄而做了惡夢，但是當我聽見母親對父親說：「賈奎斯，你不該讓他讀這書，這對他來說有些太早。」我因為擔心父親不再帶新書給我，於是做惡夢的事也不敢講了。雖然不是百分之百的確定，但我還是認為，母親把我之所以經常對著那些壁紙人說話的原因歸咎於那些書，這段時間是我最不喜歡母親的

① *Wilhelm Tell*，席勒（Schiller）寫於一八〇四年的作品。泰爾是傳說中反抗奧地利統治的瑞士英雄，他最著名的故事是奧地利總督強迫他以弓箭射他兒子頭上的蘋果，後來他埋伏刺殺總督。

時期。我機警地嗅到其中的危險，倘若不是因為那些書、還有與父親之間的心得討論已成為我最重要的事情，我也不會很快地順從他們，假意放棄對壁紙人說話的遊戲。

父親沒有受到母親的影響，堅持在但丁之後又試了《威廉・泰爾》。在這樣的機會下，我第一次聽到「自由」這個詞。他曾經為我解釋過，但是我都忘了，只記得他附帶提及，我們之所以搬遷到英國是因為這裡的人享有自由。我知道他是多麼熱愛英國，而母親則一心掛念著維也納。他非常用心地想學習正確的英文，有一位女教師每週來家裡一次替他上課，我發覺他說英文句子和說德文時有些不同，德文是他自年輕時期就十分熟悉的語言，也是他與母親交談時多半使用的語言。我聽見他有時候反覆說著同一個句子，放慢速度去唸，簡直就像是享受某種美好的事物般不斷重複著同一句話。他現在對我們這些孩子只說英文，至於之前所使用的西班牙文，現在退居成背景，我只能聽著旁人交談，特別是一些上了年紀的親戚彼此之間的對話。

父親只願意聽我用英文報告讀書心得。我想，自己的英文之所以能夠進步得那般快速，應該歸功於我對閱讀的熱衷。對於我能夠流利地使用英文向他敘述心得報告，令他感到萬分欣喜。由於他知道得說話，因此態度特別慎重，總先經過精審的思考，力求自己不要犯錯，說起話來簡直像是對著我朗讀。記憶中，當時的氣氛非常凝重，完全迥異於父親在兒童房陪我們玩耍時不斷地翻新遊戲。

我自父親手中所獲得的最後一本書，內容是拿破崙的事跡。那本書站在英國人的觀點，把拿破崙描寫成一個試圖征服世界各國、尤其是英國的邪惡暴君。父親去世時我仍讀著這本書。打從那時候起我對拿破崙的反感就不曾改變過，先前我已對父親說過一些對拿破崙的感想，但是並不多。我一讀完《威廉・泰爾》，父親隨即把這本書給我，那是他與我討論過「自由」之後對我所做的一個小試驗。當我激動地與他談到拿破崙時，他說道：「等一下，親愛的，現在還太早了，你應該先繼續讀，接下來不太一樣。」我相當確定當時尚未讀到拿破崙稱帝的章節。也許他想要看我是否會抗拒帝國的榮光。他死後我讀完全書，就像父親給我的其他書一樣，這本書我也讀過無數次。我對於權力並沒有太多的感想，最初始的權力觀便是源自於這本書。從此只要一聽到拿破崙的名字，我便無法不聯想到父親突然暴斃的死亡事件。對我而言，所有拿破崙的受害者，要數父親的死亡最為嚴重，也最可怕。

某些星期日他會單獨帶著我一道散步。有條不算大的梅賽河流經離我們家的不遠處，沿著河的左岸砌有一道紅色的牆，另外一邊則有一條狹長的小徑穿過一片開滿鮮花和長草的草原。他先告訴我「草原」的英文怎麼說，此後每回散步總要再問我一回，他覺得這個字很美。從此我一直認定這個字是英文裡最美的一個辭彙。他另外喜歡的一個字彙，就是「島」。對他而言，這個字具有某種特殊的意義，英國正是一座島，也許英國之於他就等同於「極樂島」。他對我解釋這個字，即使我早已經知道了，他仍然不斷重複解說，使我感到有些訝異。我們最後一次穿越梅賽河畔的草原散步途中，他對我說了一些完全不同於以往我所習以為常的內容。他十分嚴肅地問我想要成為甚麼，我不加思索便答道：「醫生！」他用溫柔的口氣對我說：「你喜歡當什麼，就當什麼。」由於茲事體大，我們兩個人都停下腳步站著，「你不需要成為一個和我或叔伯、舅舅們一樣的商人，你應該上大學，發掘出你想成為一個什麼樣的人。」

我一直視這次的談話為他的遺願，但是當時我並不懂他說話的口氣為何轉變得如此不同。一直到我對他的生平多些了解後，才明白他是因為想到自己的緣故。他在維也納的求學時期，十分熱衷於到市民劇場欣賞戲劇演出，能夠成為一位演員是當年他最大的心願。松南塔是他的偶像，年輕時的父親曾經與他會面，並討論過自己的願望。松南塔告訴他：他的身材並不適合在舞台上擔綱演出，一位舞台上的演員個頭可不能太小。祖父一生中的言行舉止都活像個演員，父親正是繼承了他的天賦。但是松南塔的一席話粉碎了他的願望，只能將夢想深埋在心底。他極有音樂方面的天賦，除了與生俱來的好嗓子，他最喜歡他的小提琴了。祖父是一位嚴厲管教孩子的家長，早早便將他的兒子們送去學生意，期望日後能在保加利亞的每一座大城裡都開上一家分店，並且分別由他的兒子們掌管。每當父親拉小提琴花費了太多時間，小提琴便會被拿走，他只得違背自己的意願走進商界，他既不想也沒有興趣追逐利益，但是與祖父相較之下，他實在太軟弱了，只能順從祖父的安排。經由母親的協助，他終於逃離保加利亞遷居曼徹斯特，時年已二十九歲了。為了家庭和孩子們的生計問題，他只得繼續當一個商人。對他而言，能夠擺脫父權下的暴政並離開保加利亞，即是一種勝利。雖然是在不歡而散的情況下，甚至承受了祖父的詛咒，但是他在英國是自由的，並且下定決心採取有別於祖父的方式來對待自己的兒子。

我不認為父親是一位博學多識的人，音樂和戲劇對他的意義要比閱讀更多一些。樓下餐廳裡有架鋼琴，每個星期六、日，父親不用到辦公室去的日子，雙親便會聯袂演奏音樂。他唱著歌，母親用鋼琴為他伴奏，都是一些德文歌曲，而且大部分是舒伯特和洛伊②的曲子。有一首曲子名為〈荒野之墳〉，不知何人所作，卻是我最喜愛的。每當我在樓上聽見這首曲子，便會推開小孩房的門，順著樓梯躡手躡腳地溜下來躲在餐廳的門後欣賞。當時我還不懂德文，但是這曲調聽來很令人心碎。他們發現我躲在門後，從此我便獲得在餐廳裡聆聽的權力。我被單獨帶下樓，再也不必偷偷摸摸地溜下來。他們還為我解釋歌詞的大意，雖然在保加利亞時我經常偷偷聽他們說德文，不懂意思地模仿他們的語調，但這是第一次有人為我翻譯。我最早學會的德文，就是〈荒野之墳〉的歌詞。那是關於一個被逮到的逃兵站在要槍殺他的同袍面前，唱出誘惑他逃跑的原因。我想是因為他聽見了來自家鄉的歌曲吧！曲末的最後幾個字是：「生命萬歲！兄弟們，這裡，我的胸膛。」緊接著一聲槍響，最後是荒塚上的玫瑰花。

我顫抖地等待槍響聲，那是一種永不陳舊的刺激。因為我老想要重複聽，因此纏著父親接二連三地唱。每個星期六他一進門，連禮物都尚未打開，我便問他要不要唱〈荒野之墳〉這首歌。他回道：「也許吧！」但其實他有些猶豫，我對這首歌曲的迷戀逐漸使他不安。我不願意相信那位逃兵真的死了，我希望他能獲救。如果他們唱了幾次後那位逃兵一直未能獲救，我便會有種憤怒又有些茫然的感覺。夜晚時分躺在床上，那位逃兵的身影便進入我腦海，

---

② Loewe，1904~1988，奧地利裔美國歌曲作家。

我苦思不解那些同袍怎麼能夠槍殺他，他都已經解釋得那麼清楚了，換成是我，我決不會槍殺他。他的死亡令我無法了解，這也是第一樁讓我感到悲傷的死亡事件。

小瑪麗。鐵達尼號的沈沒。史考特隊長

幾乎一抵達曼徹斯特，我便開始上學了。學校就在離家大約十分鐘的貝洛莫爾路上。校長是蘭開夏小姐，由於曼徹斯特正好就在蘭開夏郡，我對她也叫蘭開夏這個名字感到十分訝異。那是一所男女兼收的學校，我發現自己置身在一群英語流利的孩子當中。蘭開夏小姐公平且友善地對待所有的學生，當我用流利的英文敘述某些事情時，她便會鼓勵我，因為剛開始我的英文程度比起其他學生來得差。不久我便學會了讀書寫字，當我在家中開始閱讀那些父親所帶給我的書時，我發覺她並不想聽我的報告。她竭力使所有的學生都感到愉快，進步神速卻不是她想做的。我不曾見過她給惹惱得發火，她非常了解自己的工作，與學生之間的相處沒有絲毫困難。她的舉止穩當而不迅捷，聲音平穩而不急迫，我想不起她曾經下達過什麼指令。有些事情是被禁止的，因為她並不反覆叮嚀，我們反而會去遵從。打從第一天我就愛上了這所學校。蘭開夏小姐不像我們的女家庭教師一般嚴厲，尤其是她沒有尖鼻子。她的個子十分嬌小且溫柔，配上一張美麗的圓臉，棕色的裙子長及地板，因此沒能看見她的鞋子，我還問過雙親她可有穿鞋呢。我對他人的嘲笑向來敏感，因此當雙親對我所提出的問題笑了

起來，我便逕行展開調查尋找蘭開夏小姐那雙看不見的鞋子。我小心謹慎地注意著，直到終於發現了，便帶著些委屈的心情回家報告我的成果。

在英國時感受到的一切是如此有條理，深獲我的好感。魯斯特舒克的生活則是激動且喧譁的，充斥著一些令人心痛的不幸事件。必定有某些方面使我對學校感到親切熟悉，教室就像我們在保加利亞的房子一樣在一樓，而我們在曼徹斯特的新房子還有樓上。學校的後門正對著一座大花園，教室的門窗一直都開著，只要一有機會，我們都會跑到花園玩。體育是非常重要的一門課，那些男孩子們似乎是一生下來就知道那些球賽規則似的，玩板球對他們而言簡直就是與生俱來的本事。我的朋友唐納過了好些時候才告訴我，剛開始他認為我很蠢，因為大家必須不斷重複為我解釋球賽規則，我才總算了解那些規定。他就坐在我旁邊，一開始是出於同情心才跟我說話，但是有一回他拿了些郵票給我看，我很快便指出那些郵票是出自於哪些國家，還拿出一些他不認識而且尚未蓋上郵戳的保加利亞郵票，甚至送給他而不是跟他交換，「因為我有很多」，這才引起他對我的興趣，更進而成為好朋友。我並不認為送他郵票的行為是刻意要博得他的好感，我是一個自尊心極強的孩子，但是可以確定，我有意要他對我產生好感，因為我感覺得到他與我交往似乎是抱持著恩賜的態度。

我們建立在郵票上的友情進展得十分快速，上課時還偷偷地在板凳下進行些郵票的遊戲，老師没有對我們說些什麼話，只是和藹地把我們的座位調開來，我們只能在回家的路上繼續我們的遊戲。他原先的位置現在換成一個名叫瑪麗・韓森的小女生坐在我的旁邊。我對她很快就像對郵票一樣產生好感，她的姓代表著美麗，令我感到訝異，我從來不知道姓名是有意義的。她比我矮小，有一頭金色的頭髮，但是最美的是她紅色的臉頰，「就像是小蘋果」。我們很快便開始交談，她回答我所有的問話，但是當我們在課堂上沒有說話時，我仍然目不轉睛地盯著她看。我是如此為她紅紅的雙頰所吸引，以至於根本沒有注意到蘭開夏小姐提的問題，只得不知所以然地亂答一通。我必須控制住自己想要去親吻那紅通通的臉頰。放學後我沒有多加解釋便丟下向來陪著我一起回家的唐納，雖然她住的地方與我家的方向相反，但我還是陪她一起走。我伴著小瑪麗一直到她家那條街的轉角處，飛快地吻了她的臉頰，然後急急忙忙地跑回家去，不曾向任何一個人洩露過一個字。

就這樣持續了好一陣子，我一直都在街角轉彎處向她吻別，沒有發生任何事，也許她不曾對家人提過這件事，但是我的慾望卻升高了，我對學校愈來愈不感興趣，只是期盼著放學時陪她回家的那一刻。不久後，我感到學校到轉角的路途似乎太長了些，便試著提前吻她那紅通通的臉頰，她推開我說：「你只可以在街角親吻我道別，否則我便要告訴母親。」當她說到「道別」這個字時，用力地轉過身去，因此在我心中留下非常深刻的印象。我繼續加快腳步走到街角轉彎處，她像是沒有發生任何事情般地停下腳步，我像之前一樣親吻她。第二天我失去了耐性，一到街上我便吻了她，她尚未來得及發怒，我便生氣地威脅她：「我想多久親你一次就多久親你一次，我不要等到街角。」她試著逃開，我緊緊抓著她，走了幾步路之後，我又再度吻了她，當我終於鬆開手時，她只說：「現在我要跟我母親說了。」

我不怕她母親，我對她那紅通通的臉頰有著強烈的熱情，我大聲地在家裡唱著：「小瑪麗是我的甜心！小瑪麗是我的甜心！小瑪麗是我的甜心！」把我們的女家庭教師給嚇著了。

「甜心」這個辭彙就是從女家庭教師那兒學來的，只有當她親吻小弟格奧爾格時才會使用的字眼。當她抱著年僅一歲的格奧爾格到嬰兒車上準備散步時，總是把她那瘦得滿是骨頭的臉以及尖尖的鼻子靠近他，同時吻著他說：「你是我的甜心。」我問道：「甜心這個字是什麼意思？」而我所知道的是，我們的女僕艾迪絲有個「甜心」，有個心肝寶貝。大家會對甜心做些什麼呢？會親它，就像她親吻小格奧爾格一樣。這些話鼓舞了我，讓我不覺得自己做錯了什麼，於是在女家庭教師前高唱著我的凱旋曲。

第二天韓森太太來學校，她突然就站在那兒，一位身材有些魁偉的婦人。幸運的是，比起她女兒來我更喜歡她。她正跟蘭開夏小姐說著話，接著走近我然後以堅決的口吻說：「你不可以再陪小瑪麗一起回家，你回家的路是另外一條，你們不能再坐一塊兒，你也不可以再和她說話。」她看起來並不像是生氣的樣子，語氣雖然很堅決卻感覺不到憤怒，跟我母親說話時的態度大為不同。我並不討厭韓森太太，她長得就像是躲在她背後而我看不見的女兒一樣，但是我喜歡一切與她有關連的事物，不光是她通紅的臉頰，我最喜歡的是她的語言。那正好是我開始閱讀英文書籍的時期，英文之於我有著一股無可抵擋的影響。之前從沒有人對著我用英文談論以我為議題的談話。

這便是故事的最後結局了，事後別人才告訴我，事情並不完全是這般簡單。蘭開夏小姐曾經請父母親到學校，並且建議他們考慮是否該讓我繼續留在這所學校。這樣熱情的孩子是她在學校裡不曾經歷過的，她有些不知所措，她問道：是不是因為「東方」小孩較英國孩子更為早熟。父親請她冷靜下來，並且保證這事件是純潔無邪的，也許是因為那女孩紅潤的雙頰是如此引人注目所引起的。他請求蘭開夏小姐再試一星期看看。他是對的，我從此對小瑪麗再也不屑一顧。就如同她那天站在她母親後面，對我而言，她已消融在她母親身上了。我在家裡仍時常用敬佩的語氣提到韓森太太，但是從此我再也不知道瑪麗在學校都做些什麼事、她待了多久、她的家人是否幫她辦了轉學，我的記憶就只停留在我親吻她的那一刻。

父親的猜測是正確的，他認為這可能是因為女孩那紅通通臉頰的緣故，他其實並不知道自己是對的。後來我曾經回想了這段永難忘懷的童稚之愛，一天猛然想起在保加利亞所聽到的第一首兒歌。當時我仍在襁褓中，一位女性走近我一邊唱著：「紅色的小蘋果啊，它們來自伊斯坦堡」，一邊伸出食指靠近我的臉頰時突然用力戳了一下，我唧唧嘎嘎的笑得很愉快，她把我抱了過去並且親吻我。這樣的遊戲方式頻頻上演，一直到我自己也學會唱這首歌，在遊戲當中跟著一起唱和。這是我所學會的第一首歌曲，此後如果有人想同我一起唱歌，便得以這個遊戲作為開場。四年後，我終於又從瑪麗身上找到屬於自己的小蘋果，她當時比我小，因此我總是稱呼她「小」瑪麗，我對自己居然沒有在親吻之前先用手指頭去戳她的臉頰，感到有些兒訝異。

小弟格奧爾格是一個很可愛的小孩，有著深色的眼睛及漆黑的頭髮。是父親教他說第一個字的，早晨當他來到遊戲室，便開始玩起了他們之間日復一日的對話遊戲，我總在一旁緊張兮兮地聽著。父親用著急切帶疑問的聲調說：「小格奧爾格？」小東西回覆：「卡內提。」「二」父親說道，小孩：「三？」父親又說「四」，小孩：「布頓」，父親：「路」，最初始的問答就是如此，但是藉由父親和小弟輪流的對話方式逐漸拼出了我們完整的住址，「西區」、「迪斯貝瑞」、「曼徹斯特」、「英國」。最後一個字輪到我，為了不讓他們搶走，我連忙加上「歐洲」。

地理對我益形重要，而我的地理知識是經由兩種途徑培養起來的。我獲贈一副「拼圖」，那是由一些彩色卡片所組成的歐洲，卡片黏在木片上，每一個國家都被切割成一塊一塊的卡片。玩的人先把它們扔成一堆，很快地又可以拼成一個完整的歐洲。每一個國家的形狀都不同，我的手指頭對它們的形狀很熟悉，有一天忽然對父親宣稱：「我可以閉上眼睛拼圖。」父親說：「你不可能辦得到。」我緊閉著眼睛把歐洲拼好了，父親說：「你耍詐，你從指縫間偷看。」我覺得被侮辱了，堅持要他蒙上我的眼睛，「用力些！用力些」我激動地喊著，同一時間歐洲已經拼好了。他說：「你真的辦得到」，並且讚美我。再也沒有比這次的讚美更珍貴的了。

另一個認識國家的途徑就是集郵，那就不僅侷限於歐洲國家，而是全世界了，而其中又是由大英帝國的殖民地扮演了最重要的角色。存放郵票的集郵冊也是父親送的，當我拿到手時，每一頁的左上角都已經有一張郵票在上面。

有很多關於船隻和其他國家的故事。魯賓遜、水手辛巴達和格列佛遊記是我最喜愛的內容，很多美麗的郵票就是由這些故事繪製成的。集郵冊裡有些模里西斯（Mauritius）的郵票，它的價值之高實在令我感到不解。當我同其他男孩子交換郵票時，他們都會先問：「你有模里西斯的郵票可交換嗎？」大家總是認真地提出這個問題，我自己也經常如此問別人。

那段時間當中發生了兩件災難，一直到今天為止，我都認為那是自己生命中最早認識到的公眾群體悲慟。兩件災難都和船隻及地理有關，第一件是鐵達尼號的沈沒，第二件是史考特隊長在南極身亡。

我已不記得是誰先說起鐵達尼號的沈沒，但是女家庭教師在吃早餐時哭了起來，之前我還不曾見她哭泣過，平常極少在兒童房見到的女傭艾迪絲也來了，兩個人一起哭。我聽見她們提及冰山，還有許多人都淹死了，讓我印象最深刻的是沈船時仍一直演奏音樂的樂隊，我想知道他們演奏些什麼，他們草率地答覆了我，察覺到自己問了個不恰當的問題，我也跟著一起哭了。母親在樓下叫著艾迪絲，也許她自己也才剛剛知道這個事情，我們緊跟著走下樓來，母親和艾迪絲已經站在那裡哭了。

我們仍得出門，我留意到街上的人全不一樣，人們一群群聚在一起，激動地談論著，不時有人加入談話。通常街上的人見到我那坐在嬰兒車上的小弟總會說幾句讚美的話，現在也引不起任何人注意了。我們這些小孩們全被大人給遺忘，但是他們沒有忘記談到那些船上的小孩，應該先救那些小孩還有婦人，大家不斷談論那位堅持拒絕棄船的船長。「冰山」這個字是我最常聽到的，我對這個字的印象有如「草原」和「島」，雖然它不是從父親那兒學到的，但卻是第三個令我永難忘懷的英文字，第四個字是「隊長」。

我不知道鐵達尼號確實的沈沒日期，在那段騷動不安的日子裡，我找不到父親，他應該可以同我討論這件事情，找到適當的話來安撫我，並且保護我，不讓這場大災難在我身上留下如此深刻的影響。他的一舉一動對我而言都是可貴的。每當我一想到「鐵達尼號」，卻看不到他，聽不見他，便感受到赤裸裸的恐懼。船在夜半時分撞上了冰山，伴著樂隊的音樂聲中沒入了冰冷的水中。

他人在英國嗎？有些時候他會出外旅行。那段時間我沒有上學，也許事情發生在假期中，也許學校放了假，又或者沒有人想到要送小孩上學。母親當時必定沒有安慰我，她對這件災難的感受並不深刻，我與在我們家工作的英國人艾迪絲和布雷小姐較為親近，簡直就像是家人一般。我相信一次世界大戰期間我對英國的信念就是在那幾天形成的。

這段期間發生了另一樁不同的公眾事件，雖然在這次的事件中「隊長」仍扮演著重要的角色。他不是一艘船的「船長」而是南極探險隊的「隊長」，這次的不幸事件不是因為撞上冰山，而是在一片冰雪封凍的荒原上。冰山擴大到整個陸塊，相對於「鐵達尼號」沈沒時，眾人在驚惶絕望中自甲板上跳入海裡，這次只有史考特隊長和三位探險隊的隊員凍死在冰原。它可以稱得上儀式般的英國事件，探險隊雖然到達了南極，卻不是第一支隊伍，當他們歷經各種難以形容的困難而辛苦抵達目的地時，卻發現挪威的國旗早已插在那兒，挪威的阿姆生早在他們之前到過南極了。他們在歸途中罹難，生死未卜了好一陣子，之後人們找到他們的遺體，在日記中可以讀到他們的遺言。

蘭開夏小姐在學校把我們集合起來，我們知道一定是發生了可怕的事情，沒有一個孩子笑，她對我們發表演說，敘述關於史考特隊長的事跡，她毫不避諱地為我們描述探險隊員在冰原上所受到的苦難。我還記得其中一些內容，但是後來我自己又讀了一些更詳細的資料，不太能釐清其中哪些部分是當時聽到的，哪些是我自己讀來的。她並非控訴那些人所遭遇的不幸，我還不曾見過她用如此堅定而驕傲的口氣說話，如果她企圖要我們以那些探險隊員作為榜樣，至少在我身上是成功的。我立即下定決心要成為一位探險家，這個目標維持了好長一段時間。蘭開夏小姐最後以史考特和他的朋友之死像是真正的英國人，來結束她的演說。這是我在曼徹斯特那些年裡，唯一聽到英國人如此公開表白對身為英國人的自豪。之後在其他國家聽到別人時時不知恥地表現出自豪的態度，便令我憤慨地想起蘭開夏小姐平靜又莊重的態度。

拿破崙。食人客。周日的愉悅

住在布頓街時的生活是幸福且愉快的，每到週末經常有客人來訪。有些時候我會被叫去參加，客人們渴望我在場，因為我可以表演才藝。因而我對那些親戚和他們的朋友都很熟悉。曼徹斯特的西班牙移民增加的速度很快，他們多數住在西迪斯貝瑞和溫斯頓住宅區的外圍，彼此相距不遠。把棉製品由蘭開夏出口到巴爾幹半島是一項利潤很高的生意。早在我們來到曼徹斯特的幾年前，母親的長兄布可和所羅門便在此地設立了一間公司。布可被公認是一個極為明理的人，卻英年早逝，只剩下眼神冷峻的所羅門一個人。他想找人合夥，正好給了我父親一個機會，他對英國有著很高的憧憬。父親進入公司後，因為他容易博得好感的天性和協商能力，又能夠站在別人的立場去體諒對方，剛好與他大舅子的冷峻相互平衡。我無法以公平且友善的眼光來看待這位舅舅，他是我少年時期最痛恨的敵人，也是我最嫌惡的那種人。

顯然他也不關心我，但是對家族而言他代表著成功的形象，而成功則意味著錢財。我很少在曼徹斯特見到他，他經常出差到外地去，但是人們常提起他。他對英國的生活適應良好，並贏得許多商人的尊敬。家族中的後來者都對他那口完美的英語深感佩服。不僅僅是他們，蘭開夏小姐偶爾在學校提到他的名字便會說：「阿爾蒂提先生是一位紳士。」顯然是因為他的財富和行為舉止都不像外國人而使她作此想法。他的房子很大，比我們的屋子高而且寬敞許多，房子位在皇宮路上，正好和我們所住的那條街平行。與那些我在附近見到的其他紅色房子相反，那是一棟白色而且明亮的房子，也許因為那條路名是皇宮路的緣故，依我看來那房子就像是皇宮一般。雖然外觀看來並不像，我卻很早就覺得他是個食人獸。這邊一句阿爾蒂提先生的，那邊一句阿爾蒂提先生的，我們的女家庭教師提到他時，總是一副必恭必敬的嘴臉。當她發現我對著壁紙上的人形說話時，我反抗她，試著向她提及雇用她的父親會允許我這樣做時，她卻說阿爾蒂提先生如果發現了，將會有可怕的後果。一提到他的名字，我只得放棄繼續和壁紙人形的對話，並且保證不再玩這樣的遊戲。他是我周遭成人們眼中的權威人士。當我讀到關於拿破崙的事跡時，便將他想像成這位舅舅的模樣，把拿破崙所有的罪惡全歸咎到他身上由他承擔。星期日早上我們可以到雙親的臥室，有一回我進去時，正好聽見父親緩慢地用英文說道：「踏過屍體前進」，母親發現了我的到來，因而迅速地改用德文反駁他，看來似乎很憤怒，這段我聽不懂的對話又持續了好一會兒。

倘若父親真是在評論舅舅，那他所指的必定是商業上的「屍體」，其他方面他很難有機會。但是當時我並不能理解它真正的意思，雖然我對關於拿破崙的書讀得並不多，卻已深受其影響，關於屍體，就只是從書中所認識的意義，那就是屍體。

母親家族裡的三位堂兄弟也在曼徹斯特。最年長的一位名叫山姆，看起來活生生就是一個英國人，他在英國已經住了許多年。他低垂著嘴角，興致勃勃地教我說出較困難字的正確讀法。當我垮著一張臉學著他唸，他友善且開心地笑了，從不會加以嘲笑而讓我有受傷害的感覺。對於蘭開夏小姐經常掛在嘴上的那句，對其他人誇獎食人獸舅舅的名言，我從來不認同。有一回為了證明這一點，我特意站在山姆舅舅前面說道：「山姆舅舅，你真是一位紳士啊！」也許他喜歡聽這句話，總之他聽懂了，大家也都聽懂了，因為餐廳裡所有的客人都沈默了。

母親所有的親戚都在曼徹斯特建立他們的家園，並帶著太太一起造訪我們。只有一個例外，唯獨少了所羅門舅舅一個人，他的時間太寶貴了。把時間花在出席這種和女人談天甚至欣賞音樂的聚會，對他來講實在毫無意義。他稱這種聚會為無聊的舉動。他腦袋裡永遠有些新的生意點子，而大家對他的「思維活動」總是驚訝不已。

在這些夜晚，有些與我們相熟識的家庭也會參加，其中有一位佛羅倫汀先生，我因為他那美麗的姓名而喜歡他，另一位是老掛著笑容且蓄著長鬍子的凱得龍先生。還有第一次出現就讓我感到充滿神祕氣息的英尼先生，比起其他人，他顯得較為黝黑，有人說他是阿拉伯人，其實指的是阿拉伯的猶太人。不久前他才剛自巴格達來。我腦袋裡裝的《天方夜譚》，使得我一聽見巴格達便期待著他是一位回教國王所喬裝成的人。但是他也喬裝得太離譜了，英尼先生穿著一雙大得出奇的鞋子，我一點也不喜歡那雙鞋，我問他為什麼要穿那麼大的鞋子，他回道：「因為我有一雙大腳，你要不要看？」我以為他真的要脫鞋子，嚇壞我了。因為那些壁紙人形當中有一個老是與我為敵的小人，也有著一雙大腳，他總是拒絕我的召喚，做他自己的事。我不想看英尼先生的腳，不告而別倉皇地上樓回兒童房。我不相信他是從巴格達來的，因為那雙大腳，我對父母親說他必定是個騙子。

父母親的客人們都玩得十分盡興，他們閒聊著，笑著，演奏著音樂，還有人玩牌。也許是因為那架鋼琴的緣故，大部分的時候他們都在餐廳舉行聚會，很少在那間隔著前廳和走道的黃色沙龍裡招待客人，那裡也是我因為法語而受到屈辱的地方。母親為了與父親所鍾愛的英語相抗衡，因此堅持我應該同時學習法語。那是一位女法語教師，我們在黃色沙龍裡上課，她長得瘦瘦黑黑的，帶著一股忌妒他人的味道，至於臉蛋兒，被我之後所認識的其他法國人所掩蓋，再也不記得了。她上課很準時，但是並不賣力，只教了我一個故事，那是關於一個少年獨自在家裡想偷吃糖的故事。故事的開端是：「保羅一個人在家裡」，我很快就能背誦了，我在雙親面前說著那位少年為了偷吃糖所遭遇的不幸事件，我盡量把故事說得生動些，雙親看起來似乎覺得很有趣，不久兩人不約而同地放開喉嚨大笑，我感到十分訝異，也有些不愉快。我從不曾見過他們兩人這樣一致又笑得這麼久過，故事說完了，我感覺得到他們對我的讚美並不是真心的，我委屈地跑到樓上的兒童房，不斷重複練習著，直到中間不再間斷也沒有錯誤為止。

客人再度造訪時，他們像是等著看表演似地全坐在黃色沙龍裡，我被帶下樓來說法語故事。我才剛說完「保羅一個人在家裡」，他們就笑得臉都扭曲了，我想表現給他們看，因此不顧一切地把故事繼續說完。他們全都笑彎了腰，凱得龍先生的嗓門向來最大，拍手大叫「好極了！好極了！」山姆舅舅這位紳士則是笑得合不攏嘴，露出那一口英國式的白牙，英尼先生把那兩隻穿著特大號鞋子的腳伸得開開的，把頭往後仰天長嘯著，那些平時總是對我極為溫柔，並且喜歡親吻我的頭的同一群女士，個個咧著大嘴笑著，她們盯著我看的眼神似乎要把我吞噬了一般。那是一群狂野的人，我感到害怕，終於哭了出來。

這樣的事件不斷重複上演著。每當客人造訪，他們便哄著要我說保羅的故事，我不但沒有拒絕，甚至每次都期望自己能夠戰勝煩躁的干擾，但是結局都一樣，只是當中有些人已經習慣了這樣的過程，當我太早停止說故事而哭起來，他們甚至會有點強迫性地陪著我一起把故事說完。從來沒有人告訴我，到底是什麼奇怪的地方引得他們如此瘋狂的笑。「笑」對我而言像是一個謎，我曾對此反覆思索，一直到今天仍是一個未解的謎語。

直到我在洛桑聽見法語之後才恍然明白，我那個「保羅」對這些造訪的客人所產生的效果。女法文教師在教導我時並沒有盡力矯正我的法文發音，只要我能用英文式的發音記住她教我唸過的句子，她便滿意了。那些來訪的客人們都來自魯斯特舒克，他們在家鄉時都在「聯盟學校」裡學得一口純正的法文，但在學英文時卻往往無法克服口音的問題，因此當他們聽見那種怪腔怪調的英式法語時，便不知恥地取笑和他們有著正好相反缺失的孩子，一個七歲都不到的孩子來引以為樂。

我把當時所經歷的事情對照當時閱讀的書籍。我還不至於把那群笑得如此放肆的大人，視為《天方夜譚》或《格林童話》當中的那些食人者進而產生恐懼。恐懼最易滋生，這並不是說人類無法承受恐懼便會多渺小，而是人類所特有的一種傾向——容易受到恐懼的擺佈。恐懼不會消失，但是它的藏匿處卻是神祕的，也許它是所有事物中最不易改變的。當我回憶起自己的早年時光，最先想到的便是恐懼，這些恐懼是那時期的生命裡無比豐富的泉源。其中有些恐懼直到今天我才找到，其他一些仍未找到的一定很神祕，是我窮一生探究的興趣。

星期天早晨是最美好的時刻了，我們獲准到雙親的臥室。父母親還都躺在床上，父親睡在靠門的這一邊，母親則在靠近窗的另一邊。我徵得父親許可跳到他的床上，弟弟們則到母親床上，父親和我一起在床上翻滾著，問我在學校所發生的事情並說故事給我聽，這樣持續玩上好一會兒。我特別喜歡這一刻，並且期盼它永遠不要結束。除此之外，所有的事情都規劃好了，有無數的規矩，由女家庭教師監督著。但也不能說這些規矩全令人厭煩，因為父親帶著禮物回家，到兒童房作為一天的結束，而星期天的早晨我們在床上的嬉戲、談天便是一週的終止。我只注意父親，母親和小弟們做些什麼事對我而言是無關緊要的，也許還有些鄙視他們。自從開始閱讀父親帶給我的書之後，我便覺得弟弟們不但無聊，甚至還干擾到我。幸運的是母親接管了他們，使我能獨占父親。當他仍躺在床上時特別有趣，他扮鬼臉，並唱些有趣的歌，他模仿動物的樣子讓我猜，如果我答得正確，他便允諾帶我去動物園以作為獎賞。我對他床下那隻裝了許多黃色液體的夜壺感到十分詫異，但是這還不算什麼，有一回他起身站在床邊尿尿。我見到那股強烈的水柱，簡直太不可思議了，他體內居然能夠排出這麼多的水，我對他敬佩得簡直五體投地，因此便對他說：「你現在是一匹馬。」我曾在街上見過馬撒尿，當馬解尿時那股尿水和生殖器確實有些嚇人。他附和著說：「現在我是一匹馬。」他所扮演過的動物當中，令我印象最為深刻的要屬這一次了。

結束這美好時光的總是母親，「賈奎斯，時候到了。」她說道：「孩子們會玩得太野。」父親並沒有即刻結束遊戲讓我離開，他總會在我走之前說個我不曾聽過的故事。當我站在門邊時，他會說：「再想想看！」母親早已拉鈴要女家庭教師來接我們。我因為父親讓我思考某些事情，而滿心歡喜地離開，之後也許是過個幾天，他總不忘詢問我的想法。當他聆聽我的想法時顯得十分嚴肅，最後總是贊成我的想法，也許他是真的贊同我，又或者只是為了鼓勵我。我有一種感覺，當他囑咐我去思考一些事情時，便是我對責任的最早認定。

我經常問自己，如果他活得更久些，我們之間的關係是否能如此繼續下去。最終我是否會像反抗母親一般地反抗他，我自己無法想像。他在我心中的影像是清澈的，我要它永遠都這般清澈。我認為他因為自己深受祖父的專橫所苦，即使在英國生活的這短短期間，仍舊承受著來自祖父的詛咒。他小心翼翼地用愛和智慧來對待我，他並不痛苦，因為他已經逃開了。如果他留在保加利亞，在祖父的店裡工作著，在那些壓迫下或許會成為另一種人。

父親的死。最後的版本

我們在英國待了一年左右，母親生病了，可能是對英國的空氣不能適應吧！醫生開給她的處方是到萊因哈爾療養。她在夏天出發，或許是一九一二年的八月，我沒有特別留意，也無所謂。但是父親詢問我時，我還是得說些什麼，也許他擔心母親不在家對孩子們不好，因而希望能及時發覺我們任何改變的先兆。又過了幾個星期，父親問我是否介意母親再多待些時候才回來，如果我們有足夠的耐心等待，她便會逐漸好轉，並且健康地回到家裡。一開始我裝作有些想念她，因為我感到父親希望我有這樣的反應。事實上，我由衷地希望她療養的時間再長一些。有時候他帶著母親寫來的信到兒童房，展示給我們看，並且告訴我們她寫信了。但是那段期間他顯得有些異常，整個思緒都在母親身上，而且看來非常擔心。母親不在家的最後一星期，他不太說話，也不在我面前提及母親。他不再傾聽我說的話，也不笑，顯得毫無生趣。當我試圖向他報告他最後給我的那本關於拿破崙生平的書，他心不在焉並且毫無耐性地打斷我說的話，我以為自己說了些什麼不該說的傻話，感到萬分羞愧。就在第二天，他又像往常一樣興致盎然並且開心地來找我們，通知我們母親明天即將回到家裡。我因為他如此高興，也感到開心。布雷小姐對艾迪絲說了些我不能理解的話：「這樣才正確，女士回家才是正確的。」我問她：「為什麼這樣才正確？」她只是搖著頭說：「你不會了解的，這樣是正確的。」日後當我仔細詢問母親時，這一切顯得如此混沌不明，令我大感不安。我獲悉她在離家六個星期後，還想再多停留些時候，父親失去了耐心，拍了電報要求她即刻回家。

母親抵家的那一天，我並未見到父親，那晚他沒有到兒童房看我們。但是第二天一早他出現了，並且教小弟說話。

他說：「小格奧爾格，」

小弟說：「卡內提，」

父親說：「二，」

小弟說：「三，」

父親說：「四，」

小弟說：「布頓，」

父親說：「街，」

小弟說：「西區，」

父親說：「迪斯貝瑞，」

小弟說：「曼徹斯特，」

父親說：「英國，」

最後我大聲且流利地說道：「歐洲。」

我們的住址又完整地拼成了。再沒有其他字更能引起我的注意，那是我父親最後所說的字。

他一如往常般下樓吃早餐。才一會兒工夫我們便聽見尖銳的呼叫聲，女家庭教師衝下樓，我緊跟在其後下樓，敞開的餐廳門使我見到橫躺在地上的父親，直挺挺地躺在桌子和壁爐之間，離壁爐很近。他的臉色極為蒼白，嘴邊有些白沫，母親正跪在他一旁尖叫著：「賈奎斯！跟我說話，賈奎斯！跟我說話，賈奎斯！跟我說話！」她不斷地喊叫著，來了好些人，隔壁鄰居信奉貴格教派[3]的布洛班克夫婦，連街上的陌生人也來了。我站在門邊，母親雙手拉扯著自己的頭髮，不斷地喊著。我膽怯地跨進門裡，走向父親，我不能理解究竟發生了什麼事，我想問父親到底怎麼了。這時我聽見有人說：「把小孩帶開。」布洛班克夫婦輕輕地把我擁在懷裡，領著我往街上向著他們家的前院走去。他們的兒子亞倫把我接了過去，他的年紀比我稍長，他當沒發生任何事情似地同我說著話。他詢問我最近學校裡蟋蟀比賽的情形，我回答了他，他又更進一步詢問詳細的狀況，直到我再也無話可答。接著他又想知道我是否會爬樹，我回道：「會的」，他便指著那棵長得有些向我們家前院傾斜的樹，以堅定的口氣說道：「這棵樹你就爬不上去，這對你而言太困難了，你一定辦不到。」我接受了挑戰，直盯著那棵樹看，感到有些遲疑，卻沒有表現出來，嘴上連聲應道：「可以的，可以的。」我走向那棵樹，雙手環抱著樹幹，正想往上爬時，我們家餐廳的那扇窗户打了開來，母親把上半身伸出窗外，見到我和亞倫站在樹旁，她刺耳地尖叫著：「我的兒子啊！你在玩，你父親死了！我的兒子啊！你在玩，你父親死了！」

她對著街上喊叫著，聲音愈來愈大，有人強行將她給拉回房裡，她掙扎著，我雖看不見她的人卻仍聽見她的叫聲，我聽見她又喊了好長一段時間，她的喊叫聲把父親的死訊傳給了我，從此無法遺忘。

大家不讓我留在母親身邊，我暫時住在佛羅倫汀家，他們就住在我上學校途中的貝洛莫

---

③Quaker，十七世紀起源於英國的新教教派，創辦人為喬治・福克斯牧師，又稱「朋友會」或「友誼會」，精神出於〈約翰福音〉、〈馬太福音〉與〈申命記〉。

爾路。他們的兒子亞瑟和我已經算得上是朋友了，接下來的日子裡我們成了形影不離的好友。佛羅倫汀先生和他的夫人奈麗這兩位心地善良的人，從不讓我離開他們視線，他們怕我逃跑去找母親。有人告訴我她病得很重，誰也不能見她，她的病很快就會痊癒，那時我就可以再回到她身邊。但是他們誤解了，我其實並不想找母親，我想找的人是父親，他們卻很少提及他。大家沒把他出殯的日子瞞我，我堅定地告訴他們要一起去送葬。亞瑟有許多外國的圖畫書、郵票和遊戲，他不分晝夜地陪在我身旁。晚上我就跟他一起睡在他的房間，他是一個熱心、有創意、有趣又誠懇的人，直到今天我一想到他，心中都還有著一絲溫暖的感覺。但是在舉行喪禮的那一天，我發覺他想阻止我參加送葬，這時連他也起不了作用，盛怒之下我出其不意地開始打他。他們一家人忙著安撫我，基於安全的考量，所有的門都上了鎖，我怒氣沖天地威脅著他們要打破門，在那一天也不是不可能。最後他們總算想到一個補救的辦法，讓我逐漸安靜下來。他們向我保證見得到送葬的隊伍，只要從兒童房探身出去就得以見到，不過是隔了一點兒距離。

我相信他們，卻沒有想過這樣的距離有多遠。時候一到，我從兒童房的窗户探身向外張望，因為我把身體往外伸得老遠，他們必須緊緊抱住我。他們對我解說送葬的隊伍剛剛自布頓街彎進貝洛莫爾路，朝著與我們相反的公墓方向前進。我張大眼睛望著，卻什麼也沒見到。他們對應當瞧見的情景描述得很清楚，我終於在他們所說的方向見到一團淡淡移動的霧影，他們說：那就是了！經過大半天的奮戰，我已經筋疲力竭，於是心滿意足地接受了他們的說法。

父親過世時，我七歲，而父親甚至連三十一歲都不到。大家紛紛議論起他的死亡，他看來相當健康，雖然煙抽得兇，但也不過就是這一點，使大家能夠把他的意外死亡和突發性心臟病扯上關係。即使是替他驗屍的英國醫生也找不出死因。家族裡的人並不太喜歡英國醫生，當時正是維也納醫學最鼎盛的時期，只要一有機會，每個人都想徵得維也納專家的意見。我極少涉及這類的談話，我無法承認他的任何死因，找不出原因對我而言更好。

但是隨著一年又一年逝去的時光，我依舊不斷追問母親關於父親的死因。我從她那兒聽來的答案每隔個幾年就不一樣，當我逐漸長大，又會有些新的說法，並且聲稱之前的版本是為了保護年幼的我。沒有任何其他事情足以使我像對父親的死因一般去深究，每個階段的答案我都深信不疑。後來我採信了母親最後的說詞，又整理各種細節，把它們視為《聖經》一般，再把周遭發生的事情和我所閱讀及想到的互相串連起來。我所生存的每個世界都是以父親之死為中心。幾年後當我又獲得一些新資料，早先的世界便如贗品般傾倒，什麼都不對了，所有的答案全錯了，這一切就如同有人把我從信念裡強拉出去，便會說是出於善意保護我而說的謊言。母親總是笑著突然說：「我當初之所以如此說，是因為你的年紀還太小，無法了解。」我害怕她那笑容，那笑容不同於平日我所喜愛的傲慢和明智的笑容。她明白，每次當她又說了些關於父親死亡的新說法，都會把我擊得粉碎。她殘忍且樂此不疲，這是出於妒忌而報復我，因為我使得她的日子如此難過。

我把關於父親死因的各種說法全部保存在記憶中，我不知道哪一種說法才是可信的，也許我可以把它們完整地寫出來，那會成為一本書，一本完整的書。但是現在我要跟循的是另一些軌跡。

我會記錄當時所聽到的各種說辭，以及直到今天我仍然深信不疑的最後說法。

在佛羅倫汀家，人們談論著巴爾幹戰爭的爆發。對英國人而言，巴爾幹戰爭也許並不是那麼重要，但是我生活在一個由巴爾幹移民組成的圈子裡，對他們來說，這是一場發生在自家的戰爭。佛羅倫汀先生是一位嚴肅且審慎的人，他竭力避免對我提到父親，但是有一回只有我們兩人獨處時，他卻對我說了一些話。談話時他顯得十分慎重，我感覺到他對我的信任，因為家中的女眷和幾位女傭當時都不在場。當時父親吃著他最後的早餐，同時讀著報紙，報紙上的標題寫著：蒙特內哥羅向土耳其宣戰。他明白巴爾幹戰爭爆發了，這就意味著必定有許多人死去，正是這則新聞害死了父親。我記得在父親臥倒的地板旁見到了一份《曼徹斯特監守報》（*Manchester Guardian*）。之前，當我在屋子裡隨意找到一張報紙，父親總是讓我唸上頭的標題給他聽，如果內容並不困難，他還會為我解釋其中的意義。

佛羅倫汀先生說道，再也沒有什麼事情比戰爭更糟了，父親也抱持著同樣的理念，他們經常彼此討論這話題。在英國，所有的人都反對戰爭，這裡是不可能再有戰爭的了。

他的話深埋在我心中，就如同父親親口說出一般，我把它當成是我和父親單獨相處時說過的話，一個危險的祕密。日後當人們議及父親在年紀輕輕又健康良好毫無病徵的情況下，於剎那間如同遭到電擊般身亡時，我便知道，而且沒有任何說辭得以改變，那道電擊就是戰爭爆發的新聞。從此之後世界上所發生的戰爭，無論是哪一回的戰爭，發生在什麼地點，也許在我周遭無法感受戰事，但是我仍強烈感受到那股早年喪父的悲慟，視其為切身問題般地加以關切。

母親並不做此想法，二十三年後受到我第一本書的影響，她向我吐露了最後的版本。我得以知道父親死前的前一晚，一直到次晨都不曾同她交談過一字半句。她在萊因哈爾時，和一群與她同樣注重精神生活的同類們相處，感到十分愉快，她的醫生和她談史特林堡，她從此開始不間斷地閱讀史特林堡的作品，醫生問她讀後的心得，彼此展開熱烈的對話。她逐漸明瞭，生活在曼徹斯特那群教育程度不高的猶太裔西班牙人當中是不夠的，也許這就是她的病因吧！她向醫生陳述了這樣的想法，而醫生向她表達了愛意。他對母親提出和父親離婚並且嫁給他的建議，他們之間除了言語上的清談，並未發生過足以令她自責的事情，她並不曾真正嚴肅地考慮過離開父親。但是和醫生之間的談話對她卻日益重要，她盡可能延長了滯留於萊因哈爾的時間。她感覺到健康情形神速地轉好，因而有了不算不誠實的藉口，請求父親允許她多些時間療養。但是她的驕傲卻又令她不願對父親撒謊，她在信中也提及她和醫生之間迷人的交談。最後，她十分感激父親拍了電報強迫她回家。也許她自己沒有足夠的力量離開萊因哈爾。她神采奕奕且愉悅地回到曼徹斯特，為了獲得父親的諒解又或者是虛榮心的作祟，她把事情的原委和醫生的求婚，以及她拒絕留在醫生身旁的經過和盤托出。父親無法理解事情何以演變至此，他質問母親，然而所獲得的每一個答案都更加深了他的醋意。他堅持一定是母親自己的錯。他不相信她，視她的答案為謊言，終於在盛怒之下他威脅著，在她沒有說出實情之前，再也不跟她說隻字片語。一整個晚上他保持著緘默，也不肯上床就寢。她打從心底對他感到同情，雖然他因此折磨她，但是她的想法卻和父親不同。她認為自己的歸來就足以證實對他的愛，因此她並未意識到自己有任何過錯。她甚至不曾答應醫生的吻別。她徒然花費幾個鐘頭的時間試圖與父親談論此事，最後她自己也生氣了，只得放棄並且也保持沈默。

早晨父親下樓吃早餐時，一言不發地拿著報紙在桌邊坐了下來，當他俯身倒下時，都還不曾跟她說過半句話。一開始她認為父親故意嚇她，懲罰她，她跪在他的身旁埋怨著他，不斷地懇求他，絕望地請求他說話。當她發現他已經死了，認為父親的死亡是因為對她感到失望。

我知道母親在最後一次的說明中道出了事情的真相，她所認定的真相。長久以來我們之間一直存在著嚴重的鬥爭，她說好幾回她幾乎都不想認我了。雖然我為了爭取自由的權利因而帶給她許多不愉快的爭執，但是此刻她明瞭我是為了爭取自由而奮戰，她所讀到的這本書，就是由她的血肉所衍生出的血肉。她從書裡見到了自己，我所描述的那些人，就是她一直以來所見到的，簡直是一模一樣，如果她來寫也會採取同樣的方式。她不僅僅原諒了我，甚至還向我低頭，加倍承認我是她的兒子，我已經成長為她一直期望的人。那段期間母親住在巴黎，我尚未前往探望她時，她便先行寄了一封內容相仿的信到維也納給我，我對這封信大感訝異，即使在我們最嚴厲的敵對時期，我仍然對她的驕傲深感佩服。一想到為著這本對我十分重要的小說而使她向我低頭，便令我難以忍受，這使我對她從不向任何人屈服的想像破滅了。再次見面時，她察覺了我的困窘、羞愧及失望。為了證明她是誠心作此想法，終於坦承地說出了父親死亡的真相。

有時候我對她早期的說辭仍存有一些臆測，這時便會指責自己由她那兒繼承來的多疑個性讓自己想偏了。為了使自己平靜下來，我重複著父親在兒童房裡最後說的話，那全然不像出自一個盛怒且絕望的人。讓我們據此推論吧：他經歷了可怕與未眠的夜晚之後，態度軟化了，在餐廳裡正打算和她說話時，一瞬間為戰爭的爆發所驚嚇，而倒了下來。

天堂裡的耶路撒冷

幾個星期之後，我自佛羅倫汀先生家回到布頓街上的家，回到母親身旁。夜裡我就睡在父親的床上，在她床邊守護著她的生命。一聽見她微弱的啜泣聲，我便無法入眠，當她睡著之後重新醒了過來，我又被她低低的啜泣聲所吵醒。那段期間我和她極為親密，我們之間的關係非比尋常，我不僅僅只是繼承姓名的兒子，而是一個名副其實的長子。她稱呼我為長子，也以對待長子的方式來待我，我感覺到她對我的信賴。同我說話時也迥異於他人，雖然她不曾對我談過，我仍感受到她的絕望和危險。我承擔起陪她度過長夜的責任，當她再也無法忍受痛苦企圖自殺時，我是掛在她身上的重物。令人驚訝的是，我居然經由這樣的方式，相繼體會到死亡，和為一個被死亡所威脅的生命擔憂。

白天她克制自己，因為有太多她所不熟悉的事物要處理，她一一處理完畢。晚上我們共進一頓制式的晚餐，用餐時，我們彼此靜默且殷勤地款待對方。我跟隨著她的每一個動作去招待她，她則謹慎地為我解說用餐的程序。之前我認為她是一個既沒有耐心、專橫、傲慢且衝動的人，她叫女家庭教師把我們小孩子帶開的那一幕景象，鮮明地烙印在我的記憶中。我用盡各種方式讓她明白我對父親的偏愛。每當有人殘酷地提出這種對孩子極為困窘的問題：「你比較愛誰？父親或母親？」時，我決不會以「兩位都喜歡」這樣的答案來擺脫這不愉快的問題，而是絲毫不膽怯也不遲疑地指著父親。對雙方來說，現在我們都是父親的遺愛，也不消說些什麼，我們彼此都扮演著他以及他的溫柔，並以此溫柔互相關懷。在那些時光中我學會了保持平靜，在平靜時集中所有的精神力量；我這一生當中再沒有任何時候更需要那股力量，在緊接著傍晚之後的漫漫長夜裡，真是危機四伏，我若能隨時穩住立場，就會對自己覺得滿意。

不幸事件之後一個月，親友們聚集到家中做追思禮拜，男性親友們靠著餐廳的牆站著，頭上戴著帽子，手中握著祈禱書。卡內提祖父和祖母坐在正對著窗户靠著較狹窄的那面牆的沙發上，他們是從保加利亞趕來的。我當時仍不知道祖父有多麼自責，當父親離開他和保加利亞時，祖父曾經嚴正地詛咒過他，對一個信仰虔誠的猶太人而言，詛咒自己的兒子的確極為罕見，再沒有別的詛咒更為惡毒，也更加可怕了。父親抵擋不住那可怕的詛咒，就在抵達英國尚且不滿一年的時間便死了。我聽見祖父在祈禱時大聲嗚咽著，他不停地哭泣，只要一見到我便死命地緊抱住我，不肯鬆手，我全身上下沾滿了他的淚水。我一直以為他是因為哀傷的緣故，直到許久之後才明瞭，他的內疚遠超過他的哀傷，他確信是自己的詛咒殺死了父親。因為父親不在場，使得整個追思禮拜的過程我都處於恐懼當中。我一直期盼他會突然出現，並且跟我們站在一起祈禱。我很清楚他並不是躲起來了，但是他到底上哪兒去了？我一直不能明白為什麼當大家都在為他祈禱時，他卻沒有出現。參加追思禮拜的客人當中也包括凱得龍先生，那位蓄著長鬚並且以愛笑著稱的凱得龍先生。我等著看他出醜，他一來就和站在左右兩邊的人肆意攀談，突然間他笑了起來，發出那種經常令我感到害怕的笑聲，我怒氣沖沖地向前質問他：「你笑什麼？」他不為所動地嘲笑著我，我想趕走他，甚至想揍他，可是我太矮了，打不到那張滿是笑意的臉，我必須得站到椅子上才打得到他，因此我並沒有打他。追思禮拜結束後，所有的人都離開房間時，他想摸我的頭，我把他的手打掉，氣得轉身背對著他哭了起來。

祖父向我解釋，身為長子的我必須為父親誦讀安魂祈禱文，每一年的忌日我都得誦讀，否則父親便會有被遺棄的感覺，就好似他沒有兒子一樣。對一位猶太人而言，沒能為他的父親誦讀安魂祈禱文，可是犯一項大罪。他嗚咽地對我解說著，在這次的造訪中他一直就這般啜泣。母親雖然照著習俗親吻他的手並且恭敬地稱呼他「父親大人」，但是我們晚上談話時卻從不曾提及祖父，更令我覺得向她問及祖父似乎是不對的。我對祖父的哀慟留下極其深刻的印象，但是在經歷過母親突如其來的失控和每天夜裡的哭泣，我更擔憂母親，對祖父的哀傷僅僅是看在眼裡。他向所有的人控訴著他的不幸，也為我們感到不平，並且稱我們為「孤兒」。但是他似乎對自己的孫子成為孤兒一事而感到恥辱，為了對抗他恥辱的感覺，我採取捍衛自己的行動。我不是孤兒，我還有母親，更何況母親還把照護弟弟的責任託付予我。

我們在布頓街居住的時間並不長，同年的冬天便搬到位在皇宮路上的舅舅家住，那裡的房間較大，人口也多些。布雷小姐和艾迪絲也跟著一起過來，有好幾個月的時間，兩家人生活在一起，所有的家事成了雙倍，訪客更是絡繹不絕。我不再單獨與母親共餐，晚上也不再睡她身旁。也許她已經好多了，又或者大家認為由眾人共同守護她，要比我一個人來得好些，他們試著以邀請她出門或是拜訪她來分散她的注意力。她已決定帶著我們這些孩子搬到維也納，布頓街上的房子也會賣掉，還有其他的遷居事宜。她十分敬重她那位能幹的哥哥，向他請教許多事情，而那些談話對仍是小孩子的我是不可能談的。我又再度回到學校上課，而蘭開夏小姐並不以對待孤兒的方式來看待我，她讓我感受到尊重，有一回甚至還對我說，我現在是家中的男人，這正是對人最好的禮讚。

在皇宮路上的家中，我又重新回到兒童房裡了，這裡的兒童房比起從前那間貼滿生動壁紙的房間要大上許多。經過最近所遭遇的重大事故，壁紙遊戲對我失去了吸引力。現在我又和弟弟們及女家庭教師在一起，沒有什麼事可做的艾迪絲也經常跟我們在一塊兒。那個房間真的很大，總像是缺少了些什麼似的，顯得空空蕩蕩。也許是我們的人數太少，而房間卻是為多些人所設計的。從威爾斯來的女家庭教師布雷小姐召集了一個宗教聚會。她和我們同唱讚美詩，連艾迪絲也加入我們的行列。這是一段全新時期的開始，只要一聚集在兒童房裡，我們便開始唱起詩歌。布雷小姐很快地便讓我們習慣於這樣的活動，當她開始唱歌，整個人完全變了個樣兒，跟平常的她簡直判若兩人，顯得不再那麼瘦削、尖銳。她的熱情感染了我們這些孩子，我們全使盡力氣唱著，連年僅兩歲最小的格奧爾格也賣力呀阿呀阿地跟著唱。

其中有一首描述天堂的耶路撒冷的詩歌，更令我們百唱不厭。布雷小姐說服我們相信，父親此刻正待在天堂裡的耶路撒冷，只要我們好好唱歌，他就會認出我們的聲音，並且替我們感到高興。當中有一句極美：「耶路撒冷，耶路撒冷，傾聽天使如何唱歌」，當我們唱這首歌時，尤其是唱到這一句，我相信自己真的見到父親了，我激動萬分地唱著，幾乎要扯破嗓門。布雷小姐似乎有些顧慮，她說我們這樣可能會打擾到屋子裡其他的人。為了不讓人打斷我們的歌聲，她把房門給上了鎖。許多歌當中都提到耶穌，她對我們講了耶穌的故事，我喜歡聽，並且百聽不厭，我不能理解為什麼猶太人要把他釘死在十字架上。至於猶大，我很快就知道他是一位蓄著長鬍子，對自己所犯下的罪行不但不知羞恥，反而還笑嘻嘻的人。

儘管布雷小姐沒有做什麼錯事，她的布道時間卻經過刻意挑選。我們時常懇求她，如果我們安靜地聽完主耶穌的故事，便可以再唱〈耶路撒冷〉，那真是既美好又燦爛的景象。我們從來不曾向任何人吐露過隻字片語，這樣頻繁的活動持續進行了好一段時間都沒有人察覺。應該有幾個星期之久，我已經習於唱詩歌，連在學校也會不時想起，再也沒有其他事情可以令我感到如此快樂，即使閱讀也顯得不那麼重要。母親和我又疏遠了，為了懲罰她和拿破崙舅舅談話時總是一副佩服得五體投地的神情，我保守了和耶穌同在的祕密。

有一天，門突然被敲得震天動地，母親意外地提早回家，在門外傾聽著。日後她提及那歌聲是如此動聽，使她禁不住側耳傾聽，她驚訝地猜測房間裡有其他人在，因為那不可能是我們。最後她想知道到底是誰在房裡唱著〈耶路撒冷〉，於是試著打開房門，當她發覺房門上了鎖，便對那位在我們的兒童房裡的無禮陌生人感到氣憤，於是乎更加使勁地敲門。布雷小姐用手指揮著，絲毫未受到干擾，直到我們唱完才平靜地打開門，站在夫人面前，她解釋唱歌對孩子們的益處，難道夫人沒有察覺到我們最近很快樂？她又說：我們終於把最近發生的可怕事件給拋到腦後了，而且我們現在也知道在哪裡可以再見到父親。跟我們在一起的時刻令她感到滿足，使得她毫不怯弱地鼓起勇氣試圖說服母親，她對母親談論耶穌為世人而死，也為我們而死。我對她完全信服，因而也試著干涉這事兒，母親怒氣沖天地逼問布雷小姐，問她難道不知道我們是猶太人，她怎麼能夠背地裡教導孩子有關耶穌的事情。更令她憤慨的是，每天在身旁陪她梳妝更衣的艾迪絲，連男朋友的事情都會告訴她，卻故意隱瞞我們最近所從事的活動。艾迪絲當場被解雇，布雷小姐也給免職，兩個人都哭了，我們也哭，最後連母親也哭了，卻是出於氣憤而哭泣。

布雷小姐最後還是留下來了，因為年齡最小的格奧爾格非常黏她，因此母親計畫帶著她一同前往維也納，但是她必須發誓此後不再陪我們唱宗教歌曲，也不准再提主耶穌。至於艾迪絲，由於啟程在即，反正再過不了多久她也會被辭退，因此她的免職令並沒有取消。由於母親高傲的自尊心，無法忍受自己喜愛的人令她感到失望，因而不肯原諒艾迪絲。

至於我，這應當是母親第一次體認到，我們母子關係間一直以來的特徵。母親把我帶離兒童房，等到只剩下我們兩人時，她用著與那些晚上相同而我們幾乎都遺忘了的口吻問道：為什麼長久以來一直瞞騙著她？

「我不想說。」我這樣回答著。

「但你為什麼不說呢？為什麼不說？你終究是我的長子，我的依靠啊。」

我氣憤地回嘴：「你不也是什麼都不願意對我說呀！你只會對所羅門舅舅提，卻不肯告訴我。」

「那是因為他是我的兄長，我必須同他商議呀！」

「你為什麼不和我商量？」

「有些事情你還不能了解，日後你就會明白了。」她說的話對我沒有任何影響，我忌妒她哥哥，因為我不喜歡他，如果我喜歡他就不會忌妒他了，但他是一個「踏過屍體」的人，就像拿破崙一樣，是掀起戰火的人，是一個兇手。

我今天細想起來，布雷小姐有可能是因為我對一起唱的那些聖歌的熱情激勵了她。在有錢的舅舅家，我稱它為「食人獸的皇宮」，我們有了一個祕密的地方，一個沒有人知道的地方，一個讓我內心深處把母親排除在外的願望得以實現的地方，因為她歸順了食人獸。她稱讚他的每一個字詞，我都視之為她對他的忠誠。我之所以下定決心成為一個在各方面與他完全不相同的人，在當時就已經埋下了原因。一直到我們搬離舅舅家，走得遠遠的，我才又重新贏回母親，以一個公正的眼光來守護她的忠誠。

日內瓦湖畔學德語

一九一三年五月，所有遷居維也納的事情都已經準備妥當，我們離開了曼徹斯特。旅程分幾個階段進行，那應該是我第一次瀏覽那些城市，那些城市日後拓展成我生命裡無法估量的中心。我相信我們在倫敦只停留了幾個鐘頭時間，但是我們從一個火車站轉乘汽車穿越市區到達另一個火車站時，見到那種紅色的雙層巴士，我請求母親允許我到上層坐。時間並不多，只記得我對擁擠的街道感到非常激動，在我看來就像是道沒有盡頭的黑色漩渦，和印象中維多利亞車站裡那些數不清的人——四處亂竄卻又不會相撞的人潮相融成一體。

穿越海峽的航程我已不復記憶，但是抵達巴黎時的情景卻令我印象深刻。在車站裡等待我們到來的是一對年輕夫婦，母親兄弟當中最不顯眼也最年輕的大衛舅舅，一位個性極為溫和的人。他那亮麗的妻子就在身旁，有著一頭黝黑的頭髮和畫得通紅的雙頰。又是通紅的雙頰，但是太紅了，當我只願意親吻新舅媽的雙頰時，母親警告我那是人工造假的。她的名字是依斯特，剛自薩隆尼奇來，那裡有座最大的西班牙裔猶太人社區，有興趣結婚的年輕男子都喜歡到那裡找尋他們的新娘子。他們公寓裡的房間非常小，我輕佻地稱它們為「娃娃房」，大衛舅舅並不覺得受到了侮辱，他總是笑嘻嘻的不說話，跟他在曼徹斯特那位有權勢的哥哥完全相反。所羅門舅舅瞧不起他，因而拒絕讓大衛舅舅當他的合夥人。大衛舅舅正處於他青年幸運期的高峰，一星期前他們才剛剛結婚，我對美麗舅媽的著迷使他感到自豪，一直要我親吻她，可憐的舅舅並不知道他即將面臨的真相，她很快便顯露出頑固又貪婪的潑婦本性。

我們在公寓的小小客廳待了好些時候，我覺得很自在。我對舅媽允許我看她化妝感到很好奇，她對著我解釋：「所有的巴黎女人都化妝，否則男人就不喜歡她們。」「但是舅舅喜歡你。」我說道，對此她沒有說任何話。她灑了香水，問我她的香水好不好聞，我為香水所陶醉，但女家庭教師布雷小姐說：「香水糟透了！」因此我迴避舅媽的問題轉而說：「你的頭髮最好聞。」接著她坐下來把頭髮解開，比我弟弟那頭令人驚訝的捲髮更加黝黑。當舅媽更衣時，我獲准坐在一旁觀看，這一切都是公開的，就在布雷小姐面前，她顯得不是很高興。我聽見她向母親說：「巴黎對小孩來說，可不是個好地方。」

我們繼續旅程前往瑞士的洛桑，母親打算在那裡度過夏天的那幾個月。她在城市的較高處租了間公寓，從公寓向外望，可以看見美麗的湖水和過往的帆船。我們經常下山到歐奇，沿著湖岸散步，到公園裡聽樂隊演奏。這一切都顯得如此清朗，微風時時輕拂而過，我愛這風、這水和帆船，當我聽著樂隊演奏時覺得自己很幸福，我問母親：「我們為什麼不留在這裡，這裡是最美的。」她說：「你現在必須學德文，你要去維也納上學。」雖然她提及維也納這個詞時總是那般熱切，卻引不起我的興趣，至少待在洛桑時不可能。我問她：「那兒是否有座湖？」她回答：「沒有，但是有多瑙河。」維也納沒有像我們對面的薩弗耶遜山，但是有森林和山丘，多瑙河是我打從小時候就知道的，燙傷我的水就是從那兒來的。我對多瑙河實在沒有什麼好提的，而這裡卻有著美麗的湖水和新奇的山丘。我堅決反對去維也納，我們在洛桑待了比原先所計畫的時間更長，歸咎起來，這也許占了一小部分的原因。

真正重要的原因是，我必須先學德文。我當時八歲，如果要在維也納上學，按照我的年齡應該是小學三年級了。母親一想到如果因為我不懂德文而無法進入三年級就讀，簡直就無法忍受，她決定在短期內教會我德文。

我們抵達洛桑不久便到一間書店去，母親向店家洽詢一本英德文法書，買了店員給她的第一本書，馬上帶著我回家，開始授課。我應該如何描述我們上課的方式才能取信於人呢？我清楚整個進行的過程，我怎能忘得了，但是時至今日連我自己都難以置信。

我們坐在餐廳裡的大桌子旁邊，我坐在較窄的一邊，看得見湖和帆船，她坐在我左手邊的角落裡，手上握著書，這樣我才看不見書。她把書拿得離我遠遠的，說道：「你不需要書，反正你也看不懂。」但是這樣的理由，仍然讓我覺得她扣著那本書就好像保守著一份祕密似的。她先用德文唸了個句子，讓我跟著唸幾回，如果我唸得不正確，便得重複唸到她認可為止。這樣的情形並不多見，因為她會嘲笑我的發音，而我最受不了的就是她的嘲笑，因此我努力把它說得盡量正確。接著她再用英文對我解釋句子的意義，我必須馬上牢牢記住，她決不會再重複解說它的意義，緊接著又是下一個新的句子。這樣的過程不斷重複著，只要我一正確地唸出句子，她便把句子翻譯一次，緊迫地逼著我記住它，然後又接著下一個句子。我不知道她指望我第一次能夠記下多少個句子，估計至少也要「有一些」吧！我很擔心，而事實上句子很多。她放我離開之前說道：「你自己重複唸唸那些句子，不可以忘記，一句也不准忘記，我們明天再繼續。」她保留著書，扔下一籌莫展的我。

我找不到救兵，布雷小姐只會說英文，母親又拒絕在非上課的時間唸那些德文句子給我聽。第二天我又坐在同一個位置上，面對著窗外的湖和帆船。她先唸一遍昨天教過的句子，要我跟著覆誦一次，再問我它所代表的意思。那真是我的不幸，我居然記得，她滿意地說道：「我看效果還不錯嘛！」緊接著就大難臨頭了，因為除了第一句，我什麼也不記得。我跟著她覆誦一次，她滿懷期望地盯著我看，我先是結結巴巴，接著便啞口無言，連著下來好幾個句子都是同樣的情形，她大發雷霆地說：「你記得第一個句子，就一定有能力記住其他句子，是你不願意，你想留在洛桑，我讓你一個人留在洛桑，我要去維也納，我帶布雷小姐和兩個小的一起去，你可以自己一個人留在洛桑。」

我相信自己並不害怕留在洛桑，我害怕她嘲笑我。她失去耐性時，便用雙手抱住她自己的頭大聲喊著：「我有一個白癡兒子！我從來不知道自己居然有個白癡兒子。」或者是「你父親也會德文，他如果活著，真不知道會說些什麼。」

我陷入絕望當中，為了掩飾我的絕望，我把目光移向帆船，希望它們能夠替我解圍，它們當然不可能幫得上忙。直到今天我仍然不能了解那究竟是怎麼發生的，頃刻間我變得像魔鬼般，專注於學習那些句子的意義。當我真的能了解其中的三、四個句子，她並不會讚美我，她期望我每回都把那些句子悉數記住，但是這樣的狀況，一次也沒有發生過，她連一次都不曾加以讚賞，那幾個星期中，每次放我走時都不滿意地掛著一張陰沈的臉。

我生活在害怕被她嘲笑的恐懼當中，白天裡無論身在何處，都不斷重複背誦那些德文句子。和女家庭教師一同散步時，我顯得不愛說話也不太愉快，我不再感受到微風，也不再傾聽音樂，滿腦子都掛念著那些德文句子和它們的意思。一有機會，我便跑到一旁大聲唸出來，一旦弄錯了某些部分，也在不知情下瘋狂地當它是正確的句子，再三練習著。我沒有書可以糾正自己的錯誤，她知道我對書的感情，也知道如果有了書，這一切也不至於如此困難，但她卻冷酷地堅持拒絕把書給我。她有一個想法：人不應該老是挑輕鬆的方法，而書本對學習語言沒有多大的助益，應該要用口頭的方式學習，等到對那種語言已有些粗略的認識時，書本才不會造成學習的阻力。她沒有注意到，我因為擔憂的緣故而吃得極少，她認為我所面對的恐懼，是教育方式的一種。

有幾天裡除了一或兩個句子之外，我把其他句子和它們的意義全記住了，但是在母親臉上我依然找不到一絲滿意的表情，她頂多只是不嘲笑我。又有些天裡表現得較差勁，我便膽戰心驚地等著她罵人。「自己生了個白癡兒子」這樣的話對我打擊最大，只要她一說出「白癡」這個字眼，我就完了。當她提及父親時，卻沒能達到她預期的效果，父親的寵愛撫慰了我，他從來不曾對我說過任何一句重話，無論我對他說了些什麼，他總是高興地聽著，也不會折磨我。

同一時間我幾乎不跟弟弟們說話，而是學著母親粗暴地推開他們，小弟是布雷小姐的寶貝，但是我們三個她都很喜歡。她感覺到我的處境很危險，每當她瞧見我練習德文句子時，便會氣憤地說道：「夠了！」我應當停下來休息了，對一個我這樣年紀的少年而言，我懂的已經夠多了，她從來沒學過半種外語，生活還不是一樣過得很好，而且世界上到處都有人懂英文。她的同情使我感到很愉快，但是她說話的內容對我卻沒有多大的意義，是母親把我桎梏於這種恐怖的催眠狀態當中，也唯有母親才能解除這樣的桎梏。

我偷聽到布雷小姐對母親說：「這孩子很不快樂，他說夫人認為他是一個白癡。」母親回答：「他本來就是白癡，否則我也不會這樣說他。」這句話十分刻薄，我所有的問題都出於「白癡」這個字眼上。這使我想起住在皇宮路上的表妹愛爾西，她的發育遲緩，而且不太會說話，大人們總是憐憫地說：「她永遠都會是個白癡。」

布雷小姐必定是一位不屈不撓又有著一副好心腸的人，最終還是她解救了我。一天下午我們才剛坐下來上課，母親突然說：「布雷小姐說你很想學德文字體，是真的嗎？」或許我曾經提過，又或者是布雷小姐自己想到的點子，當母親說話時，眼睛直盯著手中的書看，我連忙捉住機會說：「是的，我想學。將來在維也納的學校一定用得著。」就這樣，我終於得到那本書，好方便學習那些稜稜角角的字母。但是母親根本沒有耐心教我寫那些字母，於是她把那些原則都拋到腦後，讓我逕自保管那本書。

歷時一個月的痛苦煎熬終於過去了，當母親把書交給我保管時說道：「但是只可以用來學寫字，我們依舊用口頭的方式繼續練習句子。」她當然不可能阻止我去參閱那些句子，我已經跟她學了好一些德文了，她採取那種強迫和加深印象的方式在我面前唸句子給我聽，的確讓我學會了一些東西。我繼續跟著她學新的句子，藉著閱讀的方式得以幫助我加深對之前所學的印象，因此在她面前的表現也就漸入佳境，她再沒有機會說我是「白癡」了，這也使得她總算鬆了一口氣。過了些時日她告訴我，她自己曾經嚴肅地想過，也許我是家族當中唯一沒有語言天分的人。現在終於證實她的想法是錯的，而且下午的上課時間成了我們之間的一大享受，有些時候我的表現甚至出乎她意料之外的好，使得她不由自主地讚揚我，她說：「你果真是我的兒子。」

一段莊嚴的時光開始了，她開始用德文跟我交談，即使不上課時間也一樣，我察覺到我們兩人之間的關係又再度拉近，就好像回到當初父親猝死時的那幾個星期一樣。過了好些時候我才明瞭，當初她之所以採取嘲諷和折磨我的方式來教我德文，並不僅僅是為了我，其實是她自己更需要用德文來與我交談，那是她最信賴的語言。她在二十七歲遭逢到一生當中最大的變故，失去了我父親的傾聽，終止了與父親之間的德文交談，最強烈的感受是，她再也不能用自己最鍾情的語言來表達。德文在她的婚姻當中扮演著舉足輕重的角色，失去丈夫令她不知所措，因此她亟欲讓我代替父親的位置，因而當我一開始的表現不如她所預期時，她簡直無法忍受，因此強迫我在最短的時間內，達到一個對普通孩子而言是不可能的成果。她成功地把德文確立在我心中的深處，那是遲來的母語，在真實痛楚中培養成的母語。這樣的痛楚並未留下痕跡，伴隨而來的是一段幸福的時光，從此我和德文便密不可分。這件事也許培養了我的寫作傾向，就是為了學寫字的緣故，我才向她爭取書本。學習情況的好轉，和我學習書寫德國花體字有關。

她無法忍受我放棄其他語言，教育對她的意義就是由各種語言所寫成的文學作品所構成，但是我們最鍾愛的語言，則是德語——那是一種特別的愛！

她只帶我一個人前去拜訪她在洛桑的朋友和親戚，因此我記憶中的兩次拜望都和她處於年輕寡婦的時期有關，也就不足為奇了。當中一位是她哥哥的遺孀琳達，在我們尚未抵達曼徹斯特之前，舅舅早已過世，琳達舅媽和兩個孩子此刻就住在洛桑，有可能是基於琳達舅媽的緣故，母親才在洛桑暫做停留。母親受邀至她家裡用餐。琳達舅媽生於維也納，又在維也納長大，説一口漂亮的德文。母親心想我已經學了好些德文，正好趁機表現一番，基於這樣的原因便帶著我一同前去，而我亟欲擺脱以往和最近所遭受的嘲笑，因此顯得興致勃勃，整個夜裡興奮到無法入眠，一個人自言自語地説了一長串的德文對話，並且都是以勝利收場。

拜望的時刻到來，母親對我說，有一位每天都到琳達舅媽家吃飯的先生也會在場，他是蒙梭．科提爾先生，一位不怎麼年輕的莊嚴紳士，也是一位顯赫的官員。我問母親：他是否就是舅媽的丈夫？母親猶豫不決地回道：也許有一天他會成為她的丈夫，但現在舅媽還掛念著兩個孩子，她不想匆促結婚令孩子們感到傷心，雖然再婚是她的一大支柱。我立刻嗅到危機緊接著說：「你有三個小孩，而且我就是你的支柱。」她笑了，並且以一種自傲的口氣回答：「你是怎麼回事，我可不像琳達舅媽，我也沒有科提爾先生。」

於是德文再也不那麼重要了，我必須嚴守雙重位置。科提爾先生長得高大又肥胖，留著山羊鬍子還挺了個肚子，他對舅媽的廚藝很欣賞，說話時慢條斯理，一句話總要考慮個大半天，又老是以一副讚賞的眼光盯著母親看。他已經有把年紀了，我覺得他看待母親的態度像是對待小孩子一般，只跟母親交談，半句話也沒和琳達舅媽說，席間舅媽不時為他添菜，他卻表現得好似根本沒有察覺一般，只是繼續安靜地吃著。

回家的途中我興致昂然地對母親說：「舅媽真是漂亮！」她的膚色較深，有著又大又黑的美麗雙眸。我又說：「她聞起來好香，剛才她吻了我，味道聞起來比巴黎的舅媽更香。」母親說：「你在說些什麼啊！她有著一隻大鼻子，和一雙象腿，但是要捉住一個男人必得先捉住他的胃。」這句話她在席間就曾經說過一次了，說時還嘲諷地看了科提爾先生一眼。我感到十分訝異她又說了一回，便問她到底有些什麼含意，她粗暴地解釋著：科提爾先生喜好美食，舅媽又善於烹飪，因此科提爾先生每天都來報到。我又問是不是因為這樣，所以舅媽聞起來很香。母親說：「那是香水的味道，她總是擦了太多的香水。」我察覺母親對舅媽的舉止十分不以為然，雖然她對科提爾先生的態度很友善，也逗他笑得很開心，但顯然她並不喜歡他。

當我突然用著大人的口吻說道：「沒有人會來我們家吃飯的。」母親笑了，她的笑鼓舞了我，於是我又接著說：「你不會允許的，不是嗎？你會小心提防吧！」

另一次是造訪阿佛塔禮恩先生，那完全是另外一種情形。他是母親所認識的西班牙猶太後裔人當中最富有的，「他是個百萬富翁」，母親這樣說著：「而且最年輕。」尤其當母親回答我阿佛塔禮恩先生比所羅門舅舅還更富有許多時，我對他即刻生出好感。他和所羅門舅舅是兩個完全不同典型的人，他還擅長跳舞和騎馬，對所有的社交活動都非常熱衷，他是如此的高尚，大家都認為他簡直可以住到王宮去了。母親又說：「現在這種人在我們當中已經很少見了。從前我們在西班牙就是過著這樣的生活。」接著她又透露阿佛塔禮恩先生曾經向她求過婚，但是當時她已經偷偷和父親訂婚了，阿佛塔禮恩先生感到非常傷心，有好些年都不願意娶其他的女孩子，就在不久前他才剛剛結婚，現正和他那位出了名的美麗妻子菲麗達在洛桑度蜜月。他住在一間高尚的旅館裡，我們正要上那兒拜望他。

我對他十分感興趣，因為母親對他的評價比所羅門舅舅還要高，我非常瞧不起舅舅，至於阿佛塔禮恩曾經向母親求婚的事，我倒不特別介意。我對能夠見到一位使「拿破崙」相形見絀的人，感到十分興奮。

「可惜舅舅不能一塊兒去！」我向母親說道。

「他人在英國，根本不可能一起去。」母親回答。

「如果他能一起去的話該有多好，這樣一來他就可以見識到真正的西班牙後裔是什麼模樣。」我說道。

對於我憎恨她兄弟一事，她沒有生氣。雖然母親很佩服她哥哥行事的幹練，卻不見怪我因此而採取的反抗行為。也許她知道我不願意他取代父親，因為父親是我的榜樣，這種心目中的位置是不能被取代的；又或者她把我這種早已根深蒂固的憎恨視為「人格特質」，對她而言，「人格特質」比什麼都來得重要。

我們來到一間宮殿式的飯店，是我前所未見的，我甚至以為它就叫做「洛桑宮」。一整排巨大、豪華房間當中，阿佛塔禮恩先生就住在其中的一間套房裡，我像是置身於《一千零一夜》的世界。想起舅舅位於皇宮路上的屋子，不由得生出輕蔑的感覺，就在一年前我對它還十分驚訝哩。雙層門打了開來，身著深藍西裝和白色綁腿的阿佛塔禮恩先生出現在門後，一臉的笑容迎向母親走過來，一邊親吻母親的手，一邊說著：「瑪蒂提，你變得更加漂亮了。」她穿了一身的黑衣。

向來善於應對的母親說道：「而你娶了最美麗的女人。她呢？菲麗達不在嗎？自從在維也納的學院後就沒再見過她了。我跟兒子提起許多她的事情，他很想見她，於是我把他也一起帶來了。」

「馬上就來了，她還在梳妝打扮，這段時間你們兩位要將就一下不太美的場面。」所有的擺設都顯得文雅有教養，和華麗的房間很相配。他探詢母親對未來的意向，仔細地聆聽著，但還是滿臉的笑容。他贊成母親遷居維也納的計畫，並用不可思議的話說道：「瑪蒂提，你是屬於維也納的，那個城市愛你，在那裡你總是最生動最美麗的。」我對他沒有絲毫醋意，也不忌妒維也納，我從來不知道，也沒有從書上讀到過，一個城市居然可以愛人，我喜歡這樣的措辭。接著菲麗達出現了，真是令人訝異，我不曾見過如此美麗的女人，她像湖水一般地明亮，一身華麗的衣著，就像是侯爵夫人似的。她自花瓶中挑出最嬌豔的玫瑰花，把花交給阿佛塔禮恩先生，他向母親鞠躬致意並把花獻給了母親。我們造訪的時間並不長，我並不完全清楚他們的談話內容，因為他們時而用德文時而換成法文交談，這兩種語言我都不精通，尤其法文更是不擅長。我知道當他們碰到認為不應該讓我知道的事情時，他們就說法文，儘管平常我對成人之間的祕密語言深感憤怒，但是對這位勝過「拿破崙」的阿佛塔禮恩先生和他那美麗迷人的妻子，我卻能夠欣然接受。

當我們離開「宮殿」時，母親顯得有些慌亂，她說：「我差一點就嫁給他了。」看著我又突接著說了一句：「如果真是這樣，你就不會來到這世界了。」我無法想像何謂我不會來到這世界？我走近她身旁固執地說：「我就是你的兒子。」她大概覺得有些愧疚對我說了這樣的話，於是停下腳步，連同手上的玫瑰花緊緊地摟住我，最後又誇讚菲麗達：「她真是高尚，她有特質。」母親很難得這樣稱讚人，更遑論讚美一個女人，我對她也喜歡菲麗達感到開心。多年後我們談及這次的拜訪，她總是習慣地說：當我們離開旅館時，她有一種奇怪的感覺，這所有的一切，我們所見到的幸福，原先應該是屬於她的，她對自己感到萬分訝異，她居然對菲麗達沒有任何憤怒或怨恨的心情，也不羨慕她，甚至還用她不可能讚美其他女人的話去誇讚她。

我們在洛桑待了三個月。有些時候我認為，那段豐收的歲月是我這一輩子當中再也不可能會有的時光。但是人們也經常想著，如果他嚴肅地正視某一段時期，他可能會發現每一段時期都是最重要的，也都包含了一切。在洛桑，無論何時何地我都聽見有人對著我說法文，不需要戲劇般複雜的理解，我卻在母親的影響下重新生為德語的子民，在這重生過程的奮鬥當中產生一股熱情，是這股熱情把母親和德文緊密地聯繫在我身上，母親和德文這兩者其實是同一種東西，缺少了這兩者，我往後的生命歷程就毫無意義，也無法理解。

我們於八月啟程前往維也納，途中在蘇黎世停留了幾個鐘頭，母親把弟弟們留在候車室裡交由布雷小姐照料，帶著我坐電纜車登上蘇黎世山。我們下車的地方叫做雷基布里克，當時天氣晴朗，我見到整個城市展現在眼前，顯得無比龐大，我不能理解一個城市怎麼會有如此大的規模，對我而言是一種全新的經驗，又有些可怕。我問母親：維也納是不是也這麼大？當我聽見「還要大許多」時，內心並不相信，以為她愚弄我。湖泊和山都遠在天邊，不像在洛桑的湖泊和山總是近在咫尺，那裡的山水就在市中心，是真正的景觀。洛桑的房子數量沒有這麼多，我對這裡難以計數的房子感到萬分訝異，沿著蘇黎世山的斜坡一直向上排列至我們所在的地方，平常喜歡數房子的我，根本連數都不想去數，我感到奇怪，或者也受到些驚嚇。我責備母親說：「我們再也找不到他們了。」我總覺得不該單獨丟下「孩子們」，我和母親總是如此稱呼弟弟們，和根本不懂外語的女家庭教師。這就是我第一次眺望一座城市的經驗，帶著些許迷惘色彩的感覺，對於蘇黎世的第一印象，這個日後成為我少年時期天堂的城市，我永遠難以忘懷。

我們必定又找到了孩子們和女家庭教師，我記得是在隔天八月十八日穿過奧地利，車行所到之處遍地插滿國旗。母親開玩笑說：那些旗子是為了我們的蒞臨而插上的。她自己其實也不清楚為什麼要插旗子，布雷小姐見慣了英國國旗，愈來愈激動，片刻不得安寧。直到母親向同行的旅客探聽到，原來是皇帝的生日。早在二十年前，母親年輕時期住在維也納，當時人稱「老皇帝」的就是法蘭滋・約瑟夫④，他至今仍活著，所有的城鎮鄉村都歡欣鼓舞地慶祝著他的誕辰。布雷小姐說：「就像維多利亞女王一樣。」前往維也納的幾個鐘頭車程時間裡，她不停地說些關於早已死去多年的女王故事，令我感到厭煩，為了換點別的口味，母親又說了現今仍在的法蘭滋・約瑟夫的故事。

④ Franz Joseph，一八四八年從伯父裴迪南一世手中接任奧地利哈布斯堡王朝的皇位，娶著名的巴伐利亞貴族西西（Sissi）公主為妻。為了對抗德國鐵血宰相俾斯麥強權，於一八六七年與匈牙利結盟為奧匈帝國，並任帝國皇帝至一九一六年逝世為止。

第三部

維也納

1913—1916

梅西納地震。家中的市民劇院

車行之前，就在軌道前面，有一座地獄口，時而張著巨大腥紅的嘴露出牙齒，小魔鬼用叉子刺穿人，把他們送進地獄口裡，大嘴緩緩但毫不留情地闔上，但是它還會再張開，貪婪且不厭倦，永遠不知足，就像我們的保姆芬妮所說的，地獄裡的空間大到足以吞噬整座維也納的人口。她並不是為了恐嚇我才這麼說的，她知道我不會相信。對弟弟們來說，地獄比較有意思。她緊緊地握住弟弟們的手，雖然她期望他們在看了地獄後能夠乖些，但是她的目光一刻也沒有離開過他們。

我急切地緊捱著她坐下來，好留些位置給弟弟們坐。隧道裡有許多設備，但是只有一項算得上有趣，我開心地看著一組又一組五光十色的展示，但我只是看起來很高興，事實上，這些白雪公主、小紅帽和穿長靴的貓等童話故事，經由閱讀要有趣多了，這些展示令我索然無味。緊接著登場的便是我打從一出門便苦候多時的重頭戲。每當我們一離開家，芬妮沒有走向遊樂場，我便會硬拉著她，用千百種問題折磨她，直到她終於放棄說道：「你又來纏我了，好啦！我去遊樂場啦。」這時我才鬆開手，繞著她雀躍不已，向前跑了一小段路，不耐煩地等著她，直到我見到她手上握著買入場卷的錢。曾經有幾回她把錢忘在家裡，我們只得枯立在遊樂場門外。

我們坐在小火車裡，經過那些童話故事的圖片畫面，小火車在每一幅圖片前都稍作停留，這多此一舉的停頓令我感到氣憤，於是說了些愚蠢的笑話來破壞弟弟們的興致。等到我的「梅西納地震」上場時，輪到他們開始不安分了。座落在蔚藍海邊的小城，沿著山坡林立著許多房屋，一切顯得安靜而牢靠。火車在明亮的陽光下停住了，海邊的小城就在伸手可及的距離，這時我跳了起來，芬妮感染了我的恐懼，也自身後緊抱住我，一陣陣駭人的雷聲使氣氛顯得恐怖極了，接著傳來哀泣聲又伴隨著鳴笛聲，地面開始搖晃，我們被震得東搖西晃的，緊接著又是刺眼的閃電和震耳欲聾的雷聲，梅西納的所有房屋全陷入一片耀眼的火海當中。

火車繼續向前移動，我們離開了那片廢墟，接下來出現的畫面不再吸引我的目光。我步履踉蹌地下火車，心想這整個遊樂場、棚子和那棵栗樹都毀了。我扶著一棵樹試圖讓自己冷靜下來，用力捶打著樹幹，感受到它的反作用力，那棵樹仍舊動也不動地矗立在原地，什麼也沒有改變。應該就是打那時候開始的，我對樹一直滿懷著希望。

我們的家就在約瑟夫-加爾街五號，一棟轉角處的房子，我們住三樓。左邊隔著一塊面積不是很大的空地，就是屬於公園的王子大道。房間的一部分面對著約瑟夫-加爾街，另一面是對著西邊那塊空地和公園的樹木。轉角處一座圓弧形的陽台連接著兩邊，從陽台上可以欣賞又圓又大的落日，夕陽西沈成為我們最親密的景象。這景象對小弟格奧爾格產生了特殊的吸引力，只要落日的紅光染滿了陽台，他便飛也似地衝上陽台，有一回他趁著四下無人的空檔，很快地在那兒撒了泡尿，並解釋說：他是幫太陽滅火。

從這裡可以看見空地對面轉角處的一扇小門，那是約瑟夫・赫根巴斯的雕刻工作室。門外堆放了各式各樣的石頭、木頭，都是些工作室的垃圾。有個膚色黝黑的女孩子總是在那附近逗留，當芬妮帶我們去公園玩的時候，她擋住我們的去路，一根手指頭含在嘴裡，臉上擠出一個微笑。一身亮麗光潔，從不容許我們弄髒自己的芬妮，毫不遲疑地趕她走，她粗魯地對女孩說：「走開，骯髒的小女孩！」芬妮禁止我們同女孩說話，更遑論一起玩了。弟弟們把骯髒的小女孩這個稱呼當成她的名字，在他們的談話中，「骯髒的小女孩」成了重要的辭彙，代表著不被允許的事情。有些時候他們從陽台上對著女孩高喊「骯髒的小女孩」，帶著些嚮往的意味，但是樓下的女孩卻哭了。當母親獲悉後便嚴厲地把弟弟們趕進屋裡，母親採取了隔離的方式，也許她認為，即使是這樣的喊叫也已經和小女孩產生了某種關連！

多瑙河邊的住宅區名為舒特，沿著那兒走下去會碰到索菲橋，學校便在那裡。我帶著經由暴力方式所學來的新語言來到維也納，母親把我送進小學三年級，在泰葛先生的班上。他有張胖胖的紅臉，一副沒有表情的樣子，活像張面具。那是超過四十個學生的大班級，我誰也不認識。有個美國小孩和我在同一天入學，並且和我一起參加考試，考前我們彼此快速地用英文交談了幾句話。泰葛先生問我在哪兒學的德文，我回答：是跟著母親學的。又問我學了多久，我說三個月。我知道他覺得奇怪，不是跟著老師而是跟著母親學是有些特別，更何況僅僅三個月的時間。他搖著頭說：「你的程度可能無法勝任。」他讓我聽寫了幾個句子，一點也不多，但是卻能夠測試出程度，首先是來一句「鐘聲響了」，接著是「所有的人」，他想藉著「響」（Läuten）和「人」（Leute）的德文拼法差異讓我知難而退。我知道其中的差異，因此毫不猶豫地寫下正確的句子，他拿著簿子又搖起了頭，他哪裡明白我在洛桑所上的嚴厲課程。由於我對他之前的提問都回答得很流暢，他面無表情地說：「我會讓你試試看。」

我對母親描述這一切，她一點兒也不吃驚。她認為這是理所當然的，「她兒子」的德文能力不但應該和維也納的孩子一樣好，甚至還要勝過他們。小學一共五個年級，不久她獲悉如果成績優異的話可以跳過五年級，便對我說：「唸完四年級，兩年後你就可以上中學了，那時候會教拉丁文，對你而言就不至於太枯燥。」

我對維也納小學的頭一年生活幾乎沒有任何記憶，一直到那年的年底，王儲被暗殺了。泰葛老師的講台上放了一張鑲黑框的報紙，大家全部起立聽著老師向我們宣布這件事情，之後又一起高聲唱著皇帝頌，唱完後老師便讓我們放學回家，可想而知我們有多高興。

我和保羅・孔菲德結伴回家，他也住在舒特區，長得瘦瘦高高的，行動不太靈敏，走路時，兩隻腳老像是往不同的方向前進似的，長長的臉上總帶著一副友善的笑容。「你跟他一塊兒走？你真是傷老師的心！」當泰葛老師在學校前見到我們兩人時這樣對我說。保羅・孔菲德是個壞學生，當他回答老師的問題時，沒有一題是對的，除了傻笑，他什麼也不會，很令老師側目。回家的路上有人鄙視地對著我們叫：「猶得拉賀！」（Jüdelach）我不懂那是什麼意思，孔菲德說：「你不知道嗎？」也許因為他走路的樣子十分引人注目，他也經常聽見人家如此叫他。我從不曾因為猶太人的身分而當面被辱罵，無論是在保加利亞或者是英國都是如此。我把事情經過講述給母親知道，她高傲地斷然説道：「那是針對孔菲德，不是你。」她並不是刻意安慰我，而是她根本拒絕接受辱罵。她不接受這種辱罵詞，而是認為我們更好，我們是西班牙裔猶太人。她並不像老師一般要求我離開孔菲德，相反地，她說：「你一定要陪著他一起走，這樣他才不會遭人毆打。」她無法想像會有人因為這樣的原因毆打我。我們兩人都不強壯，我甚至比孔菲德還要矮小許多，至於老師說的話，她倒是沒有任何評語。也許她並不在意老師對我們兩人所採取的差別待遇，她不希望我自認為和孔菲德是同一類的人吧！但是她又認為，當孔菲德遭受那些不是針對我的辱罵時，我應該挺身而出保護他。

我喜歡這樣的想法，這與我閱讀而來的知識相吻合。我閱讀從曼徹斯特帶來的英文書籍，我對自己不斷重複閱讀那些書而感到自豪，並且清楚地知道自己讀過多少遍，其中有些甚至已超過四十次，早就背得滾瓜爛熟，我之所以繼續讀它們只是為了達到更高的紀錄而已。母親察覺這種現象後，拿了其他的書給我，她認為我的年紀不應該繼續唸兒童讀物了，便嘗試著轉移我的興趣。既然《魯賓遜漂流記》是我所熱愛的書，她於是又送了我史文・賀汀①的《從南極到北極》（*Von Pol zu Pol*）。那是一套三冊的書，我在不同的特殊場合中逐次獲得一冊。第一冊就是一個啟發。這是一套關於到世界各地探險旅遊的書，內容有：李文斯頓和史坦力在非洲、馬可波羅在中國，藉由書中冒著各種歷險探索旅遊，我認識了地球和它的居民。肇端於父親的教育方式，現在由母親接手。當她見到探險遊記成為最吸引我的書之後，

① Sven Hedin，1865~1952，瑞典探險家，曾探勘過中國西域與藏北高原。

為了提升我的品味，她又重新引導我回到文學的領域，又怕我因為讀不懂而產生排斥，於是她便陪著我一起讀德文版的席勒②和英文版的莎士比亞。

她又再次回到她的舊愛——戲劇，並且藉著重溫早年和父親共同談論戲劇，來維繫她對父親的記憶。她盡力做到不影響我，她想知道我到底了解多少，於是每讀完一幕而她尚未講解之前，便先行讓我說出自己的心得。有些時候她忘了時間已晚，我們便一直讀下去，她興致高昂到令我覺得她根本無意終止討論。至於情況是否會演變至此，我的因素也占了其中的一小部分。如果我對內容反應得愈有心得，說的話愈多，則她先前的舊體驗便更有力。那些戲劇已成為她的生活內容，只要她一談起這些東西，我便知道這場談話會持續好一陣子，相形之下，我上床的時間也就不是那麼重要了。她同我一樣，無法忍受彼此間片刻的分離。她用對待成人的態度與我談論，熱烈讚美某位演員所飾演的角色，並且批評那些令她失望的演員，但是這樣的情形並不多。她尤其愛談一些令她全心投入的內容，她那寬寬的鼻翼不斷激動地抽動，每當這種情況發生，我就知道她是對著父親說話，為了不使她清醒過來，我刻意避免問一些孩子氣的問題，我知道如何令她的興致更加高昂。

當她沈默時顯得異常嚴肅，我連半句話也不敢說，她把手放在寬大的額頭上，四周一片靜寂，我也屏住呼吸。我們上床就寢時，她沒有闔上書本，而是讓它整夜打開著。她不會說

---

② Schiller，1759~1805，為德國最著名的詩人之一，其詩作與美學觀影響後世甚巨，與歌德的情誼尤為人樂道。

些：時候不早了，我早該上床睡覺了，明天一早我還得上學等等那些通常屬於母親所說的話語，一切都顯得那般自然，她仍沈湎於我們剛才所談論的角色，這些她所鍾愛的角色裡，最重要的要屬莎士比亞筆下的克利歐蘭（Coriolan）。

我不認為自己能理解當時共同閱讀的那些戲劇，但我確實從中吸取了不少東西。在我們一起演出的這場戲當中，我記憶中唯獨留下了母親這個角色。劇本中那些可怕的結局和衝突，她都會講給我聽，開始是使用她自己的話，之後便是狂喜的陶醉。

五、六年後我自己閱讀德譯本的莎士比亞時，顯得很新鮮。對此我感到驚訝，像是記憶中唯一的一把熊熊烈火，也許是因為德文已然成為我的重要語言。但是這一切都比不上早年的經驗，那時保加利亞童話以一種充滿神祕的方式轉譯為德文，只要在其他任何德文書中讀到這些內容，我都能了解，並且正確地說出它的結局。

永不倦怠的人

我們的家庭醫師文史脫克先生，個子不高，有著張猴子般的臉孔和一雙老是眨個不停的眼睛。他看起來有些老態，雖然實際上的年紀並不大，也許是那張布滿皺紋的猴臉使他顯得蒼老吧！雖然他常為了醫治一些稀鬆平常的小兒疾病而造訪我們，但我們可不怕他。他一點兒也不嚴厲，總是不斷地眨著眼睛並且咧著嘴笑呵呵的，令人無法對他心生畏懼。他還喜歡緊捱著母親身旁同她說話，如果母親稍微移開身體，他馬上又挪近些，並且伸出手搭在她的肩上或手臂上。他稱母親為「孩子」，這使我相當反感，他不願離開母親，一雙眼睛老像膠水般地緊盯著母親的身影，活像是觸摸著她似的。我不喜歡他來，但他是一位好醫生，也沒有對我們任何一個人做過什麼惡意的舉動，我找不到對付他的武器。我在一旁數著他說「孩子」的次數，他一離開，我便迫不急待地報告母親他說「孩子」的總數。「今天他稱呼您九次『孩子』」，又或者是「他今天總共說了十五次」。母親對我的行為感到訝異，但是她沒有斥責。她對醫生非常冷淡，因此對我監督他們的這種行為並不感到累贅。我必定是把他的言行舉止臆測為對母親的追求，然而母親不以為然。他的影像深深地刻蝕在我腦海裡，十五年後，他早已在我們的生活中消逝多年，他在我心中成了一位年邁的老人，八十歲的家庭醫師——巴克醫生。

當時卡內提祖父的年歲已高，他時常到維也納拜訪我們，並不是經常下廚的母親總會親自料理菜餚款待他。他老想吃同一道菜——煎小牛肉。菜名裡有好幾個子音，對於說慣西班牙文的他，在發音上顯得有些困難，因此難免會出錯。他於午餐時刻到訪，總在問候親吻我們時哭得淚流滿臉，也沾得我一臉的淚水，因為我和他有著同樣的姓名，只要一見到我，他便不能自已地想起我是一個孤兒和我的父親。雖然我對祖父感到著迷，仍然背著他偷偷拭去沾在臉上的淚水，每一回都希望他不要再親吻我了。一開始用餐的氣氛總是非常愉快，老人和他的媳婦都是生性活潑的人，席間不斷的閒談，但是我很清楚在這愉悅的氣氛之下暗藏著玄機。每一回用餐完畢，緊接著登場的必定是那個令他們爭執不休的老問題。他嘆了口氣，接著說道：「你們實在不應該離開保加利亞，否則今天他一定還活著，但是你覺得魯斯特舒克不夠好，必得到英國去，現在他人呢？英國的天氣害死他了。」這正中母親的要害，確實是母親要離開保加利亞的，在這件事情上的確是由於她堅持主張要父親與祖父對抗。「是您讓他陷入困境的，父親大人。」她總是如此稱呼祖父，就像對待自己的父親。「如果您能夠讓他安心離家，他當會適應英國的天氣。但是您詛咒他！您詛咒了他！有誰聽說過一個父親詛咒自己的兒子，自己親生的兒子？」恐怖的場面出現了，祖父暴跳如雷，翁媳兩人你一言我一語地展開一場激烈的唇槍舌戰，情勢愈來愈糟糕，連對他席間讚不絕口的煎小牛肉也不記得道謝，也沒有對我們這些孩子們道別。盛怒之下的祖父一言不發地拿起拐杖匆匆離去，母親則留在原處痛哭流涕久久無法平復。祖父因為自己詛咒了親生兒子而一直無法原諒自己，母親則是自責，揮不去父親在世時最後幾個鐘頭前所發生的事情。

祖父投宿在帕拉特街上的奧地利飯店，有些時候他會帶著祖母同行。在魯斯特舒克的家中，祖母從不起身離開她那張臥式沙發，祖父不知用了什麼樣的辦法說服她離開沙發，一起乘坐多瑙河的船旅行，對我而言這一直是個謎。無論是祖父獨自前來或是帶著祖母同行，他總是只住一間房，而且永遠是同一間。房裡除了兩張床之外還有一張沙發，星期六晚上我便睡在那張沙發上過夜。那是他的條件，當他到維也納時，星期六晚上和星期天早上的早餐我是屬於他的。我一點兒也不喜歡到飯店去，那裡昏昏暗暗，聞起來老有一股霉味，我們位於帕拉特的家中顯得既明亮又通風。但星期天的那頓早餐可真是一樁盛事，因為祖父會帶著我上咖啡屋吃早餐，最重要的是我可以吃到新鮮的牛角麵包，和一杯加了鮮奶油的咖啡牛奶。

十一點時，位在諾瓦拉街二十七號的塔慕-托哈學校（律法教導學校）便開始上課了，人們可以在那裡學習希伯來文。祖父的目的就是要送我上主日學，他不相信母親會熱心於這類宗教事務，因此要我到飯店和他一起過夜，為的就是能夠監督我出席主日學校，他要確定我每個星期天早上都確實出現在主日學校裡。上咖啡屋吃那些新鮮的牛角麵包，為的是要讓我在主日學會愉快些。跟祖父一塊兒時，他盡量讓我比和母親相處時多些自由，因為他想賄賂我，他希望自己能夠獲得我的愛和好感。除此之外，在這個世界上即使是怎麼年幼的人，他都想使對方留下深刻的印象。

主日學裡所有的一切都糟透了，全是因為那位可笑的老師。他看起來就是一副衰弱的模樣，整個上課時間裡都像是凍僵了一般，學生們各自做著自己想做的事情，他對他們連半點影響力也沒有。我們確實從那裡學會閱讀希伯來文，並且也能夠流利地唸起書上的祈禱文，但是我們根本不知道自己所唸的那些字句代表什麼意思，沒有人為我們解釋，也沒有人為我們講解《聖經》裡的故事。主日學唯一的目的只是要我們學會流利地閱讀祈禱文，以便我們死去的祖父、父親在神殿裡能夠以我們為榮。我向母親抱怨這種愚蠢的課程，這與我們共同閱讀書籍時的方式完全不一樣。母親贊同我的想法，但是她對我說：她讓我上主日學的唯一目的，只是希望我能學會正確的安魂書，好為父親祈禱。整個猶太教當中最重要的就是安魂祈禱了，其次是懺悔節，此外的東西都無關痛癢。身為女人，在這些宗教儀式中只能坐在一旁觀看，因此宗教文化對她而言並不重要，祈禱對她根本不具任何意義，相形之下，如果她讀懂了她所閱讀的書籍，那才是更重要的事情，莎士比亞帶給她的熱情，是她無法自信仰當中擷取的。

打從孩提時期到維也納求學，母親便擺脫了教會。為了戲劇她情願粉身碎骨，倘若不是為了不想再製造和祖父之間的緊張關係，也許她會為我把那些沒有生命意義的外在宗教事務全部剔除掉，甚至包括那所什麼也學不到的主日學校；假使這種緊張關係不存在，她也不會對這類男性的東西讓步。她不想知道我們在主日學裡都做了些什麼，我星期日回家吃午餐時，兩人即刻討論起晚上預備研讀的戲劇。芬妮打開公寓大門的那一瞬間，一切關於昏暗的奧地利飯店和諾瓦拉街全被我拋諸腦後。母親以一種全然不屬於她的口吻猶豫地問道：祖父都對我說了些什麼？其實她指的是祖父是否說了些關於她的事情。他沒有提起過，但是母親擔心祖父會試著離間我們母子的感情，其實她無庸害怕，如果祖父當真採取了這樣的作為（他竭力避免），我就不會再上旅館陪他。

祖父諸多特質當中最引人側目的要屬永無倦怠，他老是不停地動著，除此之外，其實他深受東方的影響。當我們根本不知道他去保加利亞的同時，他已經現身在維也納，並且又即將出發前往紐倫堡——他唸成紐林堡。他遊歷過許多城市，多數我已不復記憶，但因為他並未像紐倫堡般說錯那些城市的名稱，因此沒有能夠引起我太多的注意。我經常和他在帕拉特街上不期而遇，也不時在力歐普德城裡的街道上見到他，他總是拿著那根銀製拐杖，少了那根拐杖他哪兒也不去，行色匆忙地，一雙眼睛活像是老鷹般四處張望，周遭的一切均逃不過那雙銳利的眼睛。所有遇見祖父的西班牙猶太裔人都會問候他，態度必恭必敬。祺克街上有座他們的禮拜堂，因此這一帶可以見到為數不少的西班牙猶太裔人，祖父雖然富有卻不高傲，他同所有相識的人交談，他總有些令人驚訝或新奇的事物好向眾人報告。他的故事四處流傳著，當他外出旅行時喜歡四處觀察，唯一能夠吸引他的便是——人。他還未真正老化前，從不會重複對相同的人敘述同一樁事情，因此他的同伴們深深覺得他是一位有趣的人。對女人來說，他深具危險性，對於見過的女人他有過目不忘的能力，並且總能適時地找出一句既新奇又特別的話來恭維她們，這些話不但令她們印象深刻而且非常有效。他雖然上了年紀，但是對新奇事物的熱情和敏捷的反應，還有他那專橫的性格和諂媚的奉承，以及他欣賞女人的眼光，這所有的一切卻仍然生氣勃勃。

他嘗試和所有的人使用他們的語言交談，那些語言知識全是經由旅行順道學來的，除了巴爾幹的語言和西班牙方言之外，其他的語言知識其實都不完整。他喜歡扳著指頭細數他會說的語言，最離奇的是他居然能數到十七種，有些時候還十九種，天知道他是怎麼數的。他的發音非常古怪，但是多數的人還是對他深感欽佩。這樣的場面在我眼前上演時，我總感到十分羞愧，因為他說出口的話錯誤百出，如果是我們學校的學生說出這樣的句子，泰葛老師必定不會讓他及格，更別提在家中我們只消有一丁點兒的錯誤，母親便會無情的嘲笑並加以指正。我們在家只說四種語言。當我詢問母親：一個人是否有可能會說十七種語言時，她不提祖父，只是說：「不！沒有人辦得到。」

祖父本身雖無法了解母親所生活的人文世界，但是他卻極為敬重母親的智識，尤其是母親對我們嚴格要求的教養方式，所以雖然他對母親藉助本身的高等智識煽動父親離開保加利亞而感到惱火，卻感佩母親對我們的教育。我相信他不僅僅是因為實用和期望我們出類拔萃的想法，而是他自己的天性使然，他那未能真正發掘出來的本性讓他贊同母親的作法。在自己那個狹窄的生活圈裡，他絲毫不放棄那身為大家長的力量，但是他深切體會到外頭的世界有太多他所不能理解的事物。他只懂得古老西班牙文所用的希伯來亞罕字體，也只能讀這種字體的報紙，都是些西班牙文名字的報章，像是《時代》和《真相之聲》之類由希伯來文字所編寫而成的刊物，我相信它們一星期只出刊一次。他識得拉丁字母，但不是很有把握，在其漫長的一生當中，活了超過九十歲的他足跡踏遍無數國家，卻不曾使用任何一種當地的語言閱讀報章，更不用提書了！他所有的知識都是從自己的店裡得來的，他在那裡觀察人群，模仿他們，進而扮演他們。他所扮演的那些人當中，有些令我感到有趣極了，但是當我真的見到本人時卻大感失望，祖父模仿他們的樣子更迷人些。如果我在場，祖父尚且對某些諷刺的場景有所保留，唯有在以他為中心的成人社交場合裡，他才會一連好幾個鐘頭肆意地大談那些故事。我再次見到足以與他媲美的人，是那些摩洛哥市裡的說書人，那已然是他過世許久之後的事了，雖然我並不懂他們的語言，但是因為對祖父的記憶，相較於其他在當地所遇見的那些難以計數的人，說書人更令我感到熟悉。

他的好奇心正如我先前所言一般地強烈，我從不曾見過他疲倦的樣子，當我單獨和他共處時，總感到他始終不停地觀察著我，一刻也不間斷。和他在奧地利飯店共度的那些晚上，我就寢前的最後一個念頭，便是他尚未入睡，聽來有些不可思議，我似乎不曾見過他睡著的模樣。清晨他總是比我更早起身，梳洗更衣完畢，大多數時候甚至連晨禱都做完了，而晨禱所需要的時間是相當冗長的。夜裡無論我為了任何原因醒過來，總見到他直挺挺地坐在床上，就好像他早已經知道我會在那個時候醒過來似的，只等著我告訴他想做什麼。他並不屬於那種對失眠抱怨不已的人，相反的，他看來清新無比，隨時都處於萬全準備狀況，一個任何時間都清醒的魔鬼，許多人都非常敬重他，但是對於他那過人的旺盛活力，卻感到有些詭異。

為那些貧窮人家即將出嫁的女孩兒募錢辦嫁妝，是他的一大樂趣。我經常在帕拉特街上見到他為了募款而攔住某人，他拿出那本記載著捐款人姓名和金額的紅色皮質筆記簿，又把鈔票接過來，整齊地放入信封袋中。他很少遭到拒絕，因為對卡內提先生說「不」，會是一件多麼可恥的事啊！一個人在社交圈裡的威望就靠此維繫，人們總是隨身攜帶著不少錢，以應付這類為數不少的募款。一旦拒絕了募款，就意味著自己本身也算是貧苦人，沒有人願意讓人以為自己也是窮光蛋。我相信這群商人當中有些是真正大方慷慨的。我常聽到某些人以節制卻誇耀口吻訴說：這個人或那個人是個好人，他對窮人的樂捐可是慷慨大方的。祖父就是以那樣的方式而出名，因為大家都十分喜愛他，只要筆記簿上的第一筆捐款者是以那圓滾滾的希伯來文字體標上他自己的名字就夠了。因為他的率先慷慨解囊，大家都爭相捐款，所以很快便募集到一筆足以讓女孩兒風光出嫁的嫁妝了。

在此描述祖父時，我把一些事跡都彙集起來，其中有些是我多年之後才獲悉的，因此在我早年的維也納時期當中，他不很恰當地占了相當多的位置。

這段期間最重要、也是最特別與最令人振奮的，要屬與母親共同閱讀，以及一起談論讀書心得的那些夜裡。我無法再次逐一詳述這些討論的內容，因為我生活中最美好的片段即是由這些內容所構成。如果在早年的歲月中，人們接收了某種精神上的東西，而且在往後的日子裡還一直聯繫它而不脫離，那就是這種東西了。我盲目地信賴母親，她詢問我的那些劇中人物，以及之後解說給我聽的角色，都融進了我的世界，我無法與他們相分離。一切日後的其他影響，我都可以一一追溯，唯獨這些角色構成了一個綿密不可分的整體。從那時起，也就是十歲開始，我便抱持著這樣的信條：我是由許多人物的影響所構成的，而我決不會意識到這些人，他們替我決定了我會受哪些遇見的人所吸引，或排斥哪些人。這些人是我早年的麵包與鹽分，他們是我精神中真正的、隱藏的生命。

戰爭爆發

一九一四年夏天，我們在維也納附近的巴登渡假。我們住在一棟黃色的兩層樓房，我並不知道它座落在哪條街。房子的一樓還分租給一個高級軍官和他太太，他可是一位奧地利將軍。那段時期裡，無論如何大家都會注意到軍官。

一天當中絕大部分的時光，母親都是帶著我們在療養公園度過的，療養樂隊就在一座位於公園中心處的亭子裡演奏，樂隊指揮是一位生得瘦削、名叫康拉得的人，我們這些男孩子私底下總是用英文稱呼他為紅蘿蔔。我依舊神色自若地和弟弟們用英語交談，他們分別是三歲和五歲，他們的德文都不怎麼行。布雷小姐幾個月前才剛剛返回英國，如果強行要求我們彼此不得使用英文交談，會顯得十分不自然，療養公園裡的人都稱我們為小英國男孩。

光是因為音樂的緣故，向來那兒就有許多人，但是在七月底，戰爭爆發的前夕，大量的群眾紛紛湧至療養公園，整個氣氛顯得非比尋常。我不能理解這是什麼原因。當母親告訴我，我們遊戲時不應該用英文喊叫，我並未將她的話放在心上，弟弟們自然更是不在意。

有一天，我相信是八月一日開始宣戰，樂隊的紅蘿蔔正指揮著療養樂隊的演出，有人上前遞了張紙條給他，他打開紙條，接著又示意樂隊中斷演奏，他用力敲著指揮棒同時高聲宣讀紙條上所寫的：「德國已向俄羅斯宣戰」，樂隊奏出奧地利的〈皇帝頌〉，所有人全站了起來，就連坐在椅子上的人也都起身齊聲唱著「上帝保佑，上帝保護我們的皇帝，我們的領土」。之前在學校我便學過國歌，稍微猶豫了一下也跟著眾人唱了起來。樂曲一終了，緊接著又奏起了德國國歌：「勝利的桂冠下護佑你」。那是我在英國時所熟悉的曲子，換成英文歌詞是「主佑皇帝」。我感受到周遭反英的情緒，不知何故，也許是習慣使然或者是固執吧！我竭力大聲唱出英文歌詞，弟弟們毫不知情地也跟著用那細細的聲音唱著，我們置身於擁擠的人群之中，大家都聽得見，突然間我見到許多因為憤怒而扭曲的臉孔正盯著我瞧，頃刻間許多隻手紛紛向著我打過來。我的弟弟們，就連最小的格奧爾格也遭到不少原是針對我的拳頭，而我當時九歲。母親被人群推擠開，她還來不及弄清楚狀況，在混亂中我們已經捱了不少揍。但是令我沒齒難忘的還是那些充滿恨意、扭曲變形的臉孔，大概有人告訴母親吧！她於是高聲喊著：「他們僅僅是小孩呀！」她擠向我們，拉著我們三人憤怒地對著人群喊著，因為她說話時的維也納口音，群眾並未對她怎麼樣，我們終於離開那混亂的場面。

我並不太清楚自己到底做了些什麼事，但是頭一遭面對一群充滿敵意的眾人，卻是一個難以忘懷的經驗。這個經驗導致我在整個戰爭期間，一直到一九一六年在維也納，然後是蘇黎世，始終維持著親英傾向。但是我也自事件中學到了教訓：保護自己，待在維也納的時候絕不讓人察覺到我的親英立場。除了在家裡，我們被嚴厲禁止用英文交談。我一方面遵守著規定，另一方面則繼續熱心地閱讀英文書籍。

整個小學四年級的生活，也就是我在維也納的第二年，幾乎就是在戰爭期間度過的，因此記憶中的一切均和戰爭脫離不了關係。我們獲得一冊黃色的歌本，裡頭的內容無論以何種方式都很難不提到戰爭。歌本開始的第一頁就是〈皇帝頌〉，那是我們每天一到學校和離開學校時都得唱上一回的。黃色歌本當中有兩首我較熟悉的歌曲，〈朝陽，朝陽，照著我走向早亡〉，其中我最鍾愛的一首歌的開頭是：「在那草原的邊緣蹲踞著兩隻寒鴉」，接下來我想是「我在敵人的國土上死去，我在波蘭倒下」。我們唱了太多黃色歌本裡頭的歌，但是歌聲在某種程度上比起那些殘暴且滿是仇恨的簡短口號，仍然較容易忍受。連我們這些小學生都喊著「賽爾維亞人該死！」「槍殺俄羅斯人！」「殺了法國人！」「踢走英國人！」當我第一次，也是唯一的一次把口號帶回家裡，對著芬妮說：「槍殺俄羅斯人」，芬妮便向母親抱怨不已，也許是因為身為一個捷克人所擁有的敏感吧！她絕對不是一個愛國主義者，也從不和我們這些小孩子一起唱那些我從學校學來的軍歌，或許她是一個理性的人，所以對這些殘暴的口號——諸如「槍殺俄羅斯人」之類的話——居然出自一個九歲孩子的口中而感到有失體統。她非常難過，卻沒有直接斥責我，而是沈默以對。她告訴母親，倘若她得不時自孩子們的口中聽見這類的口號，便無法再待在我們家了。母親私下嚴肅地問我：這些口號是什麼意思？我回答說：「沒有什麼特別的意思。」學校裡的那些男孩子們整天都在講，我忍不住也跟著說。我並沒有撒謊，因為正如我曾說過，我是親英國的。母親說：「那你為什麼要學著他們說些廢話？芬妮不喜歡聽這種話，如果你說這類的醜話，會羞辱到她。俄羅斯人和你我一樣，都是人。我在魯斯特舒克時，最好的朋友就是個俄羅斯女人。你想不起奧嘉了嗎！」我是忘了她，現在可又回到我的腦海裡。早些時候，我們還習慣提到她的名字呢！光是這一句斥責的話就夠了！因為母親強烈地表現了她的厭惡，所以我不再說那類的話了，那些關於戰爭的殘暴話，之後每天在學校都還會聽到，真是令我感到憎恨，當然絕不是所有的人都愛講，只有少數的一些人，那些人就是喜歡一直說。或許因為他們是少數人吧，所以愛表現。

芬妮來自一座殘破的村莊，是個健壯的婦人。她對所有事情都很篤定，包括自己的想法。在新年的頭一天，虔誠的猶太人都會站在多瑙河畔，把自己的罪拋進河裡。芬妮和我們經過那裡時，會駐足下來。她總有自個兒的想法，而且直接就說出來：「他們最好不要犯那些罪！要拋棄罪嘛，我也會。」「罪惡」這字眼令她感到不祥，更何況她不喜歡裝腔作勢，最令她反感的就是乞丐和吉普賽人了。在她心目中乞丐和吉普賽人是一樣的，她從不上當受騙並且厭惡戲劇，因為她嗅到隱藏在那些激動言辭背後的不良意圖，對她而言最糟的就是戲劇了，偏偏我們家談論最多的就是戲劇。只有一回她不由自主地演了一齣戲，那是如此殘酷，以至於我永遠難以忘懷。

事情發生在我們住處的門口，當她開門時，我正好在她身旁，一個乞丐站在我們眼前，年紀既不大也不是聾子。他跪在芬妮面前，絞著雙手說道：他的妻子正在瀕死邊緣掙扎，家中尚有八個孩子；八張飢餓的嘴，他們是無辜的可憐蟲。女士啊！有點同情心吧！那些無辜的可憐蟲，你叫他們怎麼辦啊！他一直跪在那兒，激動萬分地重複著同樣的話，活像一首歌似的，他不斷稱呼芬妮為「女士」，芬妮被他的話給愣住了，她不是「女士」，但她也想成為一位「女士」，當她稱呼母親女士時，並不自覺卑微。有好一會兒工夫的時間，她只是靜靜地注視著那個跪著的人，那人不斷重複地大聲哀求著，突然間芬妮跪了下來，學著那人的動作，他每說一句話，便聽見一陣怪腔怪調的聲響出自芬妮的口中，受到他們二重奏的影響我也開始跟著一起唸唱。那人和芬妮都沒有因此而動搖，終於芬妮還是起身當著那人的面關上門。那人依舊跪在門外，他的哀求聲不斷穿透深鎖的大門，「女士啊！同情我們吧！那些無辜的可憐蟲怎麼辦啊！」

「騙子！」芬妮說道：「他既沒有一位垂死的妻子，也沒有孩子，他自己吃光了，懶惰罷了，都是給他自己吃的，那麼年輕的人，什麼時候生得出八個孩子！」她被那個說謊的人所激怒，因此母親一回到家，她把那一幕戲又演了一回，當她演到下跪時，我在一旁協助她。有些時候我們又共同演出那一幕，我在她面前演著她做過的動作，藉此懲罰她的殘忍，但是我又想演得比她更好。當她聽著我學著她的口音，重複那乞丐所說的話，她簡直氣極了。一聽到我開始說：「女士！有點同情心吧！」雖然受到我下跪的影響，她幾乎也跪了下來，但是她強迫自己不再下跪，她覺得我侮辱了她的語言，感到懊惱，頃刻間一個強健的人就這麼無助地站在那裡。有一次她忘情地賞了我一耳光，其實她想打的是那個乞丐。

芬妮開始對戲劇真正感到恐懼。她在廚房聽見我和母親晚上的心得討論，便感到神經緊張，第二天當我對她說起前晚的事情，或者僅僅是自言自語，她便搖著頭說：「太過刺激了，這樣孩子如何睡得著？」母親認為，隨著家中與日俱增的戲劇生活，芬妮深受刺激，總有那麼一天她會辭職。母親說：「芬妮以為我們瘋了！她無法理解，也許這次她還是會留下來，但是我想我們很快便會失去她了。」我非常依賴她，弟弟們也是一樣。母親費了好一番工夫才終於留住了她。有一天芬妮昏了頭，直接下了最後的通牒，她再也看不下去了，小孩子睡得太少，如果不停止晚上那些大驚小怪的讀書心得討論，她就要離開了。她就這麼走了，我們都非常傷心，她經常寄明信片來。因為我是最會糾纏她的磨人精，因而獲准保留那些明信片。

梅蒂亞和奧德賽

我在維也納時才第一次識得奧德賽這個故事，而且是出於偶然。父親在英國給我的那些書當中，並不包括奧德賽。所有為兒童編寫的世界文學名著系列當中，一定找得到奧德賽。或許父親並不喜歡奧德賽，又或者是他刻意保留，想留待日後再給我，總之當時我並未見到這本書。直到十歲那年母親送了一本史瓦本（Schwab）所著的《古典傳說》（*Sagen des*

Klassischen Alterums）給我作為禮物，我才第一次以德文讀到這個故事。

我們的戲劇夜晚不時會提到一些希臘神祇的名字或人物，她便得為我加以解釋，母親無法忍受我有一絲一毫的不明白。有些時候因此而耽誤了我們許多的時間。也許我問得太仔細了，她自己也無法解釋清楚，這些東西都是她間接由英文和法文劇本、最多是從德國文學當中所獲得的。她之所以送我史瓦本的書，其實是為了讓我自行研讀，以幫助我理解晚上的討論，才不至於不斷地偏離主題。

第一個獲悉的普羅米修斯即令我印象十分深刻，祂是人類的恩人，還有什麼比這更令人著迷。接踵而至的懲罰，實際上是宙斯的報復行為。最後我又讀到赫克力斯，一位拯救者，我尚未知悉他的其餘作為。然後是柏修斯和將人變成石頭的蛇髮女妖；被燒死在太陽神馬車裡的費頓；戴德勒斯和依卡魯斯，當時正是戰爭時期，飛行員扮演了很重要的角色，是大家言談中的焦點。屠龍勇士和龍齒也令我聯想起戰爭。

這些奇妙的故事我並未告知母親，只是默默地研讀、吸收，到了晚上的討論時刻，我讓她察覺我略知一二，但只在時機成熟的時刻。當她解釋時我才添加幾句話，基本上那是她給我的任務。當我只是簡短地說上幾句話，並且不再提一些新問題時，我感覺得到她的欣喜，我保留了一些未加解釋的內容。也許我喜歡在兩人的對話中遇到強者。在某幾頁裡我占了優勢，而她並不是很確定時，透過我提及的一些小細節來喚起她的興致，這使我內心感到自豪不已。

不久之後我讀到阿爾高號船③的傳說。令我不能理解的是，梅蒂亞（Medea）居然深深地攫獲我的心，我甚至把母親拿來和她相提並論，是否因為我發覺了，母親提到劇場裡的那些女英豪時的那股熱情？是否因為對死亡的恐懼令我模糊地認為死亡就是謀殺呢？每回祖父結束拜訪時，母親和祖父兩人之間雜亂的對話，總讓她脆弱地哭泣以對，而祖父也每每像是遭致毆打般地匆匆離去，他的憤怒是無力的，不是一個勝利者的憤怒，然而在這場鬥爭中她亦未能獲得勝利。她陷入無助的絕望當中，最苦惱的是，我也無法忍受她的絕望。如果有可能，我願她能擁有像魔法師一般的超自然力量。此刻我油然想到，不過也只是猜想而已，也許我希望見到她是一位強人，強過所有的一切，具有不被控制和無法撼動的力量。

我對梅蒂亞並未保持緘默，我不想這麼做，當我把話題帶到她身上時，花掉了我們整整一個晚上的時間，她不讓我察覺出她對當中的雷同感到無比的震驚，這是多年之後我才知道的。她對我解說格里爾帕拉滋④的《金羊毛》（*Goldenes Vließ*），劇場裡的梅蒂亞成功地透過這些所謂的雙重折射，緩和原始神話對我所產生的強烈效應。我逼迫她坦承，如果換成是她，她也會報復雅頌的反叛。但僅限於雅頌和他年輕的妻子，而不會報復在孩子們的身上。她會帶著孩子們一起乘上魔法馬車離去，至於往哪兒去，她自己也說不上來。即使孩子們和他們的父親是如此相像，她還是會忍受並且帶著他們一塊走。因為如此，她最終成了最強的

③ Argonautensage，希臘傳說中雅頌（Jason）和五十位英雄一道乘佳阿爾高飛船前去取金羊毛的故事，後來為梅蒂亞的父親所逼而逃走，雅頌回國後死於船首之下。

④ Grillparzer，1791~1872，奧地利劇作家，《金羊毛》是他一八二一年的作品，其悲劇被喻為奧地利最偉大的悲劇舞台劇作品。

人，超越了梅蒂亞在我心目中的地位。

奧德賽或許曾經對她有所助益吧！因此不久之後當我讀到奧德賽時，他即刻擠掉之前所有的人，成為我少年時期的英雄形象。《伊里亞德》（*Iliad*）則是勉強之下才讀完的，因為一開始就是以伊菲姬妮亞作為祭品的場面，阿格亞曼農居然交出自己的女兒當作犧牲祭品，這令我對他生出強烈的反感，因此打從一開始我就不是站在希臘人這一邊。我對海倫的美麗感到質疑，而美尼勞斯這樣的名字就和帕里斯一樣地令我感到可笑。我通常極度重視名字，有些角色光是他們的名字便令我深感厭惡，而另外一些則是還未唸過他們的故事，僅僅是他們的名字就足以讓我喜愛他們了，像是阿雅克斯和卡珊德拉就是。實在很難解釋我是從什麼時候開始對名字這般地倚重。在不知不覺當中，我把希臘諸神按照他們的名字分成兩組，只有極少數的情況下，方才依照他們的性格去分類。我喜歡培瑟芬、波賽頓、阿芙黛特和希拉，對我而言，希拉的所作所為，並不會因此而玷污了她的名字；相反地，宙斯、阿列斯和黑地斯則深為我所厭惡。雅典娜的出生方式令我著迷，而阿波羅剝了馬爾修亞斯的皮則令我無法諒解，雖然這樣殘酷的行為使他的名字蒙羞，但是我仍然違背自己的信念，偷偷地喜歡著他。名字和行為之間的衝突對我形成一股強大的壓力，我從不放棄使他們能夠一致。我對人的愛惡就如同對待戲劇人物一般，取決於他們的名字。一旦他們的行為令我感到失望，我只得大費周章傾全力使他們得以名副其實。至於另外那些人，我則捏造各種令人厭惡的故事，證明那些討人厭的名字是適合他們的。我不知道這樣是否公平，一位公正的人會大感吃驚，我因為受了依賴名字的影響，而成了一位真正的宿命論者，我以為這一切種種都是命運使然。

我當時並不認得任何擁有希臘名字的人，因此那些名字對我而言都是全新的，頗有震撼的效果，我得以毫無拘束地以一種驚奇的態度去面對它們。它們和我所熟悉的事物都搭不上竿，也沒有摻雜任何東西，它們表現得只像是純粹的人物而已，並且僅僅保持著人物的身分。唯一的例外是令我迷亂的梅蒂亞，除此之外，我則贊成或反對著某些名字，並把這些名字本身視為有效的東西，它們永遠不會衰竭。這些人名共同開啟了某段生命，我知道無須去證實它，這些事並不需要仰賴其他任何人。

奧德賽像條河似的，把所有關於希臘的東西都匯流到我的腦海裡。因此奧德賽便成了一種獨特的典範，是我第一次能夠全然掌握的典範，也是第一次；我從他那裡能夠比從別人那裡獲得更多的東西；他是那樣圓滿與充實的典範，在其眾多不同的變化中均顯示其意義與位置。奧德賽吸引我進入其故事的每一個細節，在時間的演進中，這種影響未有絲毫改變。時間的變化對我一點兒也不重要，他影響我的時間正好吻合他在海上漂流的年數。最終他在沒有人認得出來的情況下，進入了「炫惑」之中，我是指我內心深深的依賴他。今天我能夠很輕易地、完整地從所有的細節去證明，我還清楚地知道他對一個十歲小孩的影響是從哪兒開始的，從那種首先是新奇的掌握與悸動開始。這些故事是：在費肯的那一刻，奧德賽仍未被人認出來，聽見由盲人歌唱家德摩多克斯口中唱出他的故事時，他偷偷地掉著眼淚；當他面對波里培摩斯自稱為「無人」時，這個詭計救了他和其他船員；他不肯不聽女妖的歌唱；當他偽裝成乞丐忍受那些求婚者的辱罵；所有貶低他自己的變形偽裝；還有在女妖的陷阱中所顯示出他難以壓抑的好奇心。

保加利亞之旅

一九一五年夏天，我們造訪了保加利亞，母親家族當中還有一大部分的人還留在那裡，她想再看看故鄉，那個她和父親共度了七年幸福生活的地方。早在幾星期前，她便陷入一種我不能理解的激動情緒中，完全不同於以往我所認識的她。她經常提及她在魯斯特舒克的童年生活，我從不曾回想過那個地方，然而經由她的故事，頃刻間卻對我有了新的意義。無論在英國或是維也納，我所認識的猶太裔西班牙人們只要一提及魯斯特舒克都輕蔑地認為，那是一個偏僻閉塞沒有文化的老家。那裡的人根本不知道歐洲是什麼樣子，對於自己有幸逃離魯斯特舒克，大家都顯得慶幸不已。只因為自己住在其他地方，而自以為比那些留在魯斯特舒克的人更為優秀。唯有從不為任何事情感到羞恥的祖父才會熱情地談起這個城市的名稱。那裡有他的事業，是他世界的中心，那裡有他隨著事業蓬勃發展而購置的眾多房產。但是我察覺到，他對我感興趣的事物是那麼的無知。有一次當我對他說起馬可波羅和中國時，他說那一切都是童話故事。我不應該相信那些我不曾親眼看到的事情，他非常了解那些騙子。我知道他不曾唸過任何一本書，而他一直引以為自豪的語言能力，其實是錯誤百出且可笑的。因此他對魯斯特舒克的忠誠也就不值一提了。而他從那兒出發，前往那些再也沒有什麼好發現的國家旅行，則令我感到輕蔑。但是他那萬無一失的記憶力卻使我驚訝不已，有一回他到我們家吃飯，向母親提了一連串有關馬可波羅的問題。而且不僅僅只是問些：他是誰，是否真有其人。他仔細地詢問母親我向他提過的每一個奇妙小細節，沒有任何一絲一毫的遺漏。當母親對他解釋說，馬可波羅的報告對日後發現新大陸的事件扮演了一個重要的因素時，他幾乎就要發怒了，但是一提到哥倫布所犯下的錯誤，把美洲誤以為是印度時，他又再度恢復平靜，並且用勝利的口吻說道：「那都是因為人們相信那些騙子的結果，居然相信他們發現了美洲，其實那是印度！」

他無法迫使我對自己的出生地產生興趣，母親卻成功了。當我們在晚上的心得討論中談到一本她特別喜愛的書時，她突然說道：「我第一次讀這本書，是在我父親院子裡的桑樹上。」有一次她拿了一本舊書給我看，那是維多・雨果⑤的《悲慘世界》（*Les Misérables*），上頭還沾著她一面看書一面吃桑椹所留下來的污漬。她說：「它們都已經熟透了。我為了能夠藏得更隱密些，因而爬到桑樹的高處。該吃飯時，他們便看不見我，整個下午我都持續閱讀著，突然覺得非常飢餓，便吃桑椹來填飽肚子。你比我輕鬆，我一直讓你讀書。」我說：「但我一定會去吃桑椹。」我開始對那棵桑樹感到興趣了。

她接著又保證會帶我去看那棵桑樹，現在我們所有的談話內容，都朝向旅行計畫。我不贊成出門，如此一來我們晚上的討論必得會停頓好一段時間。但是當時我對阿爾高號和梅蒂

---

⑤ Victor Hugo，1802~1885，法國浪漫派的重要詩人與小說家，《鐘樓怪人》（1831）與《悲慘世界》（1862）是他最出名的兩部作品。

亞的印象仍然十分深刻，母親說：「我們也要去黑海邊的瓦那。」我的抵抗力便為之瓦解了，雖然科爾奇斯是在黑海的另一端，但終究是同一座海。為了能親眼看見它，我願意付出中斷我們的閱讀這樣昂貴的代價。

我們搭乘火車經過克隆城，並且穿越羅馬尼亞。我對這個國家有一種特殊的溫情，因為大家都極度誇讚哺育我的羅馬尼亞奶媽，她視我如己出並且疼愛有加，後來更不惜由吉烏爾吉烏遠道渡過多瑙河，為的只是看看我長成什麼模樣。之後人們聽聞，她因為跌入汲水深井中淹死了。我那善良的父親，曾經偷偷地找到她的家人，在祖父不知情的情況下，就他能力所及的範圍內盡可能地幫助他們。

在魯斯特舒克時，我們並未住在原先的屋子，因為那未免離卡內提祖父太近了些！我們住在母親的大姊——貝麗娜阿姨的房子。她是三姊妹當中最美的一位，並且以此而為人所稱道。日後那如影隨形的不幸，一直跟著她直到死亡，而她和家人均無所知，但其實早有跡象。我在記憶中還保有她當時的美貌風華，後來我發現她就是提香⑥筆下的「美人」與「烏比諾的維納斯」，她的肖像對我是永恆不變的。

貝麗娜阿姨住在一棟黃色且寬敞的土耳其式房子，正對著她爸爸——阿爾蒂提外祖父的房子。外祖父在兩年前出門旅行時，死於維也納。她既善良又美麗，懂得並不多。因為她很

⑥ Tizian，又拼 Titian，原名為 Tiziano Vecellio，1488~1576，活躍於威尼斯的義大利畫家，最重要的作品是宗教繪畫《聖母升天》（1516）。

少為自己要求些什麼，總是饋贈他人禮物，大家都認為她很愚蠢。所有的人對她父親的吝嗇和金錢觀念仍記憶猶新，她則顯得完全不同於她的父親。絲毫不吝嗇，只要一見到人，便無法自己地想為對方做些令他特別開心的事情。當她面色凝重沈默地直視前方、對別人的問話顯得心不在焉時（儘管如此卻不減她的風采），這時大家便知道她又在思索該送些什麼樣的禮物了。有些時候她送了太重的禮給別人，但是她仍覺得不滿意，不斷向人說著道歉的話。這截然不同於我所知道的西班牙人高傲的送禮方式，自以為高人一等的施捨姿態，而是像呼吸一般簡單而自然。

她嫁給了她的堂哥——約瑟夫，一位脾氣暴躁的人。他令她的日子過得十分辛苦，並且愈來愈嚴重，她極力不讓別人察覺。當時屋後的果園裡，樹上正結滿奇妙的果實，幾乎就像是貝麗娜阿姨送給我們的禮物一樣神奇。屋裡的每一個房間光線不但充足並且涼爽，空間也比我們在維也納的房子大多了，許多形形色色的東西等著我們去發現。我已經忘了在土耳其式長沙發上的生活，所有的這一切對我而言都顯得十分新奇且陌生，幾乎就像是在異國探險旅行一般，而這正是我終其一生最大的願望。對面外祖父家果園裡的那棵桑樹令我大失所望，它一點兒也不高大。想像中母親當時的身高和現今差不多，我不能理解人們如何未能察覺到她的藏身處。但是在黃色的屋子裡，在貝麗娜阿姨的身旁使我感到愉快，也不再急著啟程前往黑海了，那原本是我認為這趟旅行中最精彩的一部分。

約瑟夫·阿爾蒂提姨丈有張紅紅胖胖的臉，經常瞇著眼睛問我問題，他通曉各式各樣的事情，有一次我的答覆很令他滿意，於是他摸著我的臉頰說道：「記住我說的話。這孩子將來會有一番作為，就像他的姨丈一樣，成為一位律師。」誠然他懂得許多國家的法律，不但知之甚詳甚至能夠引證活用，對於那些由其他不同語言所寫成的法律條文，他也能夠即席為我譯成德文，但他是一位商人，根本就不是律師。他曾試圖誘騙我上當，十分鐘之內，他先後引用同樣的法律條文，但是稍稍作了些許改變，然後有些陰險地盯著我看，等著我的反應，我說：「剛才不是這樣的，而是如何如何……。」我無法忍受這種類型的句子，它們使我對所有攸關「正確」的事情感到強烈反感。但我是一個好辯的人，而且我也想獲得他的讚美。「原來你已經注意到了！」接著他說：「你不是笨蛋，你跟這裡其他的人不一樣」，他指著位在另一個方向的房間，那些其他的人都坐在裡面，包括他的妻子在內。他指的可不光是他們而已，整座城裡的人對他來說都很愚蠢，甚至整個國家、整個巴爾幹半島、全歐洲、全世界都是，只有少數幾位知名的律師例外，他們也許還只是能和他媲美而已。

大家私底下談到他發脾氣的情形。他們警告我，得留心他盛怒時的可怕。不過他們倒是認為我不需要太緊張，只要大家安靜地坐好，不要說話，就算他瞪著我們其中的某人，只要順從地點點頭，他的怒氣就會再次平息。母親也警告我：如果同樣的場面發生，她和阿姨也會沈默以對，他就是這樣，大家一點辦法也沒有。他對已故的外祖父毫不在乎，對尚且健在的遺孀外婆以及其他還在世的阿姨舅舅——包括母親自己以及貝麗娜阿姨在內，根本就視而不見。

我常聽到這類的警告，既好奇又很期待。有一天事情真的發生了，就在用餐的時刻，真是可怕極了，後來此事成了這次旅行中印象最深刻的回憶。「拉多尼士！」（Ladrones）他忽然咆哮罵道：「拉多尼士！你們以為我不知道你們都是賊嗎？」西班牙話中的「拉多尼士」，語氣比「賊」來得更重，大概像是「賊」與「盜匪」兩者加起來的份量。然後他指控家族中每一個成員所犯的竊行，首先提到的是不在場的人，已故的外祖父——也就是他的岳父。因為外祖父把姨丈該得的部分遺產給了外祖母；接著就罵尚健在的外祖母，然後一路罵到住在曼徹斯特有權勢的所羅門舅舅，叫他小心一點。他要毀了他，又說自己更懂得法律，要在世界各國告他，並且告到他沒有藏身處，無法自救。我壓根兒就不同情Onkel這種人⑦，如果有人膽敢反抗這個大夥兒都畏懼的人物，我不否認自己也會很興奮。姨丈接著又罵到三姊妹頭上，連我母親、甚至他那心地善良的妻子貝麗娜阿姨都罵，直到她忍不住與家人暗地裡共同反抗他。你們這些無賴！這些罪犯！這些惡棍！他要碾碎他們！挖出他們虛偽的心拿去餵狗吃！他們會記住他的！會祈求他的寬宥！不過他可不懂什麼是慈悲！他說自己只懂得法律，而且懂得不得了！總該有個人來跟他一比高下！你們這些瘋子！這些笨蛋！他忽然踱步到母親身前罵道：「你覺得自己很聰明，是不是？你兒子可比你厲害多了。他就像我！遲早他會上法庭告你！你會吐出最後一分錢！大家都說你受過好教育，但你的席勒一點用都沒有！法律才有用。」他使勁地用指關節敲著自己的額頭說道：「而法律是在這裡，這裡，你不知道——。」他接著警告我，說：「你母親是賊！趁她還沒打劫你之前，你最好現在就明白，你這個她親生的兒子！」

---

⑦德文中，叔伯或姨丈、舅父、姑丈等，皆稱為Onkel。

我看見母親懇求的眼光，但是一點兒用也沒有，我跳了起來，大喊：「我的母親不是賊！貝麗娜阿姨也不是！」我氣憤地哭了起來，但他並不因此而感到困窘。他板起了臉孔，表情猙獰得可怕，頂著一張滿是皺紋的臉孔走近我說道：「閉嘴！我沒有問你，臭小子，混蛋！你就會經歷到的，我現在告訴你，提醒你，你的約瑟夫姨丈當著你的面告訴你，我同情你才十歲而已，我趁早告訴你：你的母親是賊！所有，這裡所有的人都是賊！一整個家族都是賊！整座城裡的人都是！全都是賊！」

說完最後一個「賊」這個字眼時，他停頓了下來，他並沒有動手打我，但是他認為我已經完蛋了，直待他情緒稍稍平靜下來後，他說：「你不配由我來教你法律，你必須透過經驗學習，你不配獲得太好的待遇。」

最令我感到訝異的是貝麗娜阿姨，她像是什麼也沒發生過似的，當天下午又忙著準備她的禮物。我偷聽她們姊妹之間的談話，她對母親說：「他是我丈夫，他從前並不是這樣的，自從父親過世後才變成如此，他無法忍受不公正的待遇，他是個好人，你們現在不可以離開，這樣做會令他傷心。他是非常敏感的人，為什麼所有的好人都是如此的敏感？」母親並不作此想，孩子是不該聽見家族裡的這類糾紛。她向來對自己的家族感到自豪，他們是城裡最好的家庭，而約瑟夫也是其中的一份子，他自己的父親正是父親大人的長兄。貝麗娜阿姨說：「他從不曾說過任何他父親的壞話，他絕不會這樣做，絕對不會的。他寧可咬斷自己的舌頭，也不會說任何關於他父親的是非。」母親則問：「但是為什麼他想要那筆錢呢？他比我們要富有多了。」貝麗娜阿姨回答：「他無法忍受任何不公平的對待，自從父親過世後，他才變得如此，之前他並不是這樣子的。」

我們即刻啟程前往瓦那。海，我記不得先前見過，一點兒也不狂野，也沒有暴風。為了向梅蒂亞致敬，我期望的海是危險的。但是這一片海域卻見不到她的蹤跡，我想是在魯斯特舒克時的激動事件，抑制住了我去想她的念頭，只要四周親近我的人發生了可怕事件，那些向來占滿了我腦子的古典人物形象便會相形失色。自從為了抵禦母親受到她姊夫那可憎的控訴，挺身而出加以駁斥後，母親在我眼裡便不再是梅蒂亞了，相反地，我似乎得把她帶到一個安全的地方，陪在她身旁，親自守護著她，不讓那些可惡的事情再度盯上她。

我們在沙灘上度過不少時光；在港口時我特別注意到燈塔。一艘驅逐艦停靠在港灣裡，這意味著保加利亞將會加入軸心國的一方並參與戰事。從母親和友人間的談話中，我不時聽見人們表示戰事的不可能，保加利亞絕對不會和俄國開戰，因為它對於受俄國幫助而脫離土耳其之事十分感激。俄國常和土耳其打仗，只要保加利亞遭遇到任何困境，便依靠俄國人。服役於俄國軍隊的迪米特葉（Dimitrjew）將軍，在保加利亞是一位深受歡迎的人物，他曾參加我父母親的婚禮。

母親的老朋友——奧嘉是俄國人，在魯斯特舒克時，我們拜訪了她和她丈夫，我覺得他們似乎比我所認識的那些人更加熱誠，也更開放些。兩個好友像是年輕的少女般用法語急切又興奮地交談著，聲調忽高忽低，一刻也沒能停下來。就像是鳥兒一樣啁啾不停，只不過是兩隻大鳥。奧嘉的先生滿懷敬意而沈默地站在一旁，他的高領襯衫使他看起來帶著些許軍人的味道。他為我們準備了俄國茶，還有可口的點心。多數時候他只是留心著，讓兩位好友的談話能夠順利進行，一分鐘也不浪費她們珍貴的時間。距離她們上次的聚會已經是許多年前的事了，而下次的重逢又是何時呢？我聽見了托爾斯泰的名字，他幾年前才剛去世，人們提到他的名字時，總是充滿敬意。之後我問母親：托爾斯泰是不是一位比莎士比亞更偉大的作家？她猶豫了一下，不太歡喜地否定了。

她說：「現在你知道我為什麼不讓人說俄國人的壞話了，他們是一群奇妙的人。奧嘉稍有空閒便閱讀書籍，跟她在一起有很多話題可以談。」

「那麼她丈夫呢？」

「她的丈夫也是如此，不過她比較聰明，他則敬重她的文學修養，寧可在一旁聆聽。」

我沒說什麼，不過有些懷疑。我知道父親認為母親比他更聰明些，把她的地位看得比自己更高。我還知道，父親的這些看法她都接受，她甚至認為父親的看法很理所當然。當她提到父親時，總是天真地以為父親從她的心靈處學到了不少東西——母親老愛說父親的好。

「不過他的音樂素養比你高吧！」我習慣這樣抗議。

「這倒是真的。」她說。

「他的戲也演得比你好，所有的人都這麼說，他是最佳演員。」

「是啊，是啊，他有與生俱來的演戲天分，他從祖父那兒繼承來的。」

「他也比你更有趣，更、更有趣！」

感覺上，她並沒有不快，因為她嚴肅且莊重，而劇場感人的氣氛早已深入她的血肉之中。緊接著是對我而言最重要的一部分。

「他的心地比你善良，他是世界上最好的人。」她對此顯得毫不猶豫或遲疑，甚至還激動地贊成著。

「在這個世界上，你再也找不到一個像他這樣好的人，絕對不可能找得到了。」

「那，奧嘉的先生呢？」

「他也很好，也是很好了，但還是不能和你父親相比擬。」

緊接著就是他的許多善行事跡，雖然我已經聽過幾百遍，卻仍然百聽不厭：他曾經幫助過多少人，甚至瞞著她幫助別人，不讓任何人知道，當她發現後嚴厲地問著他：「賈奎斯，你真的這樣做嗎？這樣做會不會太超過了？」

「我不記得了！」「我想不起來！」這就是他的回答。

「你知道嗎？」通常她的解釋就如此結束了：「他是真的把它忘了，他是這樣善良，連自己做過的善事都不記得。你不要以為他一直都是如此健忘，對於他所扮演過的劇中人物，就算過了好幾個月，他也不會忘記。他也不會忘了他父親對他做過的事情，他拿走他的小提琴，逼著他去店裡。他也不會忘記我所喜歡的東西，經常在過了好些年後，突然拿出我曾經一時渴望過的東西，令我驚喜萬分。但是對於自己做過的善事，卻隱藏著，隱瞞得太厲害，連他自己都給忘了。」

「那是我永遠辦不到的。」我說。我以父親為傲，也為自己感到悲傷。「我會永遠記得的。」

她說：「你就像我一樣，這樣其實並不好。」接著她又解釋說，因為她太容易起疑心，因此無法做善事。她通常能夠及時知道人們的想法，當場看穿他們，猜到他們暗藏的動機。

在這樣的機會裡，她對我提到了一位和她有相同情況的作家——史特林堡，他和托爾斯泰一樣，都是新近才過世。她不太喜歡提這個名字。父親過世的幾週前她才閱讀過他的作品，正是那位萊因哈爾的醫生強力推薦她讀史特林堡，也是他引起了令父親致死的妒忌。我們在維也納的那段期間，她不經意地提到史特林堡時，眼裡總是泛著些許淚光，一直到了蘇黎世之後，她才能夠鎮靜地提起他的名字和他的書，不至於太過激動。

我們做了個短程旅行，從瓦那到摩那斯提爾（Monastir），就在離歐辛諾嘉德不遠的地方，那裡也是皇家城堡之所在。我們只從遠處觀看城堡，不久之前，第二次巴爾幹戰爭結束後，它不再屬於保加利亞，現在歸羅馬尼亞所有。在戰爭進行中，穿越巴爾幹半島上的國界實在不是一件愉快的事情，許多地方根本不能去，大家也盡量避免。但是當我們從馬車下來後，見到茂盛的菜園和果園，遍地長滿紫色的茄子、辣椒、番茄、黄瓜、巨大的南瓜還有香瓜，我對此地蔬果的多樣性感到無比訝異。母親說：「這裡向來如此，一塊得天獨厚的土地，這也是一種文明，任何人都不需要因為出生於此地而感到羞愧。」

我們回到瓦那時，下起一陣傾盆大雨，通往港口的那條主要斜坡路遍地都是深坑，我們的馬車深陷其中，所有的人只好下車。有些人幫著馬車伕推車，大家用盡全身的氣力才把車子拉出坑洞。母親嘆了口氣說道：「就跟我們從前的街道一模一樣，這就是東方，這些人從來不肯學習。」

這些情況使得她的想法有些搖擺不定，最後才終於開心地跟著我們一起啟程回維也納。但是維也納的生活物資，在戰後的第一個冬天便開始不足，回程她打包了好些乾燥蔬果，各式各樣串在一起，數也數不清的蔬果裝得滿滿一大皮箱。因此當我們抵達匈牙利邊境的普瑞迪爾時，羅馬尼亞的海關官員把那一整皮箱的蔬果全倒在月台時，她真是氣急敗壞了。火車啟動，母親跳了上來，而母親那些受到譏諷的寶藏被海關官員撒得遍布整個月台，連皮箱也丟了。我覺得她為了些吃的東西而苦惱，未免有失體面，因此沒有說半句安慰她的話，如此一來更加深她的煩悶。

她把羅馬尼亞官員的行為，歸咎於我們所持有的土耳其護照。因為土耳其向來對這些猶太裔西班牙人非常禮遇，因此他們承襲了先人對土耳其的忠誠，大部分猶太裔西班牙人都維持土耳其公民的身分。只是母親的家族來自里佛諾，那裡是受義大利所保護的地區，當然旅行時的護照也就是義大利護照了；母親認為，如果她仍舊使用少女時期記載著阿爾蒂提姓氏的護照旅行，羅馬尼亞官員所採取的態度會有所不同，因為他們的語言正是源自於義大利，因此他們喜歡義大利人。不過他們最喜愛的是法國人。

我經歷了這樣一場自己很不苟同的爭執，但是在這次的旅行中，我直接領略到民族仇恨的普遍存在，以及這種仇恨的擴散。

發掘罪惡。維也納堡壘

一九一五年秋天，自保加利亞那次的夏季旅遊歸來後，我進入實科中學就讀一年級。它和小學同在一棟建築裡，地點在索非橋旁邊。我比較喜歡這所學校，它有拉丁文課程，一些新的科目，以及更多的老師，教我的再也不是那位乏味的泰葛先生，他老說一些相同的話，打一開始我就覺得他很愚蠢。我們的班導師是特迪教授先生，他長得胖胖的，是個留鬍鬚的矮子。當他坐在講台前，鬍子便鋪陳在桌面，從我們坐的教室椅子上只看得到他的腦袋。雖然第一眼見到他顯得有些古怪，但是大家都很尊敬他。他摸鬍子的方式很特別，也許是摸鬍子的動作增加了他的耐心。他很公正也很少生氣，他教我們拉丁文的詞尾變化，大多數的學生都不太容易學得會，但他孜孜不倦重複著教我們唸字尾變化。

這個班上有許多有趣的同學，我至今仍記得他們。一個名叫史戴格瑪的男孩子，他非常善於畫畫，而我的圖則畫得很糟糕。我對他畫的圖總是百看不厭，他當著我的面畫出鳥兒、花朵、馬兒和其他動物，完成之後，就把當中最好的幾張送給我。印象最深刻的是，他畫了一張讓我深感驚訝的圖，隨即撕毀它，因為他認為畫得不夠好，緊接著又試著重畫一張。這樣的情形發生過好幾回，最後他終於完成一幅自認為成功的作品，他從各個角度仔細觀看，然後謙虛又鄭重其事地親手交給我。我敬佩他的能力和慷慨，但是令我不安的是，我分辨不出它們之間的差異，對我而言，所有的作品都一般好。除了他繪畫的才華，我更佩服他迅速果斷和執行的能力，他所撕毀的每張圖都令我感到惋惜，我決不可能這樣做，我不會撕毀任何一張上面有字或是圖案的紙，看著他迅速、毫不遲疑甚至有些歡喜地撕毀那些紙張，真有些心痛。家裡的人告訴我，藝術家經常都是這樣的。

另外一位同學長得矮小結實、有些黑胖，名叫德意志柏格。他的母親在露天遊樂場裡有個賣燒牛肉的小攤子，而且他住得離場內的小火車非常近，前不久我還經常光顧那兒呢，我非常喜歡他。我認為住在那地方的人，應該跟一般人大為不同，一定比我們所有的人來得有趣多了。他的確與眾不同，只是和我想像的不太一樣——以十一歲的年紀來說，他已是個成熟的嘲諷家——，他的不同很快便導致了嚴重的對峙。

另一個同學馬克斯‧席柏，才是我真正的朋友，他是將軍之子，放學後我們三人常沿著王子大道回家。德意志柏格愛誇口說大話，彷彿他了解成人生活的種種，又喜歡毫不掩飾地對我們說那些事。對我們所認識的他來說，遊樂場有著另一番面貌。他總是把那些從燒牛肉攤的顧客閒聊間聽來的話，口沫橫飛地轉述給我們知道。他常加入一些他母親的評論，她什麼事都不會瞞他。他好像没有父親，而且是她唯一的孩子。席柏和我期待著回家的路，但是德意志柏格可不急著說話，當我們走到維也納田徑俱樂部的運動場，而且離開了那裡時，他才感到自由而開始暢所欲言。我想，他需要些時間準備一下，才能想些什麼嚇嚇我們。他老是以這樣的話來收場：「我媽說，學習人生經驗永遠不嫌早。」他有那種本事，每次都能提升故事的效果。只要他一說到暴力、打殺、搶劫與謀殺之類的事，我們就讓他說個痛快。他反對戰爭，這點我很高興，但席柏不喜歡聽他說教，老是藉由發問企圖轉移話題。我不好意思把路上所談的東西告訴家裡，有好一陣子，這些話題是我們深藏的祕密，直到有一次，德意志柏格得意忘形走極端，結果釀成了一場大騷動。

有一天他忽然說：「我知道小孩子是怎麼來的！我媽媽都告訴我了。」席柏比我年長一歲，他開始留意到這類的事情，我則很不情願地順著他的好奇心聽下去。德意志柏格說：「這事很簡單，就像公雞在母雞身上幹活一樣，男人也在女人身上幹活。」我滿腦子正想著夜裡和母親討論可敬的席勒和莎士比亞，聽他這麼一說，不覺氣惱地喊道：「你撒謊！這不是真的，你這個騙子！」這是我第一次出於自衛而反駁他，他仍一臉嘲諷，不斷重複說著同樣的話，席柏半句話也沒吭聲，德意志柏格把滿腹的輕蔑全部朝我發洩，他說：「你母親什麼也不對你說，她待你像小孩子一般。你難道沒看過雞嗎？就像雞一樣。我媽說：學習人生經驗，永遠不嫌早。」

我幾乎要揍他了，丟下他們兩人，我一路跑著，穿過屋旁的建築空地回到家中。我們向來是全家圍著圓桌一起用餐，在弟弟們面前我竭力克制自己，沒有說什麼，但是席間我卻什麼也吃不下，眼淚差點兒奪眶而出。一等吃過飯，便拉著母親往陽台去，那是白天我們談些嚴肅話題的地方，我把事情的詳細經過說給她聽。誠然她早已察覺到我異於往常的激動，但是當她獲知事情的始末時，卻愣在那裡半天說不出話。對於所有的問題，她一直都知道如何給我一個圓滿清晰的答案，並且讓我感到自己也負有相同的責任去教導弟弟們。她一語未發，第一次她說不出口來，這樣沈默了好一會兒，我開始感到有些憂心和害怕，她直盯著我看，然後用只在重要時刻稱呼我的稱謂說道：

「兒子啊！你相不相信你的母親？」

「相信！相信！」

「那不是真的，他說謊！他母親不曾對他說過這樣的話。孩子是由另一種方式來的，一種美麗的方式。日後我再告訴你，你現在根本不想知道！」

她的話頓時打消了我繼續探究的興趣，其實我真的一點兒也不想知道。如果對方說的是謊言，我就沒興趣！現在我知道那是謊言，一個可怕的謊言，是他自己捏造的謊言，他母親從不曾對他說過這樣的話。

從那一刻起，我對德意志柏格感到萬分嫌惡，視他為人群中的殘渣。他在學校是個壞學生，我再也不提示他答案。下課時候，如果他朝著我走來，我便轉過身背對著他。我連半句話都不想對他說。回家的路上也不再與他結伴同行，我強迫席柏在我和他之間做一抉擇。我做了件更差勁的事：當地理老師要他指出地圖上的羅馬時，他指了那不勒斯，老師並未察覺。我起身說道：「他指的是那不勒斯，不是羅馬。」他因此得了很低的分數。我向來對這種行為感到不齒，我通常和同學們站在同一陣線，幫助他們，甚至反抗老師——即使是我所喜愛的師長。但是母親的話使我對他充滿了厭惡，因此覺得無論怎樣待他都不為過。雖然我不曾和母親談論過，但這是我第一次體會到什麼叫做盲目的追隨者。德意志柏格的話不再引起我任何的興趣。我唆使大家反對他，視他如惡魔。我對席柏發表有關理查三世的長篇大論，企圖證明德意志柏格就像理查三世一樣，只是年紀較輕，應該有人及時阻止他的惡行劣跡。

自此開始了我尋找罪惡的癖好，這樣的行為延續了好些時候。日後我更成了卡爾・克勞斯⑧的忠實追隨者，對其數以萬計攻擊惡棍的話堅信不移。德意志柏格愈來愈無法忍受學校裡的日子，他失去自信，用祈求的眼神直盯著我看。為了和解，他願意做任何事情。但是這

⑧ Karl Kraus，1874~1936，奧地利新聞工作者，也是評論家與作家。

依舊無法撫平我的情緒，奇怪的是，我並未因為見到我對他的仇視逐漸產生的後果而稍加自制。最後他母親來學校找我，趁著下課時間問我：「你為什麼折磨我兒子？他沒有對你做任何事情，你們向來不是朋友嗎？」她是位堅毅的婦人，言辭間滿是直接而強烈的字眼，跟她的兒子截然不同，說起話來直截了當，不拖泥帶水。我喜歡她為了兒子向我祈求，因此我同樣坦白地、把敵視他的緣由告訴了她。我毫不羞怯地轉述那些有關公雞、母雞等令人嫌惡的句子。她猛地轉過身面向著德意志柏格，他站在她的身後，神情很害怕。她問道：「你說了這樣的話？」他怯怯地點了點頭，沒有否認。對我而言這整件事情已經結束了。也許是因為他人的母親待我如自己的母親一般誠懇，這使我無法拒絕她的請求。但是我也感受到他對他母親的重要性。他不再是理查三世，他又成了跟席柏和我一樣的學生了。那句引起爭執的話回歸至源頭，也失去了它的力量。迫害結束了，我們不再是朋友，但是我也放過了他，甚至再也沒有留下任何關於他的記憶。當我想起事發之後尚在維也納的那段求學時期，約莫還有半年的時光，他已消失在我的記憶當中。

我和席柏之間的友誼愈形緊密。打從一開始，我們兩個便處得極為融洽，只是現在他成了我唯一的朋友。他住在舒特區上頭較遠處，一棟和我們家相仿的公寓房子裡。因為他喜歡錫兵，我也跟著一塊兒玩。他有不少的收藏，一整支配備各式各樣武器的軍隊，包括騎兵和砲兵。我經常跟著一起回他家，展開一場廝殺，他一心一意想要獲勝，無法忍受失敗。一旦輸了，便咬著嘴唇一臉氣惱。有些時候他不認輸，惹得我發怒。但他是一個很有教養的男孩子，高大而自負。雖然他的臉簡直就是和他母親一個模子印出來的（我經常對他們的相似處感到驚訝），但他卻不是一個娘娘腔的男孩子。她是我所識得最美麗的一位母親，也是個子最高的。我總是見到她筆直的、矗立在我的上方。她為我們端來點心時，只見她躬身彎向我們，微微屈著上半身，把托盤放在桌上後又再度挺起身子，回復到她原來的高度，才敦促我們開始用點心。她那雙黑黝黝的眼睛在我腦海中縈繞著，在家中我曾夢過那雙眼睛，但是我不從曾對馬克斯——她的兒子說過。我問了他，是否所有提洛⑨的女人都擁有這般美麗的雙眼，他毅然決然回答：「是的！」又加上一句「所有提洛的男人也一樣。」但是當我再度造訪時，卻發覺他告訴了他母親，因為當她拿點心給我們時，顯得很開心，反常地直盯著我們瞧，並且帶著玩笑似的口吻請我問候我母親。她離開後，我厲聲質問馬克斯：「你把所有的事情都對你母親說了嗎？」他漲紅著臉竭力保證沒有，他什麼也沒有對她說，無論我作何想法，即使是他父親，他也不會什麼話都告訴他。

他父親個頭矮小，又很瘦削，我對他根本沒有任何印象。他不僅僅比席柏的母親矮，看起來更比她老。他是一位除役的將軍，但是戰時因為特殊任務的緣故又受到徵召，他是維也納周圍防禦工事的監督員。一九一五年秋天，俄軍已穿越卡耳帕特，流言謠傳即將威脅到維也納的安全。學校休假的日子裡，席柏的父親帶著我們兩人一起去巡視。我們先是乘車到紐華葛，然後步行穿過樹林，抵達一處地面林立著各式小堡壘的地方，當地並沒有軍隊駐紮，我們得以四處瀏覽。我們走進堡壘，當席柏的父親拿著短棍敲打著厚重的牆壁時，我們則透

⑨ Tirol，奧地利西部一邦，為滑雪聖地，紀元前一世紀受羅馬管轄，十四世紀併入奧地利。

過牆上的隙縫望著那杳無人跡的樹林，那裡沒有任何動靜。將軍非常寡言，臉上總是一副悶悶不樂的表情，但是當他轉身解說某些東西，又或是踏上小徑穿越森林時，他總是對著我們微笑，就好像我們是某些特別的人物。我在他面前從不感到難為情。也許他在我們身上見到未來的軍人吧！就是他，他兒子的每一個大錫兵都是他送的，而且那些錫兵的數目還不斷增加。馬克斯告訴我，他父親想知道我們的遊戲是誰獲勝。但是我不習慣和這麼安靜的人在一起，更不能想像他居然是一位將軍。席柏的母親會是一位美麗的將軍，因為愛慕她，我甚至可以為了她上戰場。但是我卻無法嚴肅看待和他父親的視察之旅，當他以短棍敲打著堡壘的圍牆時，這場眾所議論的戰爭顯得離我很遠。

整個求學時期，甚至是往後的日子當中，我對所有的父親們都沒有什麼印象。他們要不是毫無生氣就是年紀太大。我自己的父親則仍然存在我心中，他和我談論過許多事情，我還聽過他唱歌。他的形象永遠是那麼年輕，對我來說，他永遠是我唯一的父親。但是我卻能輕易接受其他人的母親，那些我所喜歡的母親們，數目多得驚人。

自一九一五年冬天至一九一六年，人們逐漸在日常生活中察覺到戰爭的影響。新兵在王子大道上唱歌的那段日子早已逝去。下課回家的路上，那些成群與我們擦身而過的軍人，神情再也不像從前那般愉快，他們依舊唱著：「故鄉，故鄉，我們將在故鄉重逢。」但是重逢的日子對他們而言似乎很遙遠，他們不再確定自己是否能再度回到家鄉。他們唱著：「我曾有一位同袍。」但是他們的歌聲聽來彷彿他們自己就是那位陣亡的同袍。我把自己察覺到的轉變告訴了我的朋友席柏，他說：「那些不是提洛人，你一定得看看提洛人。」我不知道在這個節骨眼他上哪兒去看提洛人行軍，或許他是在和雙親拜望故鄉來的友人時聽見他們那些信心滿滿的談話吧！對他而言，獲得勝利的信念是不可動搖的，他也不喜歡懷疑。這樣的信念並不是來自他父親，他的父親是個沈默的人，從不說大話。當我們一起去視察時，他從來不曾說過一句「我們會獲得勝利！」這樣的話。如果他是我父親，我老早就放棄任何勝利的希望。必定是他母親使他產生如此堅定不移的信念。或許她也不曾開口說話，但是她的驕傲、她那不屈不撓的個性，還有她的眼神在在顯示出，在她的保護下不可能會發生任何不幸的事件。如果我有這樣一位母親，我也不會產生任何懷疑。

有一次我們在離舒特區不遠處——一座跨越多瑙運河的火車鐵橋上，見到一列火車停在上頭，車廂裏擁擠不堪。貨車廂和客車廂連結在一塊兒，裡頭的乘客全部站著，擠得水泄不通。車廂裏所有的人都靜默著，帶著疑惑的眼神向下盯著我們直瞧。席柏說：「他們是加里契人……」他克制自己說出「猶太人」這個字眼，而代之以「難民」。整座力歐普德城裡擠滿了逃離俄羅斯的加里契猶太人，他們穿著土耳其式的長袍，帶著耳環和特殊的帽子，相形之下非常引人側目。他們除了待在維也納，又該往哪兒去呢？他們也得吃東西，但是維也納的糧食供應情況早已吃緊。

我未曾見過這麼多的人擠在車廂當中，因為火車靜止的緣故，那真是一幅令人慘不忍睹的景象。當我們驚訝無比地盯著火車看，火車也一直停留在原地。我說：「簡直像牲畜一樣，人全都擠成一團，而且當中有些還是載運牲畜的車廂。」席柏說：「他們的人數太多了。」顧忌到我的緣故，席柏克制著自己對他們的厭惡感，不讓自己說出令我難堪的話。但我像是生了根似的，站在那裡不動，使他察覺到我的驚慌。沒有人對著我們揮手，也沒有人喊叫，他們自知不受歡迎，更不期待有人會對他們說出問候的話語。那些全是男人，當中很多人蓄著鬍子，是些上了年紀的老人。席柏說：「你知道嗎？我們的軍人也是乘著貨車上前線的。我父親說，戰爭就是戰爭。」那是他唯一對我引述過他父親說過的話，我知道他試著消除我的恐懼。但是沒有效果，我還是死命地直盯著他們瞧，什麼事情也沒有發生，我希望火車能夠開動，恐怖的是，它仍舊一動也不動地停在鐵橋上。席柏扯著我手臂說道：「你不走了嗎？你現在不想去了嗎？」我們當時正往他家的路上，想一起去他家玩錫兵遊戲。我還是去他家了，但是當我們回到他家，席柏的母親端來點心，一股不舒服的感覺油然而生。她問道：「你們上哪兒去了？怎麼這麼久才回來。」席柏指著我說：「我們見到一輛滿載加里契難民的火車，火車就停在法蘭盛橋上。」他母親說：「原來如此！你們現在一定餓了。」說著一邊把點心推到我們面前。幸好她隨即離開，因為我連碰也沒碰那些點心，而席柏這個善解人意的傢伙也沒有了胃口。他丟下錫兵，我們沒有玩遊戲。我離去時，他熱切地搖著我的手說：「等你明天來的時候，我給你瞧一樣東西，我有一組新的砲兵部隊。」

愛莉絲・阿斯瑞爾

愛莉絲・阿斯瑞爾是母親所有女性友人當中，最有趣的一位。她的家族源自貝爾格勒⑩，而她自己無論在語言或所從事的活動種類上，或者是對各種事情的反應上，早已徹頭徹尾成了一個道地的維也納人。她是位個子嬌小的女人，母親的女性友人個子都不高，她是當中最矮小的一位。她對人文智識很有興趣，老愛用一種嘲諷的方式與母親討論，讓我摸不著頭緒。她活在當時的維也納文學圈裡，缺少了母親對文學那種廣泛的興趣。她以輕鬆的語氣談論著巴爾（Bahr）和史尼滋勒⑪，語氣中有些輕浮。她從來不堅持己見，容易受他人的影響，誰若是常和她說話，她便會受其影響。但是話題必須侷限在當代文學有關的內容，除此之外她就沒什麼興趣。那些能夠使她有所收穫並有所教導的男人才重要，她重視能言善道的男人，談話——特別是討論以及不同意見，就是她的生活。她最愛聽有知識的男人彼此間為了不同意見而起爭執，她可以趁此毫不費力地獲知人文世界的知識。僅僅是這個特點，她就十足像個道地的維也納人。但她也喜歡議論別人的愛情故事、他們的糾葛以及離婚事件。她認為，只要是跟愛情有關連的事情，無論如何都是被允許的。不同於母親對這類事件的撻伐，當母親嚴厲譴責時，她便在一旁爭辯不休，對再怎麼複雜混亂的糾紛，她都能夠輕而易舉地提出解釋。人類的一切所作所為，在她眼中都是合理的。她看待人生的方式，也同樣發生在她的人生當中，就好像有個惡鬼在操縱似的，她允許發生在別人身上的事情，也都發生在她自己身上。她喜歡把人湊到一塊兒，尤其是不同性別的人，藉此觀察他們彼此之間的影響。對她來說，真正的幸福是建立在交換伴侶的基礎上；她自己所渴望的，也同樣樂於見到發生在別

⑩ Belgrad，前南斯拉夫首都，現為塞爾維亞與蒙特內哥羅首都，曾受羅馬人和土耳其人統治。

⑪ Arthur Schnitzler，1862~1931，奧地利劇作家和小說家，以作品中描述性愛生活而聞名。

人身上，看起來就像是在考驗他們似的。

她在我的生命中占有一席之地，我對她的看法，其實是依據日後的經驗而得。我在一九一五年初識她時，便發覺戰爭對她沒有半點影響，她一次也不曾在我面前提起過戰爭。但是愛莉絲也不像母親，母親是激烈反戰的，她之所以在我面前對它保持緘默，為的只是怕我因此在學校遇到麻煩。愛莉絲無法開口談戰爭，她對仇恨毫無所悉，她認為所有的事情都因人而異，戰爭無法激起她的熱情，她根本不去想它。

她來我們住在約瑟夫-加爾街的住所拜訪時，已經和自己的表哥結婚了。她的先生和她一樣都來自貝爾格勒，同樣也成了道地的維也納人。阿斯瑞爾先生個子不高，有雙爛眼睛，是出了名的不善於處理生活中的實際事物。他做生意的能力就是賠掉自己全部的錢，包括太太所有陪嫁的嫁妝。他們和三個孩子住在一間市民公寓中。正當他試圖重整事業時，卻愛上了他們家的女傭，一個美麗、單純又唯命是從的女孩子。對於能引起雇主的青睞，令她引以為榮。他們相互了解，他是她的生命，而他深受她堅毅不拔的個性所吸引。他的太太個性反覆無常，他從女傭那兒找到支持和全心的信賴，那是他太太身上所沒有的特質。在他離開家庭之前，兩人已相戀了好一陣子。愛莉絲認為沒有什麼是不被允許的，並未指責他，她不動聲色地讓家中的三角關係繼續進行。我聽見她對母親說，她願意給他所有的一切，只要他能夠幸福，他和她在一起並不幸福。他們彼此無法約束對方，他無法勝任文學性的談話，一談到這個話題，他偏頭痛的毛病便出現了，只要不看見談這類話題的人的臉孔，而自己也不必參加這類聚會，他便沒有意見。她放棄同他談論這類的話題，也很同情他的偏頭痛，不會因為急劇惡化的經濟狀況對他惱怒。她對母親說：「他根本不是做生意的人，難道每個人都會做生意嗎？」每當話題轉到女傭身上，母親便嚴厲地加以譴責，愛莉絲總會用諒解的口吻替他們兩人辯護：「你看，她是如此深愛著他，而他因為擁有了她，再也不會為自己失去的一切感到羞恥。在我面前他會自責。」

母親說：「但這確實是他的過失，一個男人怎麼可以如此軟弱，他根本不算男人，他什麼都不是。他根本不該結婚。」

「他其實並不想結婚，是雙方的父母親擔心家族的財富外流，才讓我們結婚的。我當時太年輕了，他也過於害羞，他甚至不敢正眼瞧女人的臉孔。你知道嗎？我必須強迫他，他才敢正眼看我，而當時我們都已經結婚好一陣子了。」

「但是他到底把錢都花到哪兒去了？」

「他根本沒花錢，他只是把錢都賠光了。難道錢真的那麼重要？人不可以賠錢嗎？難道你喜歡你那些親戚是因為他們的錢嗎？跟他比起來，他們根本不是人。」

「你總是護著他，我相信你仍然喜歡他。」

「我為他感到難過，但是他現在終於找到自己的幸福了。她把他看成大老爺，臣服在他的膝下。他們都在一起這麼久了，你知道嗎？她仍舊親吻著他的手，稱呼他為『先生』。她天天打掃房子，根本沒有什麼好清理的，整間屋子裡一塵不染，但是她仍不停地打掃，並且問我：還需要做些什麼？我說，瑪莉你休息一下吧！已經夠乾淨了。但是她依舊閒不住，只要他們兩人不在一起，她就清理屋子。」

「這真是放肆！你居然沒把她趕出門，換成是我，她老早便被我趕出去了，而且是事發當時，馬上就趕她走。」

「那他呢？我不能這樣對待他。難道我應該毀了他終身的幸福？」

這些對話根本不是我可以聽的。當愛莉絲帶著三個孩子上我們家時，我們便會一起遊戲，而母親和她一塊兒喝茶。愛莉絲急著向母親傾訴，母親則非常好奇地想知道事情的後續發展，她們見我和孩子們在一起，根本料不到我全聽見了。母親日後含蓄暗示著阿斯瑞爾家的狀況不太妙時，我狡猾地不讓她察覺，其實我知之甚詳。但是我並不了解阿斯瑞爾先生和女傭真正做了什麼事，我僅僅就她們言談之間的辭彙來了解其字面意義。我以為他們兩人喜歡站在一起，並未多加懷疑。雖然我對整件事情的每一個細節都很清楚，但那並不是說給我聽的話，因此我從未在她面前洩漏過隻字片語。因為我想經由其他途徑去認識母親，因此她的每一段談話對我都顯得彌足珍貴，我一些兒也不肯錯過。

愛莉絲對她的孩子們生活在如此不尋常的氣氛中，並不會感到難過。老大瓦特的發育遲緩，有著和父親一樣的雙眼和尖鼻子，連走路時也同他父親一樣，老是彎著身子。他說的句子非常短，而且一次只說一句話。他不期待別人回答他的句子，但是他能聽懂別人的話，並且非常順從。別人要他做什麼，他便去做，但是總要先等上一會兒才會開始行動。因此別人老以為他聽不懂，然後他突然間開始行動了，原來他是聽懂的。他不會造成他人的困擾，但偶爾也會鬧脾氣，沒有人知道他什麼時候會發作，雖然他隨即就平靜了下來，但是讓他一個人獨處是有點兒風險。

他的弟弟漢斯是個聰明的男孩子，和他一起玩詩文接龍遊戲真是一種享受。最小的娜妮跟著我們學，雖然那些箴言對她並沒有什麼意義，漢斯和我卻樂在其中。我們彼此丟出箴言的頭幾個字，因為我們早已熟記那些箴言，只要對方開口說出箴言當中的頭幾個字，另一方隨即飛快地接上剩餘的部分，但沒有一方可以完整地說完，因為事情關係到另一方的榮譽，因此進行當中一定要插進來唸完它。

「某處……」

「若發現好人，便揭示為聖地。」

「神助……」

「每一個讓祂幫助的人。」

「一個高尚的人……」

「吸引其他高尚的人。」

這就是我們的遊戲，因為我們扯得一樣快，在競賽中無法分出勝負，於是便衍生出一種奠基於尊重的友誼。只有當所有詩文接龍遊戲都通過了，我們才改成玩另一種牌戲或其他遊戲。當漢斯的母親讚嘆文學專家時，他也在場，因此他早就習慣了這種快速說話的方式。他知道如何和他的哥哥相處，他是唯一能夠預估哥哥何時要發怒的人，他小心翼翼地安撫他，有些時候還真的及時阻止了哥哥的發作。「他比我聰明」，阿斯瑞爾太太當著漢斯的面這樣說著。她在孩子們面前沒有任何祕密，這包括在她的容許原則裡。母親規勸她：「你這樣會讓孩子太自負了，不要這樣稱讚他。」

她說：「我為什麼不該稱讚他？他已經夠難受的了，有一個這樣的父親，又能怎樣呢？」她如何看待發育遲緩的長子，她對此作何想法，一直是個祕密。她還不至於如此坦率。她對瓦特的顧忌，使她更加以漢斯為豪。

漢斯的頭生得極為瘦長，身子挺得特別直，恰好跟他哥哥相反。他在解說時總喜歡用手指頭指著東西，當我們有所爭執，這樣的舉動令我心生害怕，通常他都是對的。因為他的早熟，使他不容易和其他孩子打成一片，但是他並不狂妄。如果他父親說了某些特別愚蠢的話（我很少遇上這樣的情況，因為我很少見到他），漢斯便顯得有些退縮並且沈默不語，就好像他在頃刻間消失了。我知道他為父親感到羞愧。雖然他不曾提起自己的父親，我卻能夠有所體會，也許正因為如此而更加令我明瞭。但是他妹妹娜妮可就不一樣了。她崇拜父親，經常重述他說過的每一句話。我們玩詩文接龍時，她會為了某事生氣而忽然冒出一句：「我爸爸說：過分，很好！」「但現在也未免太過分了！」後面那句是「她的」箴言，她腦中有很多這樣的東西，如果她在我們玩接龍遊戲的當兒受到刺激，就會搬出來用。這是我和漢斯唯一絕對不會打斷的箴言，雖然我們早已耳熟能詳到就像熟悉其他詩人的箴言一樣，兩人還是放任娜妮暢所欲言。如果有人在斷續的詩人作品中乍然聽見阿斯瑞爾先生的名句，一定大感錯愕。她對母親的態度，相形之下就顯得冷淡許多，不受她的束縛。可以察覺到她慣常對許多事情唱反調。她是個文靜但吹毛求疵的孩子，只敬愛自己的父親。

當阿斯瑞爾太太帶著孩子上我們家玩時，對我而言意味著雙重的樂趣。我喜歡漢斯，也欣賞他追求知識的態度。為了避免被他伸著手指指出錯誤，在整個遊戲當中我顯得全神貫注並且小心翼翼，才不至於讓自己出醜。當我以一些像是地理上的問題試著陷他於困境時，他會頑強地奮戰到底。我們對世界第一大島的爭執一直無法解決。他認為格陵蘭不能用來比賽，對一個四處都是冰的地方，如何知道它的面積有多大？他沒有用手指我，反而指著地圖上的格陵蘭說：「格陵蘭到哪兒為止？」這對我比對他更加困難，因為我得不斷地找藉口到母親和阿斯瑞爾太太喝茶的餐廳。我在書櫃中找尋解決我們爭執的資料，花了好久的時間，其實是為了盡可能聽到兩位女友間的談話。母親知道我和漢斯之間的爭執非常緊張。為了這些關鍵性的爭執，我衝到書櫃前，一會兒翻這本書，一會兒又翻那本書，顯得十分不滿。當我找到需要的資料，便吹一聲響亮的口哨，母親甚至不曾注意到我的口哨聲。她怎會料想得到，我為了想知道其他事情而竊聽她們的談話呢！

我因此得以知道這整個婚姻故事的每一個發展階段，一直到它的結束。阿斯瑞爾太太說：「他要離開了，他要和她共同生活。」

母親說：「一直以來，他不就是跟她一起生活？他現在要遺棄你們了。」

「他說為了孩子們，我們不能一直這樣下去。他是對的。瓦特已經察覺到了，他偷聽談話。其他兩個還不知道發生什麼事了。」

我趁著他們不注意時，偷聽到母親說：「那是你自己這樣認為，小孩知道所有的事情。他要靠什麼過活？」

「他想和她一起開間腳踏車店。他一直很喜歡腳踏車，生活在一間腳踏車店裡是他孩提時期的夢想。你知道嗎？她非常了解他，是她說服他去實現自己的孩提夢。她必須獨自完成所有的工作，整副重擔都會落到她身上。那是我無法辦得到的，我稱此為真愛。」

「你還在稱讚這個人！」

我走開了，當我走回漢斯和娜妮身旁時，她又覆述了父親的話：「我爸爸說壞人是沒有歌曲的。」我為剛才聽到的話感到震驚，說不出半句話。這回我明瞭到事情對他們兩人的嚴重性，只有沈默以對。手中握著方才自書架取得的書，原先是為了向漢斯炫耀我的勝利，我讓他認為他是對的。

紐華葛的草地

芬妮走後，緊接著寶拉就來了，她跟芬妮是兩個很不同的人。她生得瘦瘦高高，是個嫵媚的女子。在維也納人當中算是極為謹慎的人，但是又很開朗。她總喜歡笑出聲來，但因為她的工作並不適合這樣，她只得保持微笑。她說話時，總帶著一絲微笑，沈默時也帶著笑容，我想，她在睡覺和做夢時也是帶著笑意的。

無論對母親或是我們這些小孩子說話，或者是回答街上陌生人的問題，又或者問候熟識的人，她在態度上都沒有多大的差異，就是對街上那個老待在那裡的髒兮兮小女孩也一樣。她大咧咧的站在女孩面前，和氣地對她說上幾句話，有些時候還拿糖給她，女孩被嚇壞了，不敢接受，寶拉便好聲好氣地對她說話，再輕輕地把糖放進她的嘴裡。

她不是很喜歡遊樂場，覺得那裡太粗俗了。她雖然沒有說出口來，但我卻感覺得到。我們在遊樂場時，只要一聽見些髒話，她便神情不悅地搖著頭，謹慎地從一旁朝我望一眼，看我是否聽懂。我總是假裝什麼事情也没發生，這時她又恢復臉上的笑容。我已經習慣了她的笑容，只要能讓她再度展現笑靨，我願意為此做任何事情。

在我們家正下方一樓，住著作曲家卡爾・高德馬克（Karl Goldmark）。一位身材不高而親切的人，一頭白髮整齊的自中間分開，貼在他黝黑的臉上。他的年紀很大了，每天的同一時間，都由女兒攙扶著在不遠處散步。他讓我聯想到阿拉伯，他的成名作是歌劇《沙巴女王》（*Die Königin von Saba*）。我以為他自己就是打那兒來的。他是附近最富異國情調的人，因此也最吸引人。我不曾在樓梯上或是他出門時遇見過他，只有當他自王子大道歸來，由他女兒攙扶著走上幾步路時碰見過他，我必恭必敬地問候他，他輕輕點了點頭，以一種令人幾乎無法察覺的回應方式。我記不得他女兒的長相，她的臉孔並未留存在我的記憶裡。有一天他没出現，這意味著他病了。約莫傍晚時刻，我在兒童房裡聽見樓下傳來一陣陣震耳欲聾的哭聲。寶拉不能確定我是否聽見了，她猶疑地看著我說：「高德馬克先生去世了。他身體很虛弱，先前他不應該去散步的。」哭聲直接傳進我的耳中，我不得不聽，並隨著它的節奏擺動著，但我自己並没有哭，那哭聲像是發自於地板似的。寶拉顯得有些不安，說道：「現在他女兒再也不能陪他出門了。此刻她一定很絕望，真可憐啊！」連在這種時候寶拉都還掛著笑容，或許是為了安撫我，因為我發覺她了解這種悲傷，她的父親正在前線加里契，而且好一段時間都音訊全無。

喪禮那天，整條約瑟夫-加爾街上擠滿了黑色的出租馬車和人群。我們自窗户往下望，整條街上見不到半絲空隙，但是新來的馬車和人潮仍然不斷湧上街，而他們居然也找得到容身之處。我問道：「這些人是打哪兒冒出來的！」

寶拉說：「名人去世都是這個樣子。他們想向他致上最後的敬意，大家都愛他的音樂。」

我不曾聽過他的音樂，有些事不關己的感覺，懷著觀望的態度看著樓下那些擁擠不堪的人群。或許是因為從三樓往下看的緣故，那些人顯得十分渺小，全擠在一塊兒，但是當中有些人互相脫帽致意，顯得不太合宜。寶拉替他們辯解：「他們因為在人群中見到了熟識的人而感到欣喜，這令他們重新獲得勇氣。」喪禮過了好些日子後，我依舊聽見他女兒的哭泣聲，總是在傍晚時分。當哭聲的次數隨著時間逐漸減少，終至停止，我感到若有所失，彷彿失去不可或缺的東西似的。

不久後，有個男人在離我家不遠處自殺，從四樓跳到約瑟夫-加爾街上。急救人員趕來時，他已經死了，留著一大攤血跡在人行道上，好長一段時間之後才除去。當我們行經該處，寶拉牽著我的手，讓自己走在我和血跡之間。我問她那個人為什麼要這麼做，她無法解釋。我想知道何時會舉行喪禮，她說不會有喪禮，死者沒有親屬，單身一個人過活，或許是因為這樣他才會不想活。

她見我鎮日想著那樁自殺事件，為了轉移我的念頭，她向母親請求在她星期日出門時，帶著我一塊去紐華葛。我們和她的一位朋友一起乘坐電車。那是一位沈默的年輕男子，幾乎不曾開口說過半句話，一路上只是用愛慕的眼神盯著她看。他是如此安靜，以至於若非寶拉不斷對著我們說話（寶拉說話時總是同時對著我們兩個），他簡直就像不存在似的。她說著話，期待我們能夠回答她，我回了話，而他只是點著頭。我們走了一小段路，穿越森林來到可若德。他說了些我不能理解的話：「下個星期。寶拉小姐，現在只剩下五天了。」我們來到一處陽光燦爛、遍布著人群的草地，草地顯得十分寬廣，大得好似容得下世界上所有的人，但我們幾乎繞了一大圈之後才找到空位。有些是婦女和孩童的家庭組合，四處都看得見一對對年輕男女，大多數人是成群結隊地嬉戲著，或是從事共同的活動。有些人在太陽下伸展身體，面帶著笑容，狀似愉快。寶拉在這裡顯得怡然自得，她正適合這種地方。她的朋友開口了，口若懸河傾吐著一句句愛慕的話。他正值休假期間，或許是不願讓寶拉想起戰爭，他並未穿著軍服。他說，她不在他身旁時，他必定會更加思念她。草地上的男人要比女人少了許多，我沒見到身穿軍服的人，倘若不是寶拉的愛慕者下星期得回前線，我也許忘了此刻正值戰爭期間呢。

我對寶拉的最後記憶就是在紐華葛附近的草地，以及陽光下許許多多的人兒。回程的路上我並未見到寶拉。我依稀記得她似乎在草地上挽留她的朋友。我不知道她為什麼離開我們，也不知道她為什麼突然離去。真希望她臉上的笑容沒有消失，希望她的愛慕者能夠回來，因為我們乘著電車出門時，她的父親已經不在人世了。

母親的病。講師先生

那是一段物資缺乏的期間，麵包因為加了玉米和其他穀物，變得黃黃黑黑的。人們在日用品店前大排長龍，連我們這些小孩子也給派去排隊，方能多買一些。母親發現生活愈來愈艱辛，就在冬天將盡時，她終於累垮了。我不知道她當時患了何種疾病，但是她在療養院裡躺了好幾個星期。一開始並不准我前去探病，但是隨著她日漸好轉的病情，我得以帶著鮮花到療養院裡的伊莉莎白林蔭道上探望她。我在那兒第一次見到她的醫師，也是療養院的院長。一位蓄著黑色濃密鬍子的男人，他曾經撰寫過醫學書籍，並且是維也納大學的講師。他瞇著眼睛以甜蜜又友善的眼光注視著我說：「啊！你就是那位偉大的莎士比亞專家。莎士比亞也收集水晶呢。我聽說過好些關於你的事情，你母親老把你掛在嘴上。以你現在的年紀來說，成就已經相當大了。」

母親向他提起過我！他知道我們曾經共同閱讀的書籍，他讚美著我。母親從不曾誇讚我。我不信任他的鬍子，想避開他。我怕他會用鬍子碰我，即刻把我變成他的奴隸，必須替他傳達所有的話。他說話的聲調帶著些許的鼻音，像是魚肝油。他想把手放在我頭上，也許是想對母親說些誇獎我的話吧！但是我急忙蹲了下來，以便躲開他。他略顯吃驚地說道：「夫人，你的兒子真是驕傲啊！他只讓你摸他。」我對「摸」這個字眼留下了極為深刻的印象，這個字使我生出一股恨意對抗他，一股我從未有過的恨意。他不曾對我做過任何事，但是他奉承我，試圖贏取我的心。此後，他費盡心思，遍尋各種令我料想不到的禮物送我。一個還不滿十一歲的孩子，居然擁有足以與他匹敵的意志力，甚至比他還更強悍，那是他始料未及的。

他竭力追求母親，正如他對她說過的話（這是我日後才獲悉的），她喚起了他一生當中最深沈的愛戀。只要母親同意，他會和妻子離婚，他會收養三個孩子幫著她教育他們。三個孩子都可以上維也納大學讀書，但是長子必得成為醫生，如果他有興趣，日後還可以接手他的療養院。母親不再對我坦率直言，她知道如此一來會毀了我。我覺得她在療養院待太久了，他不願意放她走。每回探望她時我都說：「你已經恢復健康了，回家吧！我會照料你的。」她委婉地笑了。我說話的口氣像是個成年人，一個男人，像是一個知道應該如何對症下藥的醫師。最好是我能夠親手抱著她離開療養院。我說：「哪天夜裡我會來把你搶回家。」

她回道：「但是樓下上了鎖，你根本進不來。你應該等到醫生准許我回家。不需要太久。」

她回家後，一切都大為不同。講師先生並未自我們的生活中消失，他來探望她，來我們家喝茶。他每次都帶一件禮物給我，只要他一離開公寓我即刻把禮物丟掉，沒有一件不是在他離去時便被我扔掉的。當中有些是我渴望已久的書，還有些是我的水晶收藏中所遺漏掉的珍品。他深知該送些什麼樣的禮物給我，只要我開始提一本吸引我的書，不久他便會親手把它放置在兒童房裡的桌子上。我像書上沾了黴菌粉似地隨即丟棄它，還得找個適當的地方扔。此後再也不讀同名的書。

當時終其一生困擾著我的猜忌心出現了，它強烈侵襲著我，從此深受它的影響。它成為我獨特的癖好，除非以比我更為淵博的知識加以佐證，否則誰也無法影響我。

用餐時母親說：「講師先生今天要來喝下午茶。」通常我們只簡單用維也納式的說法「茶」來稱呼下午茶，但是對他則稱之為「下午茶」。他說服她相信她泡的茶是全維也納最好的，在英國時她就精通此道。她的儲備在戰爭期間已經消耗殆盡，家裡居然奇蹟似的還有足夠的茶葉。我問她，如果家中的茶葉都用光了怎麼辦，她說還有足夠的茶葉，可以用很久。

我問道：「還可以維持多久？多久？」

她說：「還足以維持個一兩年。」

她知道我心裡不愉快，但是她無法忍受遭人監督，因此反應有些過火。又或者是因為不想讓我繼續追問，所以粗暴地拒絕讓我看她儲存的茶葉。

講師先生一來就堅持要和我打招呼，吻過母親的手之後，隨即走進兒童房，我早已在裡面等著他。他老是奉承地問候我，並且打開禮物。我緊盯著禮物，直到生出足夠的恨意，然後狡猾地說聲：「謝謝」，其他不多談。隔壁房間的陽台上早就準備好下午茶等著他們享用。他也不想打擾我拆閱禮物，他堅信自己帶了合宜的禮物送我。他的每一根鬍子都閃閃發亮，他問道：「你希望我下次帶什麼給你？」我不動聲色，他自問自答說：「我會找出來的，我有自己的方法。」我知道他的意思，他會詢問母親，最讓我痛心的是她居然會告訴他。但是我現在有更重要的事情要思考，該是行動的時候了。幾乎是他一轉身關上門，我馬上倉促地把禮物丟到桌下，塞到再也看不見的地方，然後搬了張椅子到窗邊，跪在草蓆墊上，彎著身子，盡量把身體伸往窗外。

在我左邊不遠處，我見到講師先生坐在陽台上的椅子，獻盡各種殷勤。他背對著我，母親則坐在較遠處陽台的另一端，那兒恰是陽台的弧形彎處。我知道她坐在那兒，但是我看不見她，最多只看到他們之間的茶几。我憑藉著他的動作去猜想陽台上發生的事情。他懇切似地向前彎著身子，因為弧形陽台的緣故，他的身子稍稍向左轉了些，我因而見到他的鬍鬚，那是這世界上最令我深惡痛恨的東西。我還見到他把左手舉得高高的，狀似優雅地伸展著手指頭。他每喝一口茶我都知道，我一想到他此刻必定正讚美著茶，便感到一陣噁心。所有和母親相關的東西他都讚美不已。我很害怕，雖然她並不容易動心，但是我擔心她大病初癒後虛弱的身體狀況，會因為那些阿諛奉承的話而沖昏了頭。我把之前從書上讀過的、卻從未發生在自己生活之中的許多內容，全套用到他們身上。我對自己擔心的事情，總是使用如大人般的措詞。

我不清楚男人和女人之間會發生什麼樣的事情，但是我提防著不讓它發生。當他身子彎得實在遠了些，我就以為他想吻她，雖然那張桌子的位置正好在中間隔開了他們，所以實在不可能發生什麼事。他的話我真的不懂，只能自行臆測，我隱約聽見他說：「但是，敬愛的夫人！」聽來像是堅持和抗議著些什麼，有如母親對他做了什麼不公平的事情，這使我感到開心。最糟糕的是，好長一段時間，他沒說半句話，我知道她必定向他長篇敘述某些事情，應該是在談論我。我但願陽台在當時坍塌，讓他摔到人行道上跌個粉身碎骨。我根本沒有想到，也許是因為我並沒有看到她，母親也會隨著他一塊兒摔下去。只有我看得見的東西才會摔下去，只有他，他應該摔下去。我想像他躺在底下的模樣，如果警察前來問我，我會說：「是我把他推下去的。他親吻了我母親的手。」

他停留了約莫一個鐘頭喝下午茶，對我而言時間顯得無比漫長。我頑固地蹲在自己的椅子上，眼睛片刻也不曾離開過他。他一站起身來，我隨即跳下椅子，把椅子搬回桌子旁，拿出底下的禮物，把它擺回他原先打開它時所放置的地方，再開門到前廳去。他已站在那兒，吻著母親的手，並拿起手套、拐杖和帽子向我道別。他顯得若有所思，不若方才那般熱烈。無論如何他總算很幸運，雙腳尚且能夠行走。他離去後，我跑到窗前，目送著他走過一小段約瑟夫-加爾街直到盡頭，轉個彎到舒特區然後消失在我的眼中。

我們夜間的讀書會次數不若往常頻繁，因為母親仍需要調養。她不再演出其中的內容，只讓我大聲誦讀。為了引起她的興趣，我賣力地找出問題。當她回答得稍長些，或者像以往般詳加解釋，我便覺得重新獲得希望和幸福。但是她經常陷入沈思或者只是沈默不語，就像我根本不在場似的。我便說：「你根本沒在聽我說話」，嚇了她一跳，這時她才警覺到。我知道她正想著其他的書，一些她不曾對我提過的書。

她讀講師先生送她的書，並且再三叮嚀那些書不適合我。之前餐廳裡書櫃的鑰匙都插在門上面，我可以任意翻閱自己有興趣的書，現在鑰匙卻拔了起來。他送的書當中，她最常讀的是波特萊爾⑫的《惡之華》（*Les Fleurs du Mal*）。這是我生平頭一遭見到她讀詩。之前她並不喜歡詩，她輕視詩，戲劇一直都是她的最愛，我因此也耳濡目染受她的影響。現在她手頭上不再是《唐・卡洛思》（*Don Carlos*）或《華倫斯坦》（*Wallenstein*）了，當我向她提及這兩本書，她便皺起眉頭。莎士比亞還有些價值，甚至還不時解說，但並不像從前那種閱讀方式，只是找出某些特定的段落。當她遍尋不著時，便氣惱地搖著頭，或者開懷大笑，笑到

---

⑫Charles Baudelaire，1821~1867，法國詩人，作品受愛倫坡的影響，名聲建立在一八五七年出版的《惡之華》，是法國最優秀的現代主義詩人。

鼻翼直顫動著，但就是不告訴我笑些什麼。她從前便對小說感興趣，但是現今讀的小說，都是我未曾見過的。我看到當中有史尼滋勒的書，她不經意地透露過，他就住在維也納，並且是一位醫生，而講師先生還認識他，他的太太跟我們一樣都是西班牙猶太後裔。這令我感到完全絕望。

有一回我懷著忐忑不安的心情問她：「你希望我將來做什麼？」我彷彿早已知道她會說些駭人聽聞的答案。

她說：「最好是詩人同時也是醫生。」

「你是因為史尼滋勒才這麼說的嗎？」

「醫師做好事，醫師能真正幫助人。」

「像文史脫克醫師，不是嗎？」那是個頑劣的答案，我知道她無法忍受我們的家庭醫生，因為他老想把手搭到她手臂上。

「不，不是像文史脫克醫生。你會相信他是作家嗎？他不會思考，他只想著他的娛樂。一位好醫生多少對人性有些了解。唯有如此他才能成為一位作家，也不會寫些愚蠢的東西。」

「就像是講師先生嗎？」我知道這樣問，極可能導致非常嚴重的後果，他不是作家，我想藉此打擊他。

「並不一定要像講師先生那樣，但是要像史尼滋勒。」

「那為什麼不准我讀他的作品？」她沒有回答我的問題，卻說了些令我萬分激動的話語。

「你父親必定希望你能成為一位醫生。」

「他對你這麼說了嗎？他是這麼對你說的嗎？」

「是的，常常說，他經常對我這麼說。如果那樣他會很高興。」

她之前從來不曾提過，自從父親死後，她一次也不曾提過。我確知當我們在梅賽河畔散步時，父親曾經對我說過：「你喜歡當什麼，就當什麼。你不需要成為一個和我或叔叔、舅舅們一樣的商人，你應該上大學，發掘出你想成為一個什麼樣的人。」但是我保守著祕密，不曾對任何人說過，一次也沒對她說過。現在她頭一遭提這回事，只因為她喜歡史尼滋勒，而講師先生又拚命奉承她。這令我深感憤怒，我自椅子上跳了起來，氣憤地走到她面前，大喊：「我不要當醫生，我不要當作家。我要成為一位自然探險家。我要跑得遠遠的，沒有人找得到我。」

她以挖苦的口氣說道：「李文斯頓⑬也是位醫師，而史坦力找到了他。」

「但是你找不到我！你找不到我！」

這是我們之間的戰爭，情況隨著一週週更趨惡化。

---

⑬ David Livingstone，1813~1873，蘇格蘭傳教士，曾學習神學與醫學，是深入非洲的偉大探險家。一八七一年英裔美籍的探險家史坦力（H. M. Stanley, 1841~1904）在一趟「尋找李文斯頓」的旅程中，找著了身在坦干伊喀湖畔的李文斯頓醫生，但後者拒絕離開。

波頓湖畔的鬍子

這段期間只有我和她兩人共同生活，沒有弟弟們。母親生病期間，祖父帶著他們到瑞士去，由親戚接待他們，送他們至洛桑的男童寄宿學校。從某些方面可以察覺到他們並不在屋子裡，之前我們三人共有的兒童房，現在由我一人獨享。我可以隨心所欲策劃一切事情而不受干擾，在我與講師先生的對抗範圍內也沒有其他人來煩我。他只巴結我，只送禮物給我一人。他來訪時，我在椅子上觀察外面的情況，無庸擔心背後會發生什麼事情。

我可以自然流露出我的不安，任何時候都可以同母親說話，不需要顧慮到弟弟們，在他們面前多少仍須避諱太過激烈的爭執。他們不在家，所有的事情都更公開也更狂野。之前白天我們討論嚴肅話題的陽台，功能完全變了，我不再喜歡它。自從它和可恨的講師先生來家中喝下午茶扯上關連後，我期待著它崩塌。我趁著沒人看見時，躡手躡腳地跑上陽台測試石頭的強度，當然只測試他坐的那一邊。我滿心期望能找到裂縫，卻失望了。它動也不動，所有的一切是那麼堅固，如同原來的樣子。我在上面跳了大半天，感受不到一絲一毫的搖晃，連最輕微的晃動也沒有。

我的地位因為弟弟們的缺席更形鞏固，但長期和弟弟們分開生活是不堪設想的，我們經常評估是否遷居到瑞士，我竭力促使這計畫加速進行，因此盡可能讓她在維也納的日子過得難受。我堅決而殘酷地進行奮戰，時至今日仍在記憶中折磨著我。我不能確定我會獲勝。陌生書籍闖入母親的生活，較之講師先生本人更令我害怕。我鄙視他，因為我認識他。他那些油腔滑調的奉承話令我作嘔。但是他背後矗立著一位詩人的形象，我連一行他的詩都不准讀，也根本不認識他。我從來不曾如此懼怕任何一位詩人，像害怕當時的史尼滋勒。

在那段期間，要獲准離開奧地利去旅行並不是一件容易的事。也許母親把其中的困難度想得過於誇大了。她的身體一直未能恢復，仍需後續的治療。四年前她曾在萊茵哈爾迅速復原，因此對它的印象非常好。她考慮帶著我一同前往萊因哈爾，在那裡度過幾星期的時間。她認為從慕尼黑申請到瑞士的旅行簽證或許較為容易。講師先生樂意前往慕尼黑幫助她辦那些手續。他和學術圈的關係以及他的黑鬍子，必定能使那些官員印象深刻。我對此計畫深感高興，當我獲悉他的認真時，突然便在各方面都支持母親。她遭受我不妥協的敵視，處處與她作對，令她寸步難行，終於感到如釋重負。我們計畫著如何度過在萊因哈爾的那幾週單獨相處的時光。我暗自期待能夠重新開始我們的戲劇討論。因為她的精神渙散和那虛弱的身體，夜裡的討論會逐漸稀少，我希望利用克利歐蘭喚醒她，我期待著奇蹟。但是我太驕傲了，不肯告訴她，自己是多麼期望重新開始我們夜裡的討論會。無論如何，我們在萊因哈爾會常去旅遊和散步。

我記不得在維也納的最後幾天了，我不知道我們是如何離開熟悉的房子和令人不愉快的陽台。我對旅途的過程亦不復記憶，只記得我們在萊因哈爾的事情。我們每天散步一小段路到挪恩，那兒有座小小的教堂墓園，相當寧靜，四年前她即深受此地所吸引。我們在墓碑中來回穿梭，讀著死者的名字，很快就識得他們了，卻依然不斷地重複唸著。她說死後想埋身於此，彼時她三十一歲，但是我對她渴望埋身於此的願望並不感到訝異。我們兩人獨處時，無論是她所想的、所說的，或是所做的所有事情，對我而言都顯得再自然不過了。她在這些時刻裡對我說過的話，是塑造我的原因。

我們也到比較遠的地方郊遊，到貝瑞茲葛頓和科尼斯湖。去這兩處是因為其盛名，不像挪恩那般基於親密和私人的關係。那裡是她的地方，也許正因為這樣才令我記憶深刻。她彷彿抽離了所有的情緒和想法，放棄了對三個兒子非凡成就的期許，提早了五十年告老退休似的。我以為定期散步到挪恩，對她才是真正的後續治療。當她站在教堂的小墓園裡再次表露其願望時，我感覺她已經好多了。她看起來忽然很健康，臉帶血色，呼吸深沈，鼻翼顫動著，說起話來——即便是扮演一個不熟悉的角色——也像再度回復到劇場似的。

我不再懷念，也不再期待重新開始我們夜裡的讀書討論會。每天夜裡約莫同樣的時分，我們固定散步到挪恩。來回的路途上，她又像尚未生病之前一樣，與我談論些嚴肅又充實的話題。當她毫無保留似地對我說話，我的心情往往十分愉快。她不會考慮到我只有十一歲。那時有某種東西在她身上充實膨脹，且毫無保留地向四周圍擴散，只有我是目擊的人，只有我活動於其中。

即將抵達慕尼黑時，我又開始擔憂了。但是我沒有問她會在那裡停留多久。為了消除我的恐懼，她自己告訴我說不會在慕尼黑停留太久。又說講師先生會來的，在他的協助之下，也許不消一星期的時間便可以完成所有的事情。如果少了他，是否能獲得旅遊簽證的許可還很難說。我相信她，因為我們當時仍是單獨兩人。

才一抵達慕尼黑，厄運隨即再度降臨到我身上。他搶在我們之「前」便到慕尼黑，正在月台上等著我們。我們二人抱持著相同的想法向窗外望去，結果我先發現月台上的黑鬍子。他鄭重其事地問候了我們，又說即刻帶我們去「德意志皇帝」飯店，且早就按照母親的心意，為我們訂了一間房。他已先行知會了一些好友，他們都義不容辭地為我們寫了推薦信，除此之外還十分樂意在其他方面協助我們。到達飯店後真相大白，原來他也住那兒。他說這樣比較方便，我們得四處奔波，如此才不至於浪費時間，對我們而言時間才是最重要的。又說可惜六天後他就得回維也納了，療養院不允許他離開太久。我即刻看穿他，他想藉著「只有六天」來削弱同住一間飯店的影響，這個消息對我形同迎面痛擊，卻絕對無法癱瘓我。

沒有人告訴我他住在哪一間房，我猜想必定就在同一層樓。我擔心他離我們的房間太近，所以想知道他的房間在哪裡。於是趁著他拿鎖匙時在一旁窺探，他並未說出房間的號碼。門房似乎看穿了我的意圖，把鎖匙直接遞到他的手中。趁著他尚未發現，我便先行溜走了。我趕在他前面乘電梯，到達我們投宿的那一層樓。把自己貼著牆邊站，直到他也跟上來了。很快地電梯門開了，他手上拿著鎖匙出了電梯，從我身旁走過，沒有注意到我的存在。我把自己縮得很小，他自己的鬍子擋住了他的視線而沒能看見我。我躡手躡腳跟在他身後，那是一間有著長廊的大飯店，隨著他離我們的房間愈來愈遠，不禁鬆了一口氣。沒有人迎面走來，只有我和他兩人，我急忙走上前，維持著一段不是太遠的距離。他轉了個彎，終於站在他的房門前，就在他把鎖匙插入鎖孔之前，我聽見他嘆了一口氣。他的嘆息聲極大，著實令我大吃一驚。我不曾料想到這樣的人居然會嘆氣。我聽慣了母親嘆氣，並且知道她嘆息的原由。近來是為了她衰弱的身體而嘆氣，當她嘆息時，我總是盡力安慰她，向她保證不久她的身體就會復原。他是醫生、諂媚者、療養院的所有人、一位三大冊壯觀的醫學著作者。打從幾個月之前，那三冊書就擺在我們維也納的圖書室中，卻不許我讀它。此刻他站在那兒嘆息，卑微地嘆著氣。他打開門走進房間裡，拉上房門，把鎖匙留在門上。我把耳朵貼在鎖匙孔上偷聽，我聽見了他的聲音，他是獨自一人。我把母親丟在房間裡，她應該在休息或小睡片刻。他說得很大聲，但是我聽不懂。我害怕他叫起母親的名字，緊張兮兮地聽著。在我面前，他稱呼她為「我親愛的夫人」抑或是「敬愛的夫人」。然而我不相信他用的是這些稱呼，我堅信他正以不被允許的稱謂叫著她的名字。我看見自己突然破門而入，跳到他面前嚴厲地斥責他說：「你竟敢放肆！」我扯下他的眼鏡，把它踩得粉碎，並且說：「你是個江湖郎中，你不是醫生，我已經揭穿了你的面具。即刻離開這間飯店，或者要我把你交給警察？」

他避開我這樣做的危險，沒有任何名字由他口中道出。我終於聽懂他說的是法文，聽起來像詩，並隨即發覺那正是他送給母親的波特萊爾詩集。原來他獨自一人時，與在她跟前沒什麼兩樣，是個卑微的諂媚者，難以捉摸地像一隻水母，令我噁心地直打哆嗦。

我一路飛快奔回房間，發覺母親仍然安睡，我坐在沙發上守護著她。我對她臉上的表情非常熟悉，連她做夢我都很清楚。

也許我知道了所有相關人士的房間所在，對這六天而言是好的。當我知道他們彼此分開，便感到平靜多了。只要他在房裡，我便能掌控住他。他也許正練習著朗誦詩，那些和母親在一起時談的詩。我難以計數自己站在他房門口的次數，他並未察覺我的神祕活動。我知道他何時離開飯店，也知道他何時回到飯店，任何時候我都可以說出他是否在房裡。我能確定母親一次也不曾踏入他的房間。有一回，當他短暫地離開房間時，房門開著，我連忙跑進去，迅速環顧了一下四周，看看是否有母親的相片。但是裡頭並沒有這類相片，我又急急忙忙地離開。我頑皮地對母親說：「當我們離開時，你應該送一張我們兩人的照片給講師先生。」她略顯震驚地說：「是呀！我們兩個人的照片。他幫了我們許多忙，是該送他張照片。」

在所有的辦事處他都竭盡所能地幫忙。因為戰爭的緣故，辦事處多數由女性代理職務。他陪在母親身旁解釋她近來健康欠佳的病況。他的確是她的醫生，因此她在四處都能受到體諒及禮遇的對待。我總是跟著一塊兒去，於是得以就近公然地觀察他，只見他緩緩拿出名片，漫不經心地遞給那些熱情的女辦事員，然後說道：「請容許我自我介紹。」緊接著就是那些名片上記載的，他是療養院院長，還有和維也納大學的關係等等……。最令我驚訝的是，他居然沒有加上他最重要的一句話：「讓我親吻你的手，敬愛的夫人！」

我們一起在飯店吃午餐，我表現出客套的樣子，向他詢問相關的課程，他被我貪得無厭的問題給嚇著了，真以為我想成為以他為榜樣的人。他立即趁此機會奉承母親，他說：「你說得絲毫不誇張，親愛的夫人，你兒子強烈的求知慾，果真令人驚訝。我歡迎他，這個維也納醫學系的明日之燈。」我從未想過仿效他，只想揭穿他，因此小心留意他答案中的矛盾處。當他詳盡的提供各種稍嫌浮誇的答覆時，我腦子裡只有一個念頭：「他根本不做真正的研究，他是一個差勁的學者。」

晚上是他的時間，他輕而易舉地獲勝了。正如他對我祕密反抗他的行動一無所知，同樣地他也不知道他居然贏了我。母親每天晚上都和他一起去劇院，她極渴慕劇場。她不再僅僅滿足於我們之前共同的戲劇討論，那些對她而言是死的，她需要些全新及真實的戲劇。他們一起外出時，我單獨一人留在飯店。但是我看著她為了晚上而盛裝打扮，毫不避諱地流露出雀躍的心情，神采奕奕而且坦率談論著相關的事情。早在兩個鐘頭前，她整個思緒全被晚上的戲劇盤據了。我既讚嘆又驚訝地注視著她：她所有的病痛消失殆盡，眼前的她變得一如往昔般強而有力，既聰明又美麗。她對戲劇藝術的聲名有了新的闡釋，對那些未曾登上舞台演出的劇本流露出鄙夷的態度，認為僅供閱讀的那些劇本是沒有生命的，是蹩腳的附件。我為了試探她，也為了強調我的不幸，於是便問道：「難道朗讀也一樣嗎？」她毫不猶豫且未加思索地說：「朗讀也一樣。就算我們朗讀又能如何呢？你根本不知道什麼是真正的演員。」緊接著她開始發表長篇大論，提到那些曾經當過演員的偉大劇作家。從莎士比亞和莫里哀開始一個一個算起，誇張而堅持其他人根本稱不是上劇作家，應該稱其為殘障的劇作家。就這樣持續高談闊論，直到我發現她已穿上美麗的衣服，撒上香水離開房間。最後母親又下了一道殘忍的指示：我應該即刻上床，以免在陌生的飯店中感到寂寞。

我陷入絕望當中，我們之間親密的關係就這樣被他中斷了。隨之而施的一些小伎倆，雖然給了我些許的安全感，卻沒有多大幫助。我先是穿過長長的走道，跑到講師先生位於飯店另一頭的房間，我多次禮貌性地敲著他的門，又試著推門，直到證明他並未躲在房裡，才回到自己的房間。每隔半個鐘頭我會再重新檢驗一次。這段期間我的腦袋是空的。我很清楚他和母親在劇院裡，卻無法充分證實什麼。這更加深了我因為她的背棄而產生的痛苦。維也納人偶爾也上劇院，但是與這樣每晚連續不斷的慶祝活動，是完全無法相比擬的。

我多方打聽到落幕的時間，並且維持衣著的整齊，直到它結束的時刻。我試著想像他們觀賞的戲，卻只是白費力氣。她從不轉述她觀賞的任何一齣戲，她聲稱這些東西毫無意義，僅是一些喧譁的現代劇，那是我所不能理解的。就在她回房之前，我隨即更衣上床。我背著身子面對牆壁，假裝睡著了。我讓床頭桌上的燈亮著，桌上還放著留給她的水蜜桃。不久她便回到房裡，我感受到她的激動，聞到她身上的香水。兩張床的位置並不是緊緊靠著，而是分別倚著牆擺設，因此她活動時與我隔著一段距離。她在床上坐了一會兒，但是時間不長。接著又在房間裡來回踱步，發出不小的聲響。我看不見她，因為我面向牆壁躺著，但是我聽見她所踩出的每個腳步聲。我以為這樣的戲劇夜永無止盡，講師先生什麼樣的謊言都捏造得出來。

但是我錯了，六天過去，為旅行所做的一切全都妥當。他陪著我們前往林道乘船。我感受到分別的莊嚴氣息，在碼頭上他吻母親的手，時間比往常稍微久了些，但沒有人哭。我們接著上船，站在船舷的欄杆邊，纜繩鬆開了。講師先生佇立在那兒，手中握著帽子，嘴唇不斷蠕動。船慢慢駛離開，我依舊看到他的嘴唇不停動著。我直覺到他正說著：「讓我親吻你的手，敬愛的夫人。」這令我十分憎恨。講師先生的身影逐漸渺小，他的帽子上上下下擺動起優雅的弧度，黝黑的鬍子卻依舊而未曾縮小。帽子現在處於和他的頭等高的位置，但是和他隔著一段距離，在空中擺動著。我覺得只看到帽子，看到鬍子，還有我們之間相隔著愈來愈多的湖水。我動也不動雙眼直盯著前方，直到鬍子愈變愈小，唯有我才能辨認出來。霎時間他消失了，講師先生、帽子和鬍子都不見蹤影。我看到了之前並未發現的林道的那些塔。我轉身向著母親，害怕她哭，但是她並沒有流淚。我們把對方擁入懷中，她用手撫平我的頭髮，通常她並不會有此舉動。然後她說道：「現在一切都很美好！現在一切都很美好！」她不斷輕柔地說著，以一種我不曾聽過的語氣，直到我開始啜泣，我原先並不想哭。因為我們生活中的詛咒，黑鬍子已然消失得無影無蹤。我突然掙脫開她的懷抱，開始繞著船跳舞，跑向她又再次掙脫開來。我多麼想歡頌一曲勝利之歌，但是我只會唱軍歌和凱旋的歌曲，那是我所不喜歡的。

在這樣的情緒中我踏上了瑞士的土地。

第四部

蘇黎世—舒伊赫策街

1916—1919

發誓

我們搬到舒伊赫策街六十八號二樓的兩個房間。屋主是一位靠著出租房間維生的老小姐。她有張瘦削的大臉，名叫海倫娜・佛格勒。她老喜歡提自己的姓氏，即使我們早已熟識了，她仍經常告訴我們這些小孩她姓什麼。並且老是補上一句，她出身於良好的家庭。她的父親曾經是指揮家，她有好幾位兄弟，有一位非常窮困，連吃飯都成問題，經常到她家來打掃屋子。他的年紀比她大，一位瘦弱安靜的人，我們對他居然幫她做家事深感訝異。我們見他跪在地板上，或是站著使用磨光機，那是一種重要的機械，我們是第一次見識到這種器具。鑲木地板閃閃發亮，我們可以把地板當鏡子照。佛格勒小姐對光可鑑人的地板和她的姓氏同樣引以為傲。她經常對著貧困的哥哥發號施令，有些時候他甚至得中斷某些他才剛開始做的工作，因為她又想起了某些重要的東西。她老盤算著還有些什麼必要的事情，擔心自己忘了。她命令他做什麼，他都毫無異議地照著做。我們接收母親的想法，認為讓一個男人，尤其是上了年紀的男人做家事，實在有失尊嚴。母親搖頭說道：「見到這樣的情景，我還寧可自己做。這個老人呀！」有一回母親在言辭中影射了這件事情，惹得佛格勒小姐勃然大怒。她說：「他活該！他把生命中所有的事情都弄得一團糟。如今更讓自己的妹妹為此而蒙羞。」他並未獲得金錢上的酬勞，但是工作完畢後，他可以飽餐一頓。他每週出現一次，佛格勒小姐宣稱：「他一週才吃上一頓。」她自己的生活過得並不輕鬆，因而必須出租房間。這的確是事實，她的日子確實過得不容易，但是她有一個兄弟令自己頗為自豪，他同他們的父親一樣是位指揮家。他來蘇黎世時便投宿於利馬奎旁的皇冠旅社，他前來探望時，會令佛格勒小姐覺得無上光榮。他通常隔上好長一段時間才來一次，但是她自報紙上讀到他的名字，得知他過得很好。有一次我放學回家，她紅著一張臉向我介紹：「我的兄弟來了，那位指揮家。」他生得肥肥胖胖的，正安靜地坐在廚房的桌子旁；他的兄弟十分乾瘦，他則一副營養充裕的樣子。她特地為他煮了肝和一些炸食，他也是獨自一人用餐，佛格勒小姐則在一旁伺候著。當貧困的兄弟想說些什麼時，總像是自言自語嘟嘟噥噥，但是肥胖的兄弟則語帶堅定，大聲地把話說出來。他很清楚自己的造訪使姊姊感到光榮。他停留的時間並不長，隨即起身，以幾近無法察覺的動作向我們這些小孩點頭，簡短地和姊姊寒暄幾句，便告辭了。

她是位個性溫馴的人，即使抱怨時也一樣。一雙敏銳的眼睛鎮日守護著她的家具。每天總要以哀號的聲調對我們說上好幾次：「不要刮壞我的椅子啊！」她極少外出，她外出時，我們便如合唱一般重複學著她哀號似的叫聲。但是我們仍小心留意著她的椅子，因為她一進門隨即會檢查椅子上是否有新的刮痕。

她偏愛藝術家，不時會滿意的提起之前住在我們現在房間的房客：一位名叫阿格・邁東（Aage Madelung）的丹麥作家和他的妻小。她稱呼他名字的語氣，正如她強調自己的姓氏。他在臨著舒伊赫策街上的陽台上寫作，自陽台上觀察著街上過往的人。他先是注意著每一個人，之後再向她詢問。一星期之後他對那些人知道的比長年居住於此的她更清楚。他送了一本親筆題辭，名為《馬戲團員》（*Zirkus Mensch*）的小說給她。可惜她讀不懂。真可惜啊！她未能在年輕時識得阿格．邁東先生，當時她的腦袋可要比現今好多了。

我們在佛格勒小姐那兒住了兩三個月之久，直到母親找到一間大點兒的房子。阿爾蒂提外祖母和她的女兒葉妮提娜——也就是母親的姊姊，住在距離我們幾分鐘之遠的歐提克爾街。每天夜裡我們這些小孩子上床後，她們便來訪。有天夜裡，我自床上見到客廳裡透著些許微弱的燈光，聽見她們三人彼此用西班牙文交談。言談間似乎正激烈爭執著，母親的聲調聽來有些惱怒。我起身溜到門邊透過鎖匙孔往客廳看，果真是外祖母和葉妮提娜阿姨正坐在那裡說話。特別是阿姨看似急著說服母親某事，她彷彿向母親提議一件對她較好的事情，但母親顯得毫無意願，她不想瞭解這樁所謂對她比較好的事。我不知道她們談些什麼內容，但是心中的不安告訴我，這可能正是我最害怕的。自從抵達瑞士後，我的思緒便被引開了。當母親暴躁地用西班牙文高喊「但是我不想嫁他」時，我就知道自己的恐懼是真實的。我推開門，穿著一身睡衣站在三個女人之間，憤怒地對著外祖母喊道：「我不要！」我奔向母親緊緊地抱住她。母親輕聲說：「你弄痛我了。」但是我卻不肯鬆開她。我識得的外祖母向來溫和而體弱，未曾聽她說過任何令我印象深刻的話，但這次她生氣地說：「你為什麼不睡覺？在門邊偷聽談話，你不覺得丟臉嗎？」

「不，我不覺得丟臉。你們想說服母親，我不睡覺！我知道你們想做什麼，我再也不睡了。」

方才頑固說服著母親的阿姨，這個罪魁禍首，沈默地直盯著我看。母親柔聲說：「你來保護我，你是我的騎士。希望她們現在明白了。」她轉身向她們兩位說：「他不要，我也不要。」

我站在原地不動，直到兩位敵人起身離去，我仍久久無法平復。我威脅母親說：「如果她們再來，我就不睡覺。我整晚醒著，你才不會放她們進來，你如果結婚，我就從陽台往下跳。」這是個可怕的、也是個認真的威脅。我知道，我絕對相信自己會這麼做。

那天夜裡母親一直未能使我鎮靜下來，我不肯回自己的床上，兩個人都徹夜未眠。她試圖說些故事來轉移我的注意力。阿姨的婚姻極其不幸，很早便與先生分開了。她的先生罹患重病，導致精神失常。當我們還住在維也納時，他偶爾會由一位精神病院的守衛陪同著，前來約瑟夫-加爾街探望我們。

他遞給母親一大袋的糖果說道：「這是給孩子們的糖果。」他想對我們說話時，眼光總是投向其他地方，張大眼睛直盯著門的方向。他的聲音有些失控，聽起來宛如驢子的嘶叫聲。他只待了一會兒，守衛挽著他的手，拉他走出前廳，接著離開公寓。

母親說：「她不要我像她那樣不幸。她認為再婚比較好。她不懂得更好的。」

我回答：「這就是她想要的。她要你結婚，然後過得和她一樣不幸。她自己離開了先生，而你卻應當『結婚』。」

最後一個詞如同匕首刺痛了我，而我把它深深刺入自己。母親突發奇想對我講述這樁事情，是不幸的。她試了又試，依舊找不出可以使我平靜下來的方法。最後她只得發誓，絕不允許外婆和阿姨再向她提起結婚的事，如果她們兩人不肯停止，她就不會再見她們。她不只一次地發誓，不斷重複自己的話，直到她藉由對父親的思念發誓，我總算才鬆了一口氣，開始相信她。

一整間房的禮物

上學成了一樁令人傷透腦筋的事。這裡和維也納大不相同，學年並不是始於秋季而是春季。這裡的小學共有六學年，我在維也納上了四年的國民小學，隨即進入實科中學，並且在中學裡上了一年的課。在這裡，我應該上中學二年級了，但是我們嘗試了各種方法，卻不得其門而入。這裡的人嚴格執行年齡的規定。我和母親為了能直接進入中學，試了許多地方，得到的答案卻都一樣。一想到只因為搬到瑞士，竟得白白浪費一年的時光，母親感到很不甘心。我們四處嘗試，有一回甚至還跑到伯恩，得到的答案卻大同小異。他們非常粗魯，連「敬愛的夫人」這種維也納式的客套稱謂也沒有。當我們再度離開一位校長時，母親祈求道：「你不測試他嗎？以他的年紀，他是很優秀的。」顯然他們並不樂意聽到這類的話，所以只是這樣的回答：「我們沒有例外。」

她只得吞下自己的傲氣，困難地做出決定：把我送到位於歐柏街上的小學念六年級，六個月之後他們再決定我是否得以進入州立中學就讀。我發現自己再度置身於國民小學的大班級中，好像自己被留級似的回到維也納時期泰葛先生的班上，只不過這裡的老師是巴赫曼先生。因為我在維也納已經晉級兩年，這兒也就沒有什麼可學的。但是我在此經歷到某些更重要的事情，日後我才明白他們的用意。

老師用瑞士德語稱呼同學們的名字，當中有一位的名字聽得我一頭霧水，我總期待再次聽見他的名字。賽格利希（Sägerich），ä 音拉得很長，聽來好像是公鵝（Gänserich）或是公鴨（Enterich）的字型結構，但是鋸子（Säge）的詞性不可能是陽性的呀！我對這個字一直無法釋懷。巴赫曼先生對此名字頗有好感，經常叫這個男孩子的名字，這個引人注目的男孩子既不愚笨也不聰明，但是巴赫曼先生叫他的次數遠勝過其他人。這幾乎成了我在課堂上唯一留意的事情，我的計數癖在這段期間又再度升高了，我計算著賽格利希被叫到的次數。巴赫曼先生經常為班上那些遲鈍和難以駕馭的學生所惹惱，當他一連問了五、六位男孩子卻都得不到答案時，他滿心期待地轉向賽格利希。多數時候他也答不上來，但是他身形寬廣強壯，臉上帶著鼓舞的笑意，頂著凌亂的頭髮站在那裡，臉上的膚色漲到通紅，簡直和喜歡喝酒的巴赫曼老師一個模樣。倘若賽格利希真的答出來，巴赫曼老師便鬆了一口氣，彷如喝了口好酒似的，慢條斯理地繼續他的課程。

過了好一段時間我才知道，那個男孩子叫做賽格萊希（Segenreich），意即強力賜福。我在維也納所習得的祈禱文，每每一開頭便是「賜福於你，先生」，雖然我並不認為其具有多大的意義。但是一個男孩子，他的名字當中居然出現「賜福」，而且還是「強力賜福」，總是令人驚訝。巴赫曼先生在學校和在家裡一樣過得很艱辛，於是把一切寄望於此，每每求助於呼喊他的名字。

同學之間只使用蘇黎世德語交談，小學裡的最高年級上課時，使用的是標準德語，但是巴赫曼先生並不僅僅只是點名時使用方言，他的方言和其他學生一樣流利，所以我也很自然地漸漸學會了方言。雖然我覺得方言很奇怪，但不會因此而抗拒它，或許是因為在班上大家都不曾談論到戰爭這個議題吧！在維也納時，我之所以成天和最要好的朋友——馬克斯・席柏一塊兒玩錫兵的遊戲，是因為我喜歡他，特別是我可以每天下午見到他美麗的母親。因為席柏母親的緣故，我天天玩錫兵的戰爭。我甚至可以為了她上戰場。學校裡的一切全被戰爭遮蔽了，我學會抵禦同學間那些不加思索和粗糙的言論，但是天天和他們一起唱著〈皇帝頌〉和軍歌，卻讓我心生反感，我只喜歡唱其中兩首悲傷的歌曲。在蘇黎世，那些和戰爭相關的辭彙尚未侵入同學們的語言中。課堂上沒有什麼新奇的東西，因而令我百般無聊。但是我很喜歡瑞士男孩們簡潔有力的句子，我自己很少同他們交談，但是我渴望聽見他們的談話；當我能夠說得和他們一樣而不至於顯得太陌生時，偶爾我也會突然插入一句。回到家裡我隨即放棄那些句型，母親十分留意我們語言的純正性，她只接受文學性的語言，擔心我純正的德文因此而變質。當我熱切為自己所喜歡的方言辯護時，她生氣地說：「我帶你來瑞士並不是要你荒廢之前所教的戲劇。難道你願意像佛格勒小姐那樣說話嗎？」這真是尖酸刻薄，因為我們都認為佛格勒小姐很奇怪。我也察覺到這其實並不公正，因為學校裡的同學們說起話來，並不像佛格勒小姐。我暗地裡背著母親練習蘇黎世德文，不讓她知道我的進展。那是我第一次語言上能獨立自主，當時我在思想上仍受母親的影響，但是在這唯一的事情上，我開始感到自己像個男人。

我對自己的新語言仍不太有把握，覺得自己尚不足以結交瑞士男孩。我識得一個和我同樣來自維也納的男孩，而且她的母親是維也納人。盧迪邀請我參加她母親的生日宴會，置身於一群喧譁的人群中，猶有甚於聽瑞士德語，相形之下更令我感到陌生。盧迪的母親是一位金髮女郎，母子兩人相依為命。但是出席生日宴會的男人涵蓋了各個年齡層，他們全逢迎附會著她，舉杯祝賀她，以溫柔的眼神望著她，活像是盧迪有許多父親似的。但是當我初臨乍到時，他母親帶著些許醉意，向我哀訴盧迪同樣也沒有父親。她一會兒對著這個人，待會兒又轉向另一個人，周旋於眾多賓客間，像是朵風中之花，四面搖曳著。她時而哭泣時而笑著，才見到她掉眼淚，轉眼間她已拭去淚水，又重新笑開了。喧鬧聲中人們向她致意，摻雜著我不能理解的奇怪對話，談話被響亮的笑聲給中斷令我感到不知所措。這時，盧迪的母親——在我看來毫無道理——看著盧迪悲傷地說：「可憐的孩子，他沒有父親。」賓客中沒有女人，我不曾見過這麼多男人陪在一個女人旁邊，而且全都感激她，向她致敬。顯然她並不因此感到快樂，因為她哭的次數比笑的時候來得更多。她說話帶著維也納口音，那些男人（就我所知）全是瑞士人，但是沒有人說瑞士德語，所有的談話全是以標準德語進行。賓客中不時有人起身走向她，舉杯致敬同時說著感性十足的話，再獻上一吻來祝賀她生日快樂。盧迪帶我到另一個房間去看她母親收到的禮物，一整間房全堆滿了禮物。照理說我是不可以看的，因為我並未帶來禮物。當我們再度回到賓客中，她把我叫過去問道：「你喜歡我的那些禮物嗎？」我結結巴巴地向她致歉，自己未能帶禮物給她。但是她笑著，把我拉過去親吻著我說道：「你是個可愛的孩子。你不需要送禮物，等你長大成人，來看我時再帶禮物給我。到那時候沒有人會來看我了。」說著說著，她又開始哭了。

回到家中，我向母親談起生日宴會那天的情景。母親顯得異常嚴肅，並不因為她是個維也納人，而且賓客全說著「好」德文而軟化了自己的態度。她神情嚴厲，並且以「我的兒子」這種重要稱呼對我說：那全是些「愚蠢」的人，不值得我尊敬。我再也不許踏入那間屋子，她對盧迪有這樣一位母親深感遺憾。並不是每一個女人都有能力獨自撫養孩子。對一個時而哭泣，時而笑著的女人，我能作何想法呢？

我說：「也許她病了。」

她隨即憤怒地回答說：「為什麼她病了？」

「她或許瘋了。」

「那些禮物呢？那一整間屋子的禮物呢？」

我當時不懂母親意味著什麼，但是我對那一整間房的禮物也感到不可思議，根本無法在一間滿是禮物的房間裡走動，倘若不是盧迪的母親曾親切地助我脫離窘境，我根本不會試圖為她辯護。「她並不是生病了。她沒有人格！就是這樣。」母親的結論帶著批判。人格是最重要的東西，其他的一切只是附帶的。「你不可以讓盧迪發現。他是個可憐的孩子，沒有父親，母親又沒有人格。他將會變成什麼樣呢？」

我提議可以偶爾帶他回家，讓母親照料他。她說：「這是不管用的。他只會嘲笑我們這種簡樸的生活。」

我們當時已有了一間自己的公寓，的確是很簡樸。在蘇黎世的那段期間，母親不斷諄諄教誨我：我們必須極盡簡單地過日子，生活才能支撐下去。這或許是她的教育原則吧！因為就我今日所知，她當時並不窮困。相反地，她的錢全部都安然存放在她哥哥那兒，而舅舅在曼徹斯特的事業一如既往般興盛，較之從前愈形富有。他視母親為他的被保護人，絕對不至於讓母親吃虧。但是因為戰時的維也納不可能與英國直接聯繫，我們曾有段艱苦的時期。這使她留下了極為深刻的印象。她想給予我們三個人良好的教育，這亦屬於其中的一項，她不讓我們習於太過富裕，因而過著手頭很緊的日子，三餐只有簡單的食物。基於上次不安的經驗，她不再雇用女僕，親手打理家務，偶爾她也會抱怨是我們讓她受害，因為她是在完全不同的環境下成長的。當我憶及當時在維也納的日子，真有如天壤之別。我只能相信這樣的限制是必要的。

但是我也比較喜歡這種清教徒式的生活方式，這正符合了我對瑞士人所想像的生活。在維也納，所有的一切都以皇室為中心，然後延伸到日漸衰微的貴族，最後就是那些龐大的家族。在瑞士，既沒有皇帝也沒有皇室貴族。我想像著這一切，我也不知道是什麼緣故致使自己作此想法：即便是財富也不特別受到鍾愛。但是我十分確定自己歡迎每個人，所有的人都包括在內。我熱切接納了這樣的觀點，因此只能盡量過著簡樸的生活。當時我並不曾告訴自己，這樣的生活將會帶來什麼樣的好處。實際的情況上就是：我們完全擁有母親，和她共同捍衛我們的新家，沒有任何人阻絕在我們之間，她從不曾離開過我們的視線。那是一段美好、緊密又溫暖的親密共同生活。所有人文精神性的東西全占了上風，書籍和人文性的談話成了我們存在的中心。當母親上劇院或聽演講，或當她去聽音樂會時，我都有強烈的參與感，就好像我也在場。有些時候（雖然不是經常），她也會帶著我一塊兒去，多數時候總令我感到失望，因為由「她」親身經歷後再行轉述，往往更加來得有趣。

間諜活動

我們就生活在舒伊赫策街七十三號三樓的一間公寓裡，記憶中我們的活動僅限於三間房當中，但必定還有一間狹小的房間，這第四間曾短暫充作傭人房之用。

然而雇用女傭並不容易，母親無法適應沒有女傭的生活，這裡沒有像維也納那樣的女傭。這裡的女傭暱稱為「家中的女兒」，並且和我們同桌吃飯。這是聘請她們訂約時的第一個條件。母親高傲的作風，對此簡直難以忍受。正如她所聲稱的，在維也納時她向來對待女傭很好，她們有自己的小房間，我們從來不進去，並且她獨自在廚房用餐。「敬愛的夫人」這樣的稱謂也是理所當然的，然而蘇黎世這裡並不使用這樣的稱謂。母親之所以如此喜愛瑞士，是因為這個國家的自由信念。但是她卻無法忍受這類民主化的習慣侵入和她最切身的家務事。用餐時，她盡量使用英語交談。她向海蒂解釋說，兩個年幼的弟弟幾乎忘了英語，有必要幫他們複習，如此一來至少用餐時刻可以温習英語。這雖然也是實情，但也是一個藉口。目的是不讓海蒂偷聽我們的談話。海蒂聽了解釋後未發一語地沈默著，看來也不像受到侮辱。她保持了約莫兩天的靜默，一天中午海蒂一臉無辜地糾正了小弟格奧爾格的英文句子，那是一個連母親都未能注意到的小錯誤。母親幾近憤怒地問道：「你怎麼會知道？你會說英語嗎？」海蒂曾經在學校學過英語，我們所說的話她都聽得懂。稍後母親對我說：「她是個間諜！她刻意混入我們家。怎麼可能有會說英文的女傭！之前她為什麼不告訴我們？她竊聽我們的談話。這個卑鄙的人！我決不讓我的孩子們和間諜坐在一起。」接著她又回想起，海蒂來我們家時並不是單獨一人。她和一位自稱是她父親的男人一起出現，那個人以審視的眼光勘查我們的房子，並且細細詢問所有的工作情況。母親說：「我當時隨即想到，他不可能是她的父親，他一眼看來就是個出自好家庭的人。當他詢問我的時候簡直就像是我在求職。換成是我，不可能這麼嚴苛的提問。他決不像一個女傭的父親。他們在我們家裡安插了一個間諜。」

雖然我們實在沒什麼好偵查的，但是這並未造成她的困擾，無論如何她必定得從我們身上找到足以證明間諜行動的事情，她審慎地籌備因應的對策。她說：「我們不能即刻辭退她，這樣會引起注意。我們必需再忍耐個十四天，但是要小心，千萬不可以提到任何反對瑞士的話，否則她就會舉證我們。」母親忘了，我們當中根本沒有人曾經說過任何反對瑞士的話。相反地，每當我向她提及學校的事情，她總是大加讚賞。她唯一由衷反對的是，瑞士的「家中女兒」協會。我喜歡海蒂，因為她不會阿諛奉承。她來自葛拉路思，該地曾經在對抗哈布斯堡的戰役中獲得勝利。有時候她也讀我的書——歐克斯里①所撰寫的瑞士史。雖然我常獲得勝利，但是當母親說「我們」的時候，「我們應該要這樣，或者是我們應該要那樣。」似

① Wilhelm Oechsli，1851-1919，瑞士歷史學家，其作品《十九世紀的瑞士史》出版於一九〇三年。

乎把我所擁有相同權利的決定，也包括在她的決定當中，我仍舊試著加以挽回，而且手段很狡猾，因為我知道唯有人文智識方能博得母親的好感。

我說：「但是，你知道嗎？她很喜歡讀我的書。她總是問我讀些什麼書。她也向我借書，並和我討論其中的內容。」

母親板著嚴肅的面孔說道：「可憐的孩子！為什麼你從來沒有告訴過我？你還不識得這個世界，但是你要學著認識。」

她沈默了好一會兒，這令我有些煩躁不安。我焦躁地催促著她：「怎麼回事？怎麼回事？」

這必定有些什麼古怪之處，但是我卻如何也理不出頭緒。也許事情真的很糟，她根本不打算告訴我。但是我察覺到她以同情的眼光看著我，又思索了好半天，才猶豫著說：「她應該是想弄明白我都讓你讀些什麼書吧！你還不懂嗎？她就是為此而被安排到我們家裡的。一個真正的間諜，偷偷摸摸地偵查一個十二歲孩子看的書，卻絕口不提她懂得英文，她肯定把從英國那兒來的信件全都讀過了。」

我忽然想起一件古怪的事情，海蒂打掃時，我曾見到她手上拿著一封英文信，當我走近時，她隨即把信收了起來。我把事情詳細地稟告母親，她嚴肅地告誡著我：「兒子啊！你得告訴我所有的事情，你也許不相信，但這是很重要的。」從她一開口稱呼我「兒子啊」這種說話的口氣，我就知道她十分慶幸我及時告訴了她。

這即是最後的判決。可憐的女孩兒仍坐在餐桌前和我們練習了十四天的英語。每次下了餐桌，母親總要對我說：「她看起來一點也不危險，但是我已經看穿她了，我是不會弄錯的。」海蒂繼續讀我的歐克斯里，不時還問我對內容有些什麼樣的看法，請我為她解說當中的一些段落。她嚴肅又熱切地說：「你真是優秀啊！」我很想警告她，對她說：「請不要當間諜！」然而這是枉然的，母親已然下定決心辭退她。母親告知海蒂，我們的財務狀況突然急劇惡化，不再允許「家中女兒」的存在。請她寫封信向她父親說明原委，並且請他前來接她。告辭時他嚴厲說道：「卡內提太太，如今你得親自操持家事了。」

或許他對我們經濟狀況的惡化感到幸災樂禍，又或者是他不贊成女人不料理家事。然而母親卻不做此想：「我害他的計畫落空了，他必定深感懊惱，還以為我們家有些什麼值得偵查的東西。現在正值戰爭期間，郵件會受到監控。我們有這麼多來自英國的信件，自然十分引人注目，喔！還派了個間諜在我們家。你知道嗎？這些我全都一清二楚。他們孤立在世界當中，所以必須保衛自己不受到那些謀殺者的侵犯。」

她不時提到，身為一個女人獨自帶著三個孩子生活有多麼艱苦，必須當心所有的事情。而今她擺脫了「家中女兒」和間諜，鬆了一口氣，於是把處於這類艱難下必須有所捍衛的孤獨奮鬥感受，轉移到瑞士身上，瑞士被交戰國包圍，決定不涉入戰爭，因而博得了母親的關注。

現在開始了一段我們最美好的時光，我們與母親單獨生活。她已準備好為自己的高傲付出代價，親自打理許多一生當中未曾做過的家事。她打掃屋子，下廚做飯，弟弟們在一旁幫著擦拭盤子。我接收了擦鞋的工作，弟弟們在廚房裡看著我擦鞋，口中直嚷著：「擦鞋童！

擦鞋童！」一邊還學著印第安人繞著我跳舞。我於是提著髒鞋躲到廚房的陽台上，關上門並且用背抵住門，繼續我擦拭全家鞋子的工作。唯有如此，才不至於得在工作時，見到那兩個跳著戰舞的魔鬼。隔著緊閉的門，我仍不時聽見他們的歌聲。

希臘人的誘惑。人類知識學校

一九一七年春天我進了瑞米街上的州立中學，這段上學的來回路程變得非常重要。才一出門，就在穿過歐提克爾街不遠處，總會遇上同樣的情景，令我留下極為深刻的印象。有位一頭漂亮銀髮的先生在那兒散步，他挺直著身子顯得些許心不在焉的模樣。他走了一小段路後隨即停下來，四下尋找著什麼東西似的，接著又轉身往另一個方向。他有一隻聖伯納狗，不時聽見他喊著：「伽多，到爸爸這兒來！」有時候聖伯納狗會跑回來，有些時候則跑得更遠。爸爸找的正是牠。但一旦找到牠，他隨即又恢復之前心不在焉的樣子。在這條平凡的街道上，他顯得很突兀。他不斷叫喊著他的狗，更逗得孩子們直笑，但是孩子們並不敢當著他的面笑。他眼睛直視前方，看來甚是自負且高傲，無視於其他人的存在，令人望而生懼。孩子們回家後總是談起他，抑或是和其他人在街上玩耍時，他已經不在場了，才敢取笑他。他是布索尼②，就住在轉角處的房子。我在許久之後才知道他的狗叫做喬多。附近所有的小孩

② Ferruccio Busoni，1866~1924，義大利裔德國鋼琴家與作曲家。

都談論著他，但是不稱他布索尼，因為他們對他並無所知，都稱呼他為「伽多，到爸爸這兒來！」孩子們深為聖伯納犬所吸引，但是對那位自稱為爸爸的英俊老先生更有好感。

我在上學途中的二十分鐘，編撰著長篇故事，一天接著一天鋪陳延續，一連好幾個星期。我喃喃自語地說著故事，聲音不大，聽來像是嘟嚕嘟嚕聲。唯有遇見我不喜歡的人才會噤聲。我對這條路十分熟悉，沿途無論左右兩邊都沒有什麼足以引起我注意的東西，但我的故事卻很有趣，內容非常刺激。如果驚愕的情節緊繃到出乎我的意料之外，稍後我便忍不住會講給弟弟們聽，他們對後續情節十分好奇，直催著我繼續。故事的情節環繞著戰爭，說得更精確些，即是打敗敵人獲得勝利的戰爭故事。那些好戰的國家必得受到教訓，經常被擊敗，最終放棄征戰。另一方受到和平英雄的鼓吹，結合好的國家一起，而且他們比起那些好戰國要來得強大許多，最終得以獲得勝利。但是他們的勝利得來不易，經過數以萬計的激烈奮戰，遭遇無數新發明和棘手的問題，才獲得最後的勝利。這些戰役中最重要的是，藉由施用某種新發現的特殊魔法，使那些陣亡者得以復活。當所有的陣亡者——包括那些不肯放棄戰爭且邪惡的一方也紛紛復活，重新自戰場上站了起來時，令我那分別為六歲和八歲的弟弟印象深刻。所有的故事都是以這個結局作為終結。一連好幾星期所發生的激烈戰役和光榮的勝利，就在於所有陣亡者死而復活的一剎那，而這些全都屬於說書者。

學校裡的一年級仍是人數眾多的班級，我不認得任何人。一開始我的注意力很自然地圍繞著那些少數和我志趣相近的人打轉。尤其是當他們精通某種我不擅長的東西時，更令我深表敬佩，眼睛直盯著他們不放。岡茲霍恩的拉丁文極為出色，雖然先前我在維也納已經學過了，因而占了極大的優勢，但是他卻足以與我評比。這還不打緊，他還是唯一會希臘文字的人。他自學而習得了希臘文，寫了許多作品，視自己為詩人，希臘文成了他的祕密文字。他密密麻麻地寫了一本又一本的簿子，每寫完一本便遞給我讀。我翻了一下簿子，完全看不懂，一個字也讀不來。他並不讓我看太久，我才脫口讚嘆他的才能，他隨即拿回簿子，當著我的面以不可思議的驚人速度完成一本新的作品。他對希臘歷史的熱情比起我來更毫不遜色。教我們希臘史的歐以根・穆勒先生是一位很棒的老師。但是當我沈浸在希臘人的自由時，岡茲霍恩卻只關心希臘作家。他不喜歡提到自己並不太懂希臘文，或許他已經開始自修了吧！當我們談到三年級後即將分道揚鑣的話題，他表示想上文科預科中學，令我感到肅然起敬，於是帶著些忌妒的口吻說道：「那你就會希臘文了。」他高傲地宣稱：「我要事先學會它。」我相信他，他不是個自我吹噓的人。他宣布的事情一定會實現，甚至還做了更多他根本未曾說出口的事情。他輕視所有平凡的事物，這令我想起自己家中一貫的態度。但是他並未說出口，每當談話的題材出現某位不值一提的作家時，他隨即默然轉過身去。他的頭形非常狹長，像是用力擠在一起似的。頭不時抬得高高的，又有些歪斜，宛如一把打開的小刀，維持著開啟的形狀，從不收合。岡茲霍恩從不說髒話或令人難堪的話語，在班上顯得很格格不入。沒有人寄望能抄他的答案，他總是裝成一副不知情的樣子，既不把簿子移近，也不挪走。他反對這種舉動，每件瑣事都任由他人。

當我們得知蘇格拉底的事之後，班上的同學戲謔地替我冠上「蘇格拉底」的綽號。或許是為了減輕他命運的嚴肅性吧！這僅是信口稱呼，沒什麼深義，但就此成了我的諢名。岡茲霍恩顯然對這個玩笑感到不安，因為我看他埋首寫作，偶爾對我投以審視的眼神，然後肅穆地搖頭。過了一星期之後，他又完成一本簿子，但是這一回他要唸給我聽，那是一段哲學家和詩人的對話。詩人名為柯爾努歐圖姆，即是他自己。他喜歡把自己的名字譯成拉丁文。那位哲學家就是我，他把我的名字倒過來讀，成了賚勒・伊坦阿庫斯兩個醜陋的字。此人完全不像蘇格拉底，倒像是個令人作嘔的詭辯家——這正是蘇格拉底所反對的人。然而這僅僅是此段對話的附帶作用，重點是詩人由各種觀點對哲學家不斷撻伐，最後更把他攻擊得體無完膚。岡茲霍恩在我面前朗讀著，一副勝利在望的模樣，我卻絲毫未有受辱的感覺，因為他把名字倒過來的緣故，我並不覺得與我有何干係。倘若他真用了我的名字，必定會惹惱我。我覺得受到抬舉，彷彿是他指引了我進入他的希臘語秘境。我和他之間的情誼並未因此而生變，過了好一陣子，當他略顯畏縮地問道，我可曾想到寫一篇反駁的對話錄時，我真是萬分驚訝：他是對的。我和他站在同一陣線。哲學家哪裡比得上詩人呢？我壓根兒不知道，這樣一篇反駁的對話錄該寫些什麼。

路維・艾倫博根則予我截然不同的印象。他和他母親都是維也納人，也同樣沒有父親。威廉・艾倫博根是奧地利的國會議員，也是位著名的演說家，我在維也納時經常耳聞他的大名。當我向男孩詢問時，他平靜地回答說：「那是我叔叔。」這著實令我大吃一驚，然而他卻一副無所謂的樣子。不久之後我便明白，他對所有事情的態度都是這種樣子。他似乎比我更成熟，不僅僅只是身高的緣故，幾乎所有人都比我高。他感興趣的事物都是我完全不懂的，這是不經意間才知道的，因為他並不藉此誇耀自己，反之，他總是置身事外的姿態。他並不高傲，也不會故做謙虛，就好像他並不貪圖班上的虛名。他不沈默，任何話題他都參與，他只是不喜歡把話題轉向他自己，或許是因為我們之間沒有人熟悉那些事物的緣故。我們的拉丁文老師——畢雷特是一位完全不同於其他老師的人，不光只是因為他的甲狀腺腫，他們兩人經常有些特殊的私人談話。他們讀同樣的書，彼此列舉各自所讀的書名，都是些我們前所未聞的書。他們全神貫注於交換彼此的評判，而兩人的心得往往相同。艾倫博根說起話來冷靜且客觀，完全沒有少年的衝動情緒，反而是畢雷特老師情緒顯得起伏無常。當他們兩人投入此類談話時，全班只能聽著，一點頭緒也沒有，沒有人知道他們到底談些什麼。艾倫博根從頭到尾都維持一貫的沈著冷靜，畢雷特老師則對這類談話顯得十分滿足。雖然艾倫博根對當時學校所教授的課程表現得不以為然，但是老師仍然尊重他。我確信艾倫博根懂得所有的事物，事實上，我並不把他視為一般的男孩。我喜歡他，毋寧說我喜歡他是一個成年人。我對某些事物表現出強烈的興趣，特別是歐以根・穆勒老師的歷史課所教授的內容，因而在他面前總令我感到些許羞愧。

在這所學校中，首先最吸引我的是希臘史。因為它對我而言是全新的課。我們使用歐克斯里所寫的歷史課本，當中一本是通史，另外一本是瑞士史。我飛快地把兩本書讀過一遍，這兩本書彼此銜接，我把它們結合在一起，瑞士的自由和希臘的自由是同時發生的。重新閱讀時，我一會兒看這本，一會兒讀那本，兩本同時進行。特摩波勒的犧牲由摩加頓的勝利而獲得補償。我經歷了當前瑞士的自由，並且感同身受，因為他們能自我支配，因為他們沒有皇帝；他們自行決定不捲入世界大戰。皇帝成了戰爭統帥並不令我害怕。我一點兒也不關心法蘭滋・約瑟夫。他年紀很大了，也很少說話，他出現時通常只說一句話。跟我的祖父相較之下，他顯得既無生趣又枯燥乏味。我們每天都為他唱著：求主保佑，求主保護。他看起來的確是亟需這些保護。大家唱歌時，我的眼睛從不盯著掛在講台後面牆上的皇帝肖像，也盡量避免想起他，或許多少受了芬妮——我們的波希米亞女僕反對他的影響吧。提到皇帝時，她總是面無表情，好似他根本不存在似的。有一次我放學回家，她語帶嘲諷地問道：「又為皇帝唱歌了？」德意志皇帝——威廉，我見過他穿戴著一身閃亮盔甲的肖像，聽他發表過對英國充滿敵意的言論。只要事情牽涉到英國，我一定是屬於英國的一方。根據我在曼徹斯特時的理解，我堅決相信英國人並不希望戰爭，是因為德國進攻比利時才引起戰事。我對俄國沙皇也沒有好感。十歲那次回保加利亞探訪時，曾經聽過托爾斯泰的名字，耳聞他是一個了不起的人，毫不畏懼地在他的皇帝面前說出他視戰爭為謀殺的言論。雖然他已經過世好些年了，大家仍談論著他，彷彿他還在世似的。我第一次置身於共和國當中，遠離所有的帝國統治，熱切讀著共和國的歷史。擺脫皇帝並非不可能，人必須為他的自由而戰。早在瑞士之前，更久遠之前希臘人便辦到了。他們為了堅持既有的自由，奮而起身對抗強大的惡勢力。

如果我今天說出這樣的話，絕對無法使自己信服，但當時我卻沈醉於此新的見解。我纏著每個人談我的新看法，又為馬拉松和沙拉密斯的名字杜撰了野蠻人的曲調，鎮日在家裡重複唱個千百回，只唱那些三個音節的名字，直唱到母親和弟弟們頭昏腦脹，警告我保持靜默。上歐以根・穆勒教授的歷史課，每回都有相同的效應。他對著我們暢談希臘人，一雙眼睛睜得大大的，一副陶醉其間的樣子。他的眼睛根本不是盯著我們，而是投向他講解的內容。他講課的速度不快，但是從不中斷，節奏徐緩一如波濤。無論是陸上或水上的戰鬥，他都讓大家彷彿置身在汪洋之中。他用指尖輕撫著微微出汗的額頭，極少數時候他會輕撫著額前的鬈髮，像是一陣風吹拂過去。一個鐘頭的時間在他熱力四散的解說中疾速逝去。當他吸口氣重啟一股熱勁時，像極了喝酒的模樣。

有些時候時間也會浪費掉，例如他詢問我們的時候。他先讓我們寫文章，再和我們討論內容，真令我們片刻都難以忍受，倘若不是如此，他便會引領我們遨遊於海上。我通常會舉手回答他的問題，如此一來便可以迅速結束質問，更可以藉此表達我熱愛他的每一句話。或許因為我的回答聽來就像是他自己的感受，當中有些反應較慢的同學們為此深感懊惱。他們不是出生於帝制國家，希臘的自由對他們而言並沒有太大的意義。自由對他們來說是理所當然的，不需要藉著希臘人來獲得。

這段期間我對學校投注較多心力，不若以往只專注於書本。藉由老師生動口授所習得的知識，連同他們的身影，全都保存在我的記憶當中。其中有些老師，我雖然不曾自他那裡學到些什麼，但是他們本人就足以令我難忘。他們獨特的外觀，他們的舉止，他們的說話方式，尤其是你感受到他們對你的喜好或厭惡。好感和熱情分好幾種等級，但是我卻想不起有哪一位老師不是力求公正的。誠然不是每一位老師都能確實避免受到自己好惡的影響，這牽涉到個人內在的資源、耐心、敏感性和期望。由於任教的學科，歐以根·穆勒必須具備高度的熱誠和講解的天分，但是他所給予的卻遠遠超過他的義務。我打從一開始便深深著迷於他，照著他的課來計數每週的日子。

德文老師費立茲．胡辛格便困難多了。他天生就比較枯燥，也許是他的身材不夠明顯吧，即使他那刺耳的嗓音都無法減輕這種身材造成的影響。他個頭很高，前胸長得很瘦削，站的時候好像只靠著一隻長腿。他沈默且耐心地等待學生的答案，從不加以責備，當然也不插嘴。嘲諷似的微笑是他一貫的掩護方式，即使在不合宜的時機，他的臉上往往還是掛著那諷刺似的笑容。他的學識很平均，或許稍嫌廣泛了些。他雖不吸引人，但也不至於引人誤入歧途。他對標準的和實際的行為鑑賞力極為顯著，不太贊同早熟和過度激動。我覺得他和歐以根．穆勒先生兩人正好是性格相反的人，這樣的評論不算不公平。胡辛格老師曾經一度離開過，之後才又回來。我覺得他是位博覽群書的人，但是對於他所閱讀過的書籍卻少了份悸動和專斷。

拉丁文老師古斯塔夫．畢雷特有許多特點。他居然有勇氣帶著自己那巨大的甲狀腺腫瘤，每天面對著全班上課。時至今日我仍十分欽佩他的勇氣。他喜歡站在教室的左側角落，讓甲狀腺腫較不明顯的一側朝向我們，把左腳抬高擱在張凳子上，然後既平靜又熟練地輕聲講授課程，絕不至於過分激動。當他為了某些原因而生氣時，並不會提高嗓門，只是講話的速度變得稍微快一些。教授基本拉丁文這樣的課程，對他而言必定相當枯燥，或許正因為如此，他顯得非常通情達理。那些懂得較少的學生從不會感受到壓力，而那些拉丁文程度較好的人也不覺得自己特別重要。同學們也幾乎不畏懼他，他頂多只是輕聲說句嘲諷的評語，但別人並不了解，彷彿那種話只是供他私人所用而已。他沈湎於書籍當中，但是他閱讀的書都是我未曾涉獵的，因此一個書名也不記得。他喜歡艾倫博根，樂於和他談話，兩人同屬深思熟慮不易受感動的類型，但是艾倫博根少了他的冷嘲熱諷。雖然我們跟他學拉丁文，但是他並不因此而高估了其重要性。畢雷特老師發現我先前學過拉丁文，占了不公平的優勢，有一回他當著全班面前對我清楚說道：「你現在比別人快，瑞士人進展較慢，但是他們會超越你。你以後就會感到訝異！」但他絕不是一個排外的人，從他和艾倫博根之間的情誼我得以看出來。我覺察到畢雷特老師待人有一種特別的坦誠態度，他的思想是世界性的。我相信他必然寫作，而且不是為了私人的目的。

教師間的多樣性真令人詫異，一個像我這樣的生命首次有意識地察覺到這種多樣性。他們長時間站在某人面前，展現出所有的情緒變化，不斷地被人觀察，一節課又一節課地扮演他人興趣的關注對象，不允許離開，還要每次經歷同樣的時段；大家很不願承認他們的優越，於是眼光變得銳利、挑剔和尖酸。大家有必要趕上他們，卻不願太過辛苦，因為這時還不是有所成就的獨特工作者；還有他們教師生活外的祕密，這時他們並不是演員似的站在某人面前；此外，他們的輪流出現，一個接一個出現在相同的地方、扮演相同的角色、抱持相同的目的，所以很能夠比較——這一切因素的共同作用，構成一所完全不同於現成學校的地方，這是一間人類多樣性的學校，如果不太認真看待的話，它也是第一間探究人性知識的有自覺的學校。

會碰到哪些老師和碰到多少這類的老師，哪些人會受到歡迎，哪些人會因為舊的恩怨而遭人唾棄，哪些抉擇是因為從前的知識……，依據這些種種來推測大家日後的生活，大概不是什麼難事，或許還很有趣呢，不過若缺乏了這些，推測起來可能就大不相同了。較早的、孩童期的類型概念，其建造的依據是動物，後來疊上去的新類型概念，依據的是師長。每一個班級都有某些同學把師長模仿得很成功，並且演示給其他人看。一個班級若缺乏這類的模仿，就毫無生氣。

現今他們在我眼前慢慢通過，我很訝異於這些蘇黎世師長的差異性、獨特性和豐富性。我從很多人那裡學習過，這是他們的教學目的；聽來有些奇怪，五十年後，我對他們的感激居然逐年增加。就算是那些沒讓我學到什麼的老師，也像個人物或角色般清晰地佇立在我面前，我對他們感到有些歉意。他們是我日後掌握世界根本因素——人口——的初期代表。他們是不可替換的，是最高品級之一；他們變成了某種人物，卻不曾喪失其個性。個體和類型之間的流動，是作家所關注的一項根本願望。

頭顱。與一位軍官的爭執

我當時十二歲，對希臘的解放戰爭充滿熱情，同年，一九一七年俄國革命的那年，早在列寧尚未乘著載貨火車長途跋涉至蘇黎世時，人們紛紛議論說列寧住在蘇黎世。母親對戰爭向來感到無比憎恨，她密切注意著每一樁可能促使戰爭結束的重大事件。她和政治並無關連，但是蘇黎世已然成為來自各國心懷反戰之思潮者的重鎮。有一回，當我們經過一家咖啡屋時，她指著坐在靠窗的一位男士，一位有著碩大無比頭顱的男人。一大疊報紙堆在他身旁的桌子上，他隨手抓起一張湊近眼前。突然間，他猛然轉過頭對著坐在身旁的人，神情激動地說著。母親說道：「你仔細看那個人，他就是列寧。日後你會聽到他。」我們就這麼站著，她對自己居然站在那兒直盯著人看，感到有些不自在。（如此無禮的舉止是她向來禁止我做的。）但是他那突如其來的動作卻觸動了她，為他那瞬間猛轉頭向著另一人的熱力所感染。我對另外一人那頭濃密的黑色鬈髮大感吃驚，那濃密的頭髮恰和一旁列寧的頭髮形成刺眼的對比。但是更令人訝異的是，母親居然動也不動地矗在那兒。她說：「走吧！我們不能就這麼站在這裡。」於是拉著我繼續走。

幾個月之後她告訴我列寧已經抵達俄國，我開始明白這必定與某些特別重要的事有關。她說道，俄國人已經受夠了謀殺行為，所有的人全受夠了。無論是贊成或是反對政府，如今這一切即將結束了。她向來稱呼戰爭為「謀殺行為」。從我們來到蘇黎世開始，她便公開與我談論此事。在維也納時，她為了避免我在學校與人起衝突，因而多所保留。她懇求地說著：「你絕不可以殺害一個不曾傷害你的人。」她對自己擁有三個兒子而感到十分自豪。我察覺她內心極其擔憂，害怕有一天她的兒子也會成為這類的「殺人犯」。她之所以憎恨戰爭是有緣由的：有一次她向我解說浮士德——她還不許我閱讀那本書——的內容時，對浮士德和魔鬼締約一事很不贊同。對這類合約的唯一辯駁就是終止戰爭。只有為了終止戰爭而與魔鬼締約是被允許的，其他則不然。

有些夜裡，母親的一些朋友會在我們家聚會，都是些流亡至蘇黎世的保加利亞人、土耳其人和西班牙裔猶太人。當中大多數是中年夫婦，以我看來卻顯出十足的老態。我不喜歡他們，他們對我而言都過於富東方情調，並且盡是談些不太有趣的事物。其中一位是獨自前來的，他是一位鰥夫，阿德究貝爾先生。他與其他人不一樣。他的穿著筆挺，並且有見解。他一如騎士般默默地忍受，任由母親猛烈抨擊他的信念。他曾經是保加利亞的軍官，並且參與了巴爾幹戰爭。在戰役中身受重傷，因而留下了無法治癒的病痛。雖然他極力避免讓人察覺他的疼痛，但是大家都知道他身體的痛楚。每當疼痛無法忍受時，他隨即起身匆促地向大家道歉，藉口另有緊急約會，然後向母親鞠躬致意，離去時身體顯得有些僵直。大家紛紛議論起他，詳盡地討論他身體所受的苦痛，讚美他，也為他感到惋惜，因為他盡做些為了自尊而竭力避免的事。我察覺母親總是盡力結束這類的對話。只要話題牽涉到戰爭，母親隨即變得尖銳而粗魯，與他人爭執不下直到最後一刻。她說：「胡說！他哪裡有什麼病痛。他不過是覺得自己受到我的侮辱。他認為一個不曾上過戰場的女人，是沒有資格談論戰爭的。他有道理，但是你們當中沒有任何人願意告訴他關於你們的想法，我只好這樣做。他自覺受到侮辱，但他又是個驕傲的人，因此便禮貌地告辭了。」這時有人開了個不知羞恥的玩笑，說道：「你等著瞧吧！瑪蒂提，他必定是愛上你了，他會向你求婚的。」

母親氣得鼻孔直顫：「他敢放肆！我勸他別這麼做。我不過敬重他是一個男子漢，僅此而已。」

這形同狡猾地給了其他在場的男士一擊，他們全都和太太一起出席。但是，如此一來便終止了對阿德究貝爾先生病痛的談話。

我情願他留到最後，我自這些爭執對話中得到不少新的知識。阿德究貝爾先生的處境極為艱難，他對保加利亞軍隊的效忠，或許更勝於保加利亞這個國家。他充滿了保加利亞傳統上親俄的情緒，對俄國幫助他們脫離土耳其而獨立，心存感激。但是現今保加利亞卻站在和俄國對立的敵視狀態，著實令他十分苦惱。誠然在這種情況下他仍然願意上戰場，但是難免感到良心不安。對他而言，他根本不能打仗也算是樁好事。如今俄國境內有了些新事物，這使得情況愈形複雜。俄國一旦撤出戰爭，就如他所想的，這意味著軸心國將會衰微，而他所謂的「傳染」也會蔓延開來。首先是奧地利，接著是德國的軍人將相繼退出戰役，這時保加利亞又將何去何從？他們不但得永遠背負著不知感謝助它解放的恩人之罪惡，所有的國家將會如第二次巴爾幹戰爭一般，一擁而上瓜分其領土，保加利亞完了。

可以想見母親是如何逮住他的每一項論證，並加以擊碎。基本上大家都反對她，即使他們贊同盡早結束戰爭，但是透過布爾什維克黨在俄國的活動來結束戰爭，他們卻認為是很危險的威脅。他們全是保加利亞人，多多少少都擁有財產，當中來自保加利亞的，害怕革命蔓延至保加利亞；來自土耳其的視俄國為宿敵，即使在君士坦丁堡已經換上新裝還是一樣。對母親而言這並沒什麼兩樣，她只關心誰願意真正結束戰爭。她，出身保加利亞的富裕家庭，卻替列寧辯護。她非但不像其他人一樣視列寧為魔鬼，還認為他是一個人類的行善者。

跟她有所爭執的阿德究貝爾先生，是唯一了解她的人，因為他也有自己的信念。有一回他問了她，那是所有聚會當中最戲劇化的一刻：「夫人，如果我是一位俄國軍官，下定決心帶著我的人馬繼續對抗德國人，你會槍斃我嗎？」她毫不猶豫地回答：「每一位反對停止戰爭的人，我都會槍斃他。他是人類的公敵。」

這令其他人大為驚慌，這些妥協的商人和他們富有同情心的太太並不會令她感到糊塗。所有的人紛紛議論著：「什麼？她怎麼忍心？她怎麼忍心槍斃阿德究貝爾先生？」

「他不是懦夫。他知道人應當如何面對死亡。他不像你們所有的人，不是這樣嗎？阿德究貝爾先生？」

他是唯一贊同她的人。「是的，夫人。就你的立場而言你是對的。你和男人一樣堅定不移。你真正是阿爾蒂提家的人。」這最後的轉變，是一句對她表示敬重的話，讚美她的娘家。與父親的家族相較之下，我一點也不喜歡他們。我略感不舒服，但是我必須要說，雖然她經常和阿德究貝爾先生激烈爭辯，我卻不忌妒他。他不久之後便因病亡故，我們兩人都為他哀悼，母親說：「這樣對他也好，如此一來他就不必活著經歷到保加利亞垮台。」

日以繼夜的閱讀。禮物的生活

或許是因為家中財務狀況的改變，夜裡的讀書心得討論會再也不曾舉行過。我們三兄弟沒上床之前，母親壓根兒抽不出時間來。她強撐著完成自己的新職責，她的所作所為都得轉化成語言，少了那些反省式的評論，她會被那些工作煩死。她認為必須像發條一樣進行所有的事情，雖然事實上她並不適合如此，因此她在自己的言辭中找尋自己的發條。她對我們說：「組織起來！孩子們。組織起來！」她經常重複說著「組織起來」這個字眼，令我們莫名其妙，便學著她合唱似地喊著組織起來。然而，她看待組織這件事的態度卻很嚴肅，並對我們的嘲諷加以斥責，她說：「你們會瞭解，置身於現實生活中，少了組織的話，生活是無法繼續的。」她認為，所有的事務都必須按部就班的去做，和我們有關的都是些簡單事務，並不困難也很輕鬆。但是這個格言鼓舞了她，每一件事她都有一句格言。或許正因為所有的事全都說了出口，進而使我們當時的共同生活充滿光明。

實際上她是仰仗著晚上的時光而活，當我們都上了床，她終於得以看書。那是她閱讀史特林堡偉大作品的時刻。我清醒地躺在床上，盯著門下方來自客廳的微光。她跪坐著椅子，雙肘擱在桌上，腦袋倚著右手的拳頭，前面一堆史特林堡黃色的作品集，書疊得很高。每次生日或是聖誕節，她就多一本他的書，那是她要我們送的禮物。最令我感到刺激的是，她不准我讀那些書。我從不曾嘗試去偷看那些書，我喜歡這個禁令。那些黃色的册子散發出一股耀眼的光彩，全是因為那道禁令的緣故，我只能做此解釋。對我而言，最快樂的事情莫若於送她一本我只識得書名的新書。每當我們用過晚餐，把桌子收拾乾淨，而那些小的也被帶上床之後，我就幫她把那成堆的黃色册子搬到桌子上，並且疊放在適當的位置。之後我們又簡短地交談了一會兒，我察覺到她的不耐煩，成堆的書就在眼前，我能理解她的感受，於是我安靜地上床就寢，不再糾纏她。我把身後客廳的門帶上，當我更衣時，仍聽見她來回走動的聲響。我躺了下來，傾聽她爬上椅子時所發出的咯吱聲，感受著她如何握著手中的書。當我確定她已翻開書本，我便把目光移向門下的燈光。我知道，此時此刻無論世界上發生任何事情，都無法讓她再起身了。我打開小手電筒，在被子裡讀我的書。這是我的祕密，不能為人所知的祕密，以此取代她書中的神祕。

她通常閱讀到深夜。我則必須儉省手電筒裡的電池，因為那是我從微薄的零用金當中籌取一小部分所支付的。絕大部分的零用金必須存起來購買母親的禮物，因此我很少使用超過十五分鐘。當我的祕密終於被揭發之後，引起了一陣不小的騷動，母親難以忍受被人欺騙。我雖然又買了支新的來取代被沒收的手電筒，但她還是派了兩位弟弟充當守衛。對於把我的被子突然拉開這件事，他們顯然感到興致勃勃，從他們的床上可輕易看出我是否把頭藏在被子下。他們最喜歡兩個人不聲不響地、躡手躡腳地走到我旁邊，躲在被子底下的我什麼也聽不見，也毫無戒備。剎那間，我就這麼沒蓋被子地躺在那兒。還來不及弄清楚發生了什麼事，耳邊已傳來他們勝利的叫囂聲，聲音干擾了母親的閱讀，她自椅子上站了起來，憤怒地制止他們，並且對我說了句致命的話：「這個世界上沒有一個我可以信任的人。」又把我的書沒收了一星期。

懲罰極為嚴厲。那是一本狄更生的著作，當時她給了我好些他的作品，我不曾對任何作家如此熱衷過。她讓我先從《孤雛淚》和《尼可拉斯・尼克樂比》（*Nicholas Nickleby*）開始讀，後者描述關於當時英國學校的情況，尤其令我百讀不厭，深為著迷。才剛讀完一遍，隨即又重頭開始，如此重複了三或四次，次數極其頻繁。母親說：「你已經知道內容了，難道現在不想讀點其他的？」但是我對它愈是熟悉，就愈是想再讀它一回。她認為這是我孩子氣的習性，全是因為早先父親送我那些書的緣故。那些書當中有些我甚至讀了四十幾遍，早就背得滾瓜爛熟。她想戒掉我這樣的習性，於是拿了些新書來誘惑我，幸而狄更生的著作相當多。當中深受她青睞的是《塊肉餘生記》，她認為那是狄更生最好的文學作品，我應該留待最後再讀。她以此為餌，竭力提高我對其強烈的渴求，希望能夠藉此戒掉我一再重複閱讀的壞習慣。我陷入兩難，一方面深愛早已熟悉的作品，另一方面卻又受她無所不用其極的方式所激發的熱情所苦，為那些新書所誘惑。她說道：「我們不必再討論那些了。」她深表不滿，並對我投以不耐煩的眼光：「那些東西我們早已討論過了，你難道要我再說同樣的話嗎？我和你不一樣，現在讓我們討論下一本書。」因為和她談話一直仍是我生活中非常重要的一件事，因此不能和她分享一本好書中的每一個細節，令我分外難受。我發現她不願意對此再做討論，而且真的對我的固執開始厭煩。我只得逐漸限制自己，僅能讀兩遍狄更生的書。讓我永遠放棄一本狄更生的著作，真是痛苦萬分，尤其是我還得親自把書送回她借閱的圖書館。（我們把所有的家當都留在維也納，家具連同圖書全存放在那裡。因此多數時候她都是向厚亭根讀書會借書。）但是期待和她共同討論狄更生新書的慾望更為強烈，因為她，我才能讚美所有驚奇的事物，也因為她，我才能戒除固執——而固執是我最好的特質呢！

有些時候，她會對那種我被她所激發出來的熱情感到害怕，因而她嘗試把我的注意力移轉到其他作家身上。瓦特・史考特③在這一點上最令她感到挫敗。或許是母親頭一次和我談起他時，未能帶給我足夠的熱誠，又或者他真的很枯燥乏味，一如當時我的閱讀感覺。我不僅僅不願意重讀他的書，讀了他兩三本小說之後，我強力抗拒他的作品，根本拒絕再讀他的

③ Walter Scott，1771~1832，蘇格蘭作家，早期的敘事詩作品和後來著重於歷史和傳奇故事的風格有所不同。

任何一本著作。母親對我的品味感到很高興，她說出了對我最高的讚辭：「你果然是我的兒子！我也不喜歡他。我以為你對歷史有興趣。」

我氣憤地說：「歷史！那根本不是歷史，那本書裡只有一些愚蠢的騎士和他們的堡壘。」

就這樣，兩個人心滿意足地結束了這段瓦特．史考特的小插曲。

對於我的智育教養問題，她向來不太理會別人的觀點，但是有一回，她必然是受了某人的影響，又或許是有人在學校裡和她說了些什麼。她就像其他的父母親一樣偶爾也會到學校去。又或者是她聽了各式各樣的演講後，感到有些不安。總之，有一天她告訴我，我應當知道和我同年紀的男孩子都讀些什麼書，否則不久的將來，我會無法了解這些同學。她幫我訂了《好同學》（*Guten Kameraden*），現今回想起來真是不可思議，我居然可以同時閱讀狄更生，而且一點兒也不討厭讀這份刊物。其中有些內容很緊張，例如〈沙加緬度的黃金〉，描述瑞士的淘金客蘇特在加州的故事。當中最刺激的，就屬講述提貝流斯皇帝的寵臣色雅努斯的那段故事了。那是我頭一遭、也是最重要的一次接觸到後來的羅馬史，我把這位皇帝視為權力的象徵，並加以鄙夷，這樣一來，又回到五年前我開始讀拿破崙時的感受。

雖然那段期間她把大部分的心力都花在閱讀史特林堡，但是她並不僅侷限於他的作品。拉雪爾出版社發行了一系列反戰傾向的特殊書籍。拉滋科（Latzko）的《戰火中的人》（*Menschen im Krieg*）、里歐納得．法蘭克（Leonhard Frank）的《人類是善良的》（*Der Mensch ist gut*）、巴布瑟（Barbusse）的《火》（*Das Feuer*）這三本書是她經常提到的。這些書和史特林堡的書一樣，都是她希望我們送她的。我們的零用金原先就少得可憐，為了買她的禮物我們也盡力節省，但是仍然不足以支付。除了零用金之外，我每天還會得到幾生丁錢，那是給我向學校裡的校工買一個十生丁炸圈餅的點心錢。我當然會餓，但是把錢一點一滴地攢下來，拿去購買新的書送給母親，更是令我興奮不已。我首先到拉雪爾去詢問價錢，光是踏入這間位於利馬奎的熱鬧書店，就已經是一大享受了。看著店裡的人群，他們所探詢的，經常就是我們日後要送的禮物。我自然而然也要瀏覽一番這些日後會閱讀的書籍。置身於成年人之間，並不會令我自覺長大成人，也不會加重我的責任感，而是那裡似乎預告著日後無窮無盡的書海。如果說我當時懂得為將來擔心，那麼唯一令我擔憂的，應當是世界上的那些藏書了。萬一那些書我全讀完了怎麼辦？誠然我最喜歡的莫過於一遍又一遍地重讀它們，但是這種樂趣的前提是，確定往後仍有源源不斷的新書。我一旦知道了計畫中禮物的價錢，心裡便開始盤算著：自己必須省下幾個十生丁才買得起，那往往得花上好幾個月的時間。一小筆一小筆的書錢就是這麼攢下來的。我從未落入炸圈餅的陷阱，不曾試著跟其他人一起買，也不會在同學們面前吃；和我的目標比起來，它們顯得毫無作用。相反地，當他們大口啖著炸圈餅時，我站在一旁，心裡生起某種快意的感覺。我只能這樣描述：當我們把禮物送到母親手上時，她會是多麼地驚喜。

雖然這樣的過程一再重複，她每次仍驚喜若狂。她並不知道會收到哪一本書。當她囑咐我到厚亭根讀書會去幫她借本新書，而那本書已經先行被借走，因為是本眾所談論且都想要的書；而倘若她一再要我去借它，並且愈來愈不耐煩，我便知道，那即是我們的下一個目標，並且把它列入我的策略當中。誤導她也屬於一連串策略當中的一部分，我打厚亭根讀書會那兒回來，一臉失望的神情告訴她：「拉滋科又被借走了。」隨著驚喜的日子愈來愈近，她的失望益形強烈，緊接著就在前一天，我義憤填膺地跺著地板，建議母親退出讀書會以示抗議。她想了一下說：「這樣是沒有用的，如此一來我們根本借不到書。」第二天一本嶄新的拉滋科就到了她的手上，這叫她如何不驚喜萬分？雖然我得向她保證不再這麼做，此後會去學校買炸圈餅吃，但是她並不會威脅要取消那少少的炸圈餅錢。或許這亦屬於她對我們人格教育的策略，又或者她對我們能夠藉著放棄買餅這樣的舉動，來完成買書的目標而感到歡喜。她自己是一個美食主義者，對精緻的美食擁有極高的鑑賞力。當我們吃著簡單的食物時，她從不避諱談起自己所想念的美食。如果她決心讓我們習慣簡單的吃食，真正受苦的只有她一個人。

正是這類帶有政治意味的書，引發了她對政治知識的興趣。她讀了好一陣子巴布瑟的《火》，這本書她同我談論了許多回。我老是纏著她，要她讓我讀，她卻不為所動。但是她把內容轉化成較為溫和的形式，詳細地說給我聽。她並未加入任何和平組織。她獨自一人前去聆聽里歐納得・拉格茲（Leonhard Ragaz）的演說，帶著激動萬分的情緒回到家中，為此我們兩人幾乎整晚沒睡。只要她單獨一人，便無法克服對每一個公開場合的畏懼。她對此解釋為：她根本就不想轉述什麼，她只為我們三個而活，因為在這場男人世界的戰爭當中，他們根本不想聆聽女人的意見。我們三個人的成長都必須按照自己的天分來發展，但是要符合她心目中的標準才算數。

她密切留意著當時發生在蘇黎世的各個事件，而且並不限於反戰傾向的消息。她沒有諂詢的對象，在精神上她是真正孤單的一個人。對那些偶爾造訪我們的親友來說，她似乎遠比他們更能接受外來的事物，也是最聰明的。每每想到她獨自一人思考的這些事物，直到今天都令我感到十分訝異。即使事情涉及她最強烈的信念，她仍堅持自己的判斷。我還清楚記得她是如何藐視史帝芬・茲懷格④的《耶勒米雅斯》（*Jeremias*），她說：「廢紙！空心大老倌！他根本沒有親身體驗過。他真應該讀讀巴布瑟的作品，而不是寫這些玩意兒。」她對真正的體驗抱持著不可思議的敬意。她害怕在別人面前開口談論戰爭，因為她自己並沒有置身戰壕的經驗，無從得知戰爭實際進行的情形。她甚至說過：倘若女人也得上戰場就好了，如此一來，她們便可以名正言順地反對戰爭。因此，只要事情牽涉到戰爭本身，她的恐懼便阻礙了她去尋找志同道合的人。無論是口頭上或是書寫形式的胡扯閒聊，都令她深惡痛絕。假使我膽敢說了些不確實的話，她隨即不留情面地嚴加斥責。

這段期間我開始自行思考，我對她佩服得五體投地。我把她和州立中學的老師拿來作比較，當中不乏我所認同或敬重的老師。唯有歐以根・穆勒具備了她的熱情並且結合了她的真誠。只有他在說話的時候會像她一般睜大眼睛，目不轉睛地直視著他沈浸其中的對象。我詳盡地向她報告從穆勒的課堂上所獲得的知識，她對此深為著迷。因為她只由古典戲劇中識得希臘人，她不恥下問地向我學習希臘史。那是我們頭一遭角色互換。她自己不讀歷史，因為

---

④ Stefan Zweig，1881~1942，德國作家，作品中對人物有著細緻的心理學刻畫，曾描寫巴爾札克、尼采等著名人物，一九三四年遭納粹驅逐，後來在巴西自殺。

當中涉及許多戰爭。但是有些時候，我們才剛坐下來準備吃午餐，她便向我詢問索隆⑤或是泰密史脫克斯⑥。她尤其喜歡索隆，他因為不願成為一位獨裁者，而自權力中心退隱。她非常驚訝，居然沒有任何和他相關的戲劇，她不知道有哪一部描述他的戲劇。但是有一件她認為不公平的事：這些希臘男人幾乎絕口不提自己的母親。她把葛拉慶（Gracchen）的母親視為模範，一點也不畏懼。

要我別列出她關心的事物，著實不易。無論何種事物，多少總會和我有關連。我是唯一能夠說出她每一項細節的人，也只有我才會認真看待她的那些嚴厲評斷，因為我非常清楚那些評斷源自何種熱誠。她咒罵許多事物，但是會先詳述自己之所以如此激烈反對的理由，並佐以證據說明。雖然我們共同的心得討論會已不復存在，戲劇和偉大的演員也不再是我們的生活重心，取而代之的，卻是另外一種毫不遜色的「財富」：當時所發生的重大事件，以及其所產生的效應和根源。她稟性多疑，她認為史特林堡是全人類當中最聰明的，而她又在史特林堡的作品中，發現自己習以為常的猜疑，因此再也不想戒除它了。她發現自己太過火，對我說了一些事情，使得我小小年紀便養成了多疑的個性。震驚之餘，她對我講述一些她特別激賞的事跡加以平衡，多數事跡常令人難以理解，但寬容總是占了重要部分。當她力求平衡時，我覺得與她更加親近，她還以為我無法看穿她之所以改變語調的原由。我其實和她很

---

⑤ Solon，B. C. 630~560，雅典政治人物、詩人，是「希臘七賢人」之一。

⑥ Themistokles，B. C. 524~460，雅典政治家和海戰軍事家。

像，我練習著看透事物。我狀似天真地接收那些「高尚」的故事，我向來喜歡聽故事。我很清楚她為什麼要在此刻談論這些話題，但擱在心底沒說。我們雙方各有所保留，而且保留的還是同一件事，於是兩人各自擁有相同的祕密。難怪在這些時刻裡我會最愛她，因為我察覺到她的日漸沈默。在我面前，她確信自己把不信任感掩飾得很好，我則認為她確實擁有犀利的洞察力和寬容心。當時我仍不清楚什麼是「浩瀚」，卻能夠「感受」到它：人可以容納多樣性與對立性，表面上不相調和的東西同時皆有其效用，這些都是無須恐懼便可以感受到的，而且應該提出來好好加以思考。這是人類天性的真正榮光，也是我從母親身上學習到的。

催眠術和忌妒心。受重傷的人

她經常參加音樂會。雖然父親去世後她便很少碰琴了，音樂對她仍然十分重要。自從有了較多機會聽那些大師的演奏以後（當時有些大師就住在蘇黎世），她的需求或許也因此而提高了。她從不錯過布索尼的音樂會，當她獲悉他就住在附近時，顯得有些不知所措。那時我和她描述我和布索尼的相遇，她並沒有隨即相信我。直到她聽別人說那的確是布索尼，方才接受。她還指責我不該和附近的小孩子一樣，叫他「伽多，到爸爸這兒來」，而不稱他布索尼先生。她還承諾要帶我一起去參加他的音樂會，但是有一個先決條件，那就是我絕對不准再用錯誤的名字稱呼他。他是她所聽過最偉大的鋼琴家，至於其他那些同樣被稱為鋼琴家的人，簡直就是胡鬧。母親還定期參加夏歇特（Schaichet）四重奏的演奏會，那是一個以首席小提琴手的姓氏為名稱的樂團，她每次聽完音樂會，總是帶著一種莫名的激動情緒回家。直到有一次她大發雷霆地說道：父親正是希望成為一位這樣的小提琴家，那曾經是他的夢想，我才終於明白了她激動的原因。父親一直希望自己能夠更優秀，好加入四重奏的演出。她曾經問過他，為什麼不開獨奏會？他搖了搖頭，他認為那是自己能力所不及的。他明白自己資質的極限，倘若他的父親不是那麼早就阻止他的習琴，或許他能夠加入四重奏，又或者會成為管弦樂團的首席小提琴手。「祖父就是這樣的一位暴君，這樣的獨裁者。他聽見你父親演奏，馬上就搶走他的小提琴，還揍了他一頓。有一次甚至要他的大哥捆住他，把他關在地下室裡過夜，以此作為懲罰。」她讓自己的怒氣恣意宣洩，又為了減輕她對我發脾氣的效應，她悲戚地說道：「而你父親卻是如此地謙遜。」她察覺到這樣的結語把我弄得有些糊塗：祖父打了他，他為什麼還會謙遜？她非但沒有解釋這裡所謂的謙虛，是指父親不相信自己或許能夠成為首席小提琴，甚至還用挖苦人的語氣說：「你還真是像我！」我不喜歡這句話，我無法認同她提起父親缺少了雄心抱負，彷彿他之所以是位好人，正是因為他缺少了野心。

自從聽了〈馬太受難曲〉⑦之後，她即陷入一種我永遠難以忘懷的情緒當中，因為一整天她都無法好好地跟我說話，一整個星期她完全不能閱讀。打開了書，卻看不見任何一個句子，而是聽見伊羅娜·杜里戈（Ilona Durigo）的女低音。一天夜裡，她眼裡滿是淚水地跑到

---

⑦巴哈的作品，敘述耶穌被釘在十字架上的經過。

我的臥室對我說：「現在書本全完了，我再也無法看書了。」我試著安慰她，並提議當她看書時，我就坐她身旁，如此一來她便不會再聽見她的聲音了。因為只有當她獨處時才會發生，如果我陪她坐在桌子邊，便可以一直說話，這樣她就不會再聽見歌聲。她說：「但是我想聽她的歌聲。你不懂嗎？我再也不想聽其他聲音。」我被這種激動的情緒嚇壞了，訝異之餘也只能無言以對。接下來的幾個星期，我偶爾會投以疑問的眼神，她懂得我的眼神。她以一種摻雜著幸福又迷惘的語氣回答：「我仍然聽得見她。」

我像她守護著我一般地守護著她。倘若你和某人十分親近，你可以輕易察覺她所有的反應，並且感同身受。儘管我為她的熱情所征服，卻不會放過任何虛幻的聲音。這並不是僭越，而是相信自己有守護她的權利。如果嗅到任何陌生或不尋常的影響，我會毫不猶豫地撲向她。有一段時間她經常聆聽魯道夫・史坦那⑧的講演。她對其中內容的敘述，聽來完全迥異於她平日的口吻，就好像她突然間說起了陌生語言。我不清楚是誰鼓勵她去聽這些演講，她不肯鬆口。某次她一不留神脫口而出魯道夫・史坦那粗通催眠術。我開始詢問他的事情，我對他的見解一無所知，僅能從母親的敘述當中去了解。不久後我發現，母親是為他不時所引用歌德的名句所擄獲。

我問她：這對她而言是新奇的嗎？她應該早已熟識了，她曾經聲稱自己讀遍了歌德所有的作品。母親顯得有些受窘地說道：「你知道嗎，沒有一個人讀得完他全部的著作。」而且我

⑧ Rudolf Steiner，1861~1925，奧地利裔瑞士哲學家，思想兼具社會性與神祕性，並曾編輯歌德的作品。

對這些東西一點兒也不記得了。」她顯得全無自信。通常她對作家的每一個字句都很熟悉，這是我習以為常的。她攻訐那些對作家一無所知的人是「魔鬼」、「没大腦」。因為他們把所有的東西全混淆在一起，懶得對此深入了解。我對她的回答不甚滿意，又繼續問：她是否想讓我也相信這些玩意兒？我們不能信仰不同的東西。倘若她繼續參加史坦那的演講是因為他的催眠術，我也得強迫自己相信她所說過的每一件事，如此才不至於讓彼此的意見分歧。這樣的話聽來很像是威脅她，或許這只是個伎倆：我想知道擄獲她的這股新的神祕力量到底有多強。這個神祕的力量對我而言全然陌生，我對它一無所知，也不曾讀過。它就這麼貿然地闖入我們的生活。我有種感覺，它會改變我們之間的所有關係。我最恐懼的是，她對我是否加入完全無所謂。這意味著，發生在我身上的事對她已經不再那麼重要了。但是事情應該還没惡化到此地步，她不想了解我的「參與」，只是暴躁地說：「你還太小，參與這類的事情不適合你。你不該相信它，我再也不和你談這些事情了。」我恰好存了些錢，正打算替她買本新的史特林堡，衝動之下便買了本魯道夫・史坦那的書取而代之。我鄭重其事地交付給她，又假意説道：「你不是對他有興趣嗎？你不可能記得住全部的內容，你説它不易了解，必須下工夫研讀，你現在可以安安靜靜地讀它，為下一次的演講好好做準備。」

然而這並不合她的心意，她不斷追問我為什麼要買這本書。她根本不知道自己是否想要擁有它，也許這本書並不適合她。她甚至還没有讀過這本書呢！一個人唯有確信自己想要保有那本書時，才可以購買它。她害怕我讀了它之後，會如她所想的，太早趨近一個特定的方向。她最害怕不是出自於本身的經歷，又不信任急遽的轉變。她嘲笑那些輕易改變的人，經常這樣數落他們：「又是一株牆頭草！」她對自己使用催眠一辭感到不甚自在，並解釋說這與她沒有干係，只是那裡的其他聽眾看似受了催眠，因而引起她的注意。也許我們最好把這一切延後再談，等到我成熟到足以瞭解時再來討論。根本上說來，對她最重要的是我們所談的事物能夠不扭曲變形，也無須欺瞞我們所沒有的部分。這並不是我頭一遭察覺到她向我的忌妒妥協。正如她自己所言，她其實沒有什麼時間再去聽演講了。演講的時間並不適合她，聽演講使她疏忽了自己原先更為瞭解的東西。就這樣，她為我犧牲了魯道夫・史坦那，一次也沒有再提過他。對於一個我一無所知的幽靈，居然連一句駁斥的話都不用說就獲得了勝利，並不會令我感到有失體面。我徹底阻絕她去了解他的思想，因為我發現那一切都和我們之間的談話毫無關係，我只想把它自母親的身旁一腳踢開。

我對自己的忌妒又該作何想法呢？我既無法讚許它也不能唾棄它，我只能把它寫下來。當我還年幼時，它即成為我天性中的一部分，如果對此天性保持緘默，也未免流於矯揉造作。每當一個人對我日趨重要，忌妒之心便出現了，只有極少數的人不會因此而受折磨。它在我和母親的關係中發展出豐富而多變的形式。忌妒心使我有能力對抗各方面都比我更強大、更有經驗、知識更豐富也更無私的人。我從不覺得自己的抗爭是自私自利的。如果當時有人說，是我造成母親的不快樂，這會令我萬分驚訝。正是她賦予我這種權力。當她寂寞時與我緊緊相伴，因為她不識得任何一個足以勝任的人。倘若她和布索尼之類的人物交往，我就完蛋了。她向我描述所有的重要想法，和我分享她所專注的事物，我因此而受到她的制約。她因為我的年幼而對某些事情加以隱瞞，但也只是表面上有所保留。母親堅決不讓我接觸含有色情意味的東西。在維也納住所的陽台上，她所下的禁令對我仍有其效力，彷彿是上帝在西奈山上親自宣告。我從不加以詢問也不去理會。當她聰敏且熱烈地教導我世界上所有的知識時，唯獨略過這令我迷惑的一部分。我不知道人類是多麼需要這種愛，也就無從得知她的缺憾。她時年三十二歲，而且寡居，這一切都顯得極其自然。當我們令她失望或是惹火她時，她便宣稱：她為我們犧牲了她的生活，倘若我們不值得她這麼做，就要把我們交給強壯的男人，讓我們懂得規範。但是我不能了解，也無法體會一個女人過著寂寞生活的心境。我只見到她因為花了許多時間在我們身上，不得不犧牲她所熱愛的閱讀。

這種禁忌經常造成別人生活中危險的對立情緒，但我至今仍對它感激不盡。我不能說它維持了我的清白，因為我的忌妒心並非無罪。但是它讓我對所有想要獲知的事物保持某種生機和天真。我竭盡所能地吸收各種知識，並未感受到絲毫壓迫或負擔。對我而言，再也沒有什麼比追求知識更能刺激我，或是讓我暗地裡投注心力。那些不斷來到我身上的東西皆牢牢生根，什麼都容納得下。我從不覺得受到任何隱瞞，相反地，所有的知識全呈現在我眼前，我只需要去理解它們。它們幾乎就在我身上，跟其他相關的知識結合在一起繼續增長，營造某種氣氛然後召喚新的知識。這便是生氣蓬勃，所有的一切逐漸成形，而不只是積累增加而已。天真或許就是缺乏睡眠，但所有的東西都現成在手。

我們共同生活在蘇黎世的這段時間，母親為我做的第二件好事則具有更大的效果：她讓我不必再估算考量。我從來不曾聽說人們會為了實用的理由而做某些事。沒有任何事情可以因為它「有用」而被做，一切我想理解的事物都同樣正當。我同時走在上百條路上，不必去聽哪些較為合適，或較為有用，也不必知道它們是否對我有利。重點是事物本身而非它的用途。人必須確實而徹底地維護一個觀點，而不是使用欺騙的手段，但這個「徹底」指的是事物本身，而不是它的用途。我們幾乎不曾談到日後該做些什麼。職業的事情不重要，所有的職業都是開放的。成功不具任何意義，一個人的成功並不意味著他自己的提升。成功必須對所有的人都有好處，否則就沒有意義。但一個像她這種家世背景的女人，對自己家族的商業名望知之甚詳，並且深以為傲，也不加否認，何以擁有這般寬廣、自由、無私的眼光，對我永遠是個謎。我只能歸因於戰爭的震撼，才使得她同情那些同樣在戰爭中失去自己鍾愛的人，並忽然間撤去自己的藩籬，進而產生寬容的心，對每一個會思考、會感覺與遭逢苦難的人有所同情，尤其尊崇人人皆具有的思考的光輝歷程。

我曾見過她不知所措的樣子，那是她留在我記憶中的無聲形影，也是唯一的一次見到她在街上哭泣。通常她在公開場合都極為節制，不允許自己率性而為。當時我們在利馬奎一道散步，我正想帶她去看陳列在拉雪爾櫥窗的展示品，一群法國軍官穿著顯眼的制服，迎面朝著我們走過來。當中有些人走得相當吃力，其他人則留心著他們的步伐。我們停下腳步讓他們緩緩通過。母親說：「他們到瑞士來療傷，他們要跟德國交換俘虜。」正說著，另一邊出現了一群德國人，當中也有些人拄著拐杖，其他的人則為了他們而放慢速度。我至今仍記得當時自己萬分驚恐，直問現在會發生什麼事？他們是否會攻擊對方？我們未能及時繞道，就這麼突然發現自己剛好被夾在兩造之間。那裡是拱廊，還有足夠的空間，我們在非常近的距離內看著他們的臉；兩方人馬錯身而過，但沒有人像我期待的那樣帶著一張仇恨或憤怒變形的臉。他們安靜且友善地看著對方，好像什麼事也沒有，某些人還行禮致意呢。他們走得比別人慢很多，在我看來，他們錯身而過的時間慢得像永恆一般。當中一位法國軍官轉過身來，把拐杖高舉到空中揮了幾下，對著已經走過去的德國人喊著：「敬禮！」一位德國人聽見後，也學著他的動作。他也有拐杖，高舉著拐杖揮舞著，並且以法文回應他的致意：「敬禮！」如果聽見這段經過，會認為他們是揮著拐杖威脅對方，其實不然，他們只是在向對方道別罷了，並藉此向對方示意彼此共同剩下的只是：拐杖。母親已經跨上人行道的邊緣，背對著我站在櫥窗前，我見到她顫抖著。我走近她，小心翼翼地從側邊看她，她正哭著。我們裝作一副看櫥窗的模樣，我一句話也沒有說，直到她回復意識，我們才一路沈默地走回家去。之後我們也不曾討論那次的事件。

苟特福瑞德・凱勒慶祝會

我跟同年級的瓦特・瑞雪納結交為文學上的朋友。他是布瑞斯勞人，一位心理學教授的兒子。他看起來總是一副教養很好的樣子，從來不用方言跟我交談。我們談論書籍，友情自然生成。但我們之間有著很大的差異，他深受大家所談論的當代作品所吸引，當時是維德金⑨。

⑨ Frank Wedekind，1864~1918，德國劇作家和演員，曾住瑞士，他的作品被視為荒謬劇的始祖。

維德金有些時候會到蘇黎世的「土神劇院」登台表演。他是一個頗具爭議性的人，有些團體支持他，也有些反對他，反對他的人居多，支持他的人則較有趣。我個人對他沒有什麼涉獵，母親曾在劇場見過他的演出，把他描繪得極為精彩（她詳細描述他出場時帶來的衝擊），但是她的評斷並不保險，她期盼著類似史特林堡的風格，也不諱言他們之間的相似性。她認為維德金具有某些傳教士的特質，同時又兼具八卦新聞記者的特性。為了引起眾人的注意，他總是不斷地嚷嚷，對他而言，無論是什麼樣的方式，只要能吸引眾人的目光就好。史特林堡則不然，他雖然看透所有的事物，卻顯得慎思熟慮。他有點兒像醫師——但不是治療師，也不是診治肉體的醫師。她說以後我自己讀了他的書，便能瞭解她的想法。關於維德金，我對他的想法並不充分，因為我不想先了解他；如果我很有耐性地接受恰當人士的警告，他還吸引不了我。

瑞雪納不斷地提起他，他甚至還仿效他的風格寫了一個劇本拿給我讀。我無法理解，基於什麼樣的原由，整齣戲就是不斷有人忽然現身在舞台上，四處竄來竄去的。我對這玩意兒全然陌生，形同一齣在月球上演出的戲碼。那段時期我正為了《塊肉餘生記》而尋遍各書店，那是母親打算送給我的禮物，也是我一年半以來迷戀狄更生的高潮。瑞雪納與我同行，那時我進入一家書店遍尋不著這本書，瑞雪納對這類舊式的作品興趣缺缺，他嘲笑我，說這是一個惡兆，到處找不著他所輕視的《塊肉餘生記》，正表示沒有人想讀它。他又諷刺地加上一句：「你是唯一的讀者。」

我終於找到那本小說，但卻是雷克拉姆的德文版，由黑可藍出版社發行。我對瑞雪納說：

我覺得你的維德金（我只從他的仿作中認識他）蠢極了。

我們之間的緊張關係還算適意。當我談起自己閱讀的書時，他仔細聆聽著。他甚至聽我說完《塊肉餘生記》的全部內容。我則從他那兒得知維德金劇本的情節。我不斷地說：「哪有這種事！那是不可能的！」他並不困擾，相反地，我的驚奇令他感到開心。更讓人驚訝的是，今天我怎樣也記不得當時那些令我感到吃驚的情節。它沒有對我起任何作用，彷如不曾在我身邊存在過，跟我毫無干係，我認為那全是些愚蠢的玩意兒。

有一段期間，我們兩人的勇氣凝結在一起，共同對抗一大群人。一九一九年七月為苟特福瑞德・凱勒（Gottfried Keller）舉行百年誕辰慶祝大會，為此我們全校都得到布道家教堂集合。我和瑞雪納兩人結伴沿著瑞米街往布道家廣場走去。我們都不曾聽聞過任何苟特福瑞德・凱勒的事跡，我們只知道他是個瑞士人，是一位作家，出生於一百年前。我們兩人都對布道家教堂的慶祝會深感訝異，這還是頭一遭舉行這種慶祝會。我在家裡向母親詢問過，此人為何方神聖，但是徒勞無功。母親連一本他的作品名稱都不知道。瑞雪納也沒有他的任何資料，只說：「他就是一個瑞士人。」我們的心情愉快，因為覺得事不關己，我們只對偉大世界的文學作品感興趣，我的興趣在英文著作，他則醉心於新的德文作品。戰爭期間我們稱得上敵對狀態，我以威爾遜的十四項原則發誓，他則希望德國獲勝。但是自從軸心國瓦解之後，我便背離了戰勝國。早在當時我就對勝利者感到反感。當我見到德國並未獲得威爾遜所宣稱的待遇時，我便轉而投向德國這一邊。

我們之間真正的隔閡只有維德金，雖然我不瞭解他，但是卻沒有片刻懷疑過他的聲名。

布道家教堂裡擠滿了人，整個教堂籠罩在莊嚴而肅穆的氣氛當中。先是揚起一陣音樂，緊接著是冗長的演講。我已經不記得演講者是誰了，可以確定的是，他必定是我們學校的教授，但不曾上過我們的課。我只知道他不斷說著荀特福瑞德・凱勒的重要性，愈講愈激動。我和瑞雪納暗暗地交換諷刺的眼神。我們都相信自己知道何謂作家，如果我們對某個作家毫無所悉，那麼他必然稱不上是作家。但是演講著不斷吹捧著凱勒，自他口中吐出的一些讚語，是我慣常聽見別人提到莎士比亞、歌德、維多・雨果、狄更生、托爾斯泰和史特林堡時所用的讚辭，我著實難以形容自己的驚惶，彷彿有人褻瀆了世界上最崇高的東西——偉大作家的聲名。我勃然大怒，直想要打斷他的演講。我相信自己感受到群眾的虔誠，或許也因為在教堂舉行的緣故吧！因為我同時意識到同學們對凱勒的冷漠，因為他們光是對那些在課堂上所提到的作家就已經漫不經心了。虔誠的形式是由於大家默默地忍受著，沒有人抱怨，我或者是因為太過羞怯又或者是教養太好了，也不敢在教堂裡擾亂，怒氣只得往肚子裡吞，化成一個與這個場所同樣嚴肅的誓言。一從教堂裡出來，我隨即嚴肅地對瑞雪納說：「我們必須發誓，我們兩個都要發誓，我們永不要成為地區性的名人。」他見我不像是開玩笑的樣子，便像我對他起誓般地，對著我發誓。然而我懷疑他是否是真心的，因為他根本沒有讀過狄更生的作品，正如我不曾讀過凱勒的作品，而他認為狄更生就是我所謂的地區性的名人。

那真是一場毫無內容的演講，或許因為我很早便擁有敏銳的鑑別力。但是他們對一個母親全然不曾讀過的作家給予如此高的讚譽，卻沈重打擊了我內心最深處的質樸信念。我的報導令母親大感詫異，她說：「我不知道，我現在得讀點他的作品。」當我再度去厚亭根讀書會時，一直待到最後才向他們定了《賽德維拉的野人》（*Feldleute von Seldwyla*）一書。櫃台小姐微笑著，一位借了好些書的先生把我當成文盲，在一旁糾正我，並且問道：「你已經識字了嗎？」我感到萬分羞愧，日後觸及凱勒的作品時更顯得冷漠。連我自己也料想不到有那麼一天，居然會沈醉於《葛林・亨利希》（*Grünen Heinrich*）。我回到維也納當起學生時，深深為果戈里⑩所吸引。就我當時對德語文學的認識，認為唯有〈三位公正的製梳匠〉這篇故事足以相媲美。如果我有幸得以在二〇一九年站在布道家教堂的兩百周年慶祝大會上，並且發表向凱勒致意的演說，我會為他找到一些全然不同的讚語，來折服一個十四歲少年無知的高傲。

危機中的維也納。來自米蘭的奴隸

母親忍受了兩年與我們共同生活的日子，我們完完全全地占有她。我自己感到很快樂，因此認為她亦當如此。我未曾料想得到，這樣的日子對她而言非常難受，並且有所欠缺。過了兩年全心照護我們的日子後，她的體力日漸衰退，兩年前在維也納發生的事情又再度降臨到我們身上。我未能察覺她內在的某種力量正逐步崩塌。厄運又一次以疾病的形式來到我們

⑩ Nikolay Gogol，1809~1852，俄國作家，長於描寫俄國的生活，作品中結合了諷刺、寫實與幻想，較著名的有《狂人日記》（1835）和《欽差大臣》（1836）。

之間。當時的一場大流感，幾乎在一九一八至一九一九年間的冬天侵襲了整個世界。我們三個兄弟和我們所認識的人，包括同學、老師、朋友無一倖免於難。因此對於她生病這回事，並未察覺任何異處。或許她缺少了正確的照護，又或者是她太早起床了，突然間，她的情況變得十分複雜，形成了血栓症，她必須住進醫院躺幾個星期。當她回到家時，再也不是從前的她了。她得經常臥床休息，調養自己的身體，無法再操持家務。她對自己住在一間狹小的公寓中感到束縛和壓迫。

夜裡她不再跪坐於她的椅子上，以拳頭托住自己的頭。我一如往昔為她準備了成堆的史特林堡，她卻連碰都不碰，史特林堡失寵了。她說：「我太不平靜了，他令我沮喪，我現在不能讀他的書。」夜裡我在隔壁房間的床上躺了下來，她會突然坐到鋼琴邊，彈起悲傷的曲子。她彈得很小聲，為了不吵醒我而輕聲吟唱。接著我聽見她的哭聲，並且對著我父親——一個已經死了六年的人說話。

接下來的幾個月，她的身體與日俱衰。隨著她每下愈況的虛弱狀況，我和她都深信不可以再繼續這樣下去了，她必須拋開所有的家事。我們反覆商議著如何安置我和兩個年紀小的弟弟。弟弟們都已經上了位於歐柏街的學校，但那只是小學，如果他們再回去洛桑的寄宿學校（一九一六年他們就曾經在那裡待過好幾個月），對他們而言也沒有什麼損失。他們的法文並不特別好，可以趁此機會加強。但是我已經是州立學校中的實科中學學生了，而且在學校裡感到很愜意，大部分的老師我都很喜歡，當中有一位是我最喜愛的。我告訴母親：我絕不去任何一所沒有他的學校。她十分清楚我這種時而贊成時而排斥的激情，這可不是開玩笑。

她考慮了好長一段時間後，終於決定我可以留在蘇黎世，但是得找個住所寄宿。

她會竭盡所能地恢復健康，夏天我們還會一起去伯恩高地渡假。等我們三個人分別安頓好之後，她要去維也納讓一些優秀的專家替她徹底檢查一番，那裡尚留有幾位專家。他們會建議她一些正確的療養方式，而她也會嚴格遵循他們的意見。或許一年之後，我們才能再共同生活，也許更久。戰爭結束了，這吸引她回維也納。我們的家具和書籍都留在維也納，誰知道過了三年後都變成什麼樣了。有太多的理由得去維也納，然而最主要的理由就是維也納本身。我們不斷聽人談論起維也納的情況變得多麼糟糕，除了私人的理由，她覺得自己有義務去看看那兒的情形。戰爭進行之際，她只要一想到奧地利便感到某種痛苦，奧地利崩裂了，對她而言，這個國家是由維也納組成的。她曾經盼望著軸心國失敗，因為她確信是他們開啟了戰端。現在她自認對維也納有責任，覺得自己愧對了維也納，似乎是因為她的信念才使得這座城市陷於災難之中。一天夜裡她嚴肅地對我說，她必須親自上那兒去，看看那裡的狀況。只要一想到維也納可能完全毀了，這樣的念頭著實令她難以承受。我開始有些理解，雖然仍不是十分清楚，她的健康、她的清明、她的堅強以及她對我們的態度都隨著戰爭的終了而崩潰。誠然她曾經如此熱切盼望著戰爭的結束，然而這所有的一切都與奧地利的瓦解有關。

我們不得不接受即將分離的計畫，我們再次前往坎德斯德格共同度過夏天。我早已習慣陪她一起住大飯店，她自年少時期便不曾住過其他地方。她喜歡低沈的氣氛，彬彬有禮的服侍，還有那些不斷變換的客人們。人們得以在用餐之際從自己的位置上觀察他們，又不至於明顯地流露出自己的好奇心。她喜歡對著我們談那些客人，臆測那些人的經歷，並且嘗試著猜測他們的出身，輕聲指責或評論他們。她認為經由這樣的方式，我可以對廣大的世界有所認識，又不至於太過接近，因為她覺得親自體驗對我而言還嫌早了些。

前一年夏天我們去了鐵力士山，它在烏納湖上方的一處台地上。我們經常陪她一塊兒穿過森林前往路特利草地。剛開始是為了向威廉．泰爾致意，不久便轉而去採那些散發香味的仙客來。她喜歡那些花的香味，但對沒有香味的花，她連看都不看一眼，簡直無視於它們的存在。她熱愛鈴蘭、風信子、仙客來和玫瑰。她喜歡說那是因為孩提時期父親花園裡玫瑰的緣故。我從學校帶回來自然史的簿子，勤奮地在上頭描繪，這是一項賣力卻失敗的工作。她一把推開了它，我永遠無法引起她對它的興趣。她說：「死的！這一切都是死的。它沒有香味，只是令人傷感。」然而她卻深為路特利草地所吸引，她說：「瑞士從這裡興起是不足為奇的，在這些仙客來的香味下，我也會說出所有的誓言。他們早就清楚自己所保衛的是什麼。為了這些香氣，我願意捨棄我的性命。」她頓時明白自己長久以來總覺得威廉．泰爾缺少了些什麼，現在她知道了：缺的就是氣味。我對此提出異議：彼時這裡可能還沒有仙客來呢。她說：「它們當然早就存在了，否則今天便不會有瑞士。你以為他們還會發誓嗎？這裡，就是這裡，這些香味給了他們起誓的力量。難道你以為世界上的其他農人不曾受過地主的壓迫嗎？為什麼僅僅發生在瑞士？為什麼發生在這樣的內陸？為什麼瑞士會建立於路特利草地上？我現在知道他們的勇氣源自何處。」這是她第一次對席勒產生疑惑，之前為了免除我的困惑，她絕口不提。而今她在這些香味的效應下對我產生些許信賴，進而拋開自己的猶豫，提出長久以來困擾著她的問題：席勒的爛蘋果。

「我認為他在寫《強盜》（*Räuber*）時情況不同，當時並不需要腐爛的蘋果。」

「那麼《唐・卡洛思》和《華倫斯坦》呢？」

她說：「是的，是的，你知道就好。你很快就會了解，有一些作家的生命是借來的，而另外一些則擁有生命，就像是莎士比亞。」

我非常憤慨，她居然背叛了我們在維也納的那些夜裡共同閱讀的莎士比亞和席勒，於是話說得近乎無禮：「我想，你大概被那些仙客來給迷昏了，以至於說出自己通常並不作此想的話語。」

她讓事情就此打住，想感受一下其中的道理；我自己導出一個結論，並且顯得不突兀，令她感到很開心。對旅館的生活我也維持清醒的頭腦，無論如何不為那些高貴的客人所矇騙，即使他們真的是高貴的人。

我們住在「格蘭大飯店」，她認為人應當偶爾適應一下這種生活，至少在渡假期間。趁早習慣生活的轉變，其實也不壞。在學校時，我也和形形色色的同學在一起，更因為如此而喜歡上學校。她希望我不是因為學校的課業對我很容易而喜歡上學。

「這不正是你所要的！如果我在學校成績不好，你會鄙夷我。」

「我不是這個意思，我從來没有這樣的念頭。但是你喜歡和我聊天，又不希望我覺得無聊，所以你必須懂很多。我可不要跟一個腦袋空空的人聊天，我得誠懇地待你。」

我對此早有領會。然而我依舊無法理解，這和住在高級飯店有什麼相干。我非常清楚這與她的出生背景有關，也就是她所謂的「出生於良好的家庭」。她的家族中存在著一些差勁的人，還不僅僅只是一個，她開誠布公與我談論他們。她的堂哥（也是她的姊夫），當著我的面高聲斥責她，以卑鄙的方式指控她。難道他不是出自同一個家族嗎？這又好在哪裡？最後她解釋說，他想要更多錢，比他已經擁有的還要更多。只要一談到她那「優秀的家族」，我便踢到鐵板了，她執拗於此，且毫無動搖，全然無可理解。有些時候我對此深感絕望，猛力攫住她喊道：「你就是你！你勝過任何家族！」

「你真是放肆。你弄痛我了，放開！」

我放開了她，但是鬆手之前又說：「你勝過世界上任何其他的人。我知道的。我知道的。」

「有那麼一天你會改變你的說法，屆時我不會提醒你。」

然而我不能說格蘭飯店的生活令我感到不快，那兒發生了太多事情。我們逐漸同那些曾經長途旅行過的人聊了開來。我們在鐵力士山時，一位老先生和我們談起西伯利亞。又過了幾天，我們結識了一對夫妻，他們曾經航行於亞馬遜河。次夏在坎德斯德格，我們自然而然又住進了格蘭飯店。鄰桌坐了位沈默的英國人，牛頓先生，他老讀著一本薄薄的書。直到母親發現那本書是狄更生的作品，而且居然還是《塊肉餘生記》，這才使她安靜下來。我的心神因此而飛向他，他並未有所察覺，繼續維持了好幾星期的沈默。一日，他帶著我還有兩個年齡相仿的孩子一道去遠足。在我們六個鐘頭的路途中，他僅偶爾對我們說了不超過一個音節的字。當他帶著我們回到飯店，把我們交給各自的雙親時，下了個註解：伯恩高地的風景比不上西藏。我直盯著他，活像他就是史文．賀汀本人。但是我對他的了解也僅止於此。

在坎德斯德格，母親又再次發作，證實了比她衰弱的狀況，也比在蘇黎世時所得到的諮詢更形嚴重，那是某個她內心裡的神祕事物。一個來自米蘭的家庭住進了飯店，太太是位美麗且活躍於義大利社交圈的女士，先生則是瑞士實業家，並且早已在米蘭住了許多年。他們帶了位名叫米契勒帝的家庭畫師同行，「一位享有盛名的畫家」，只能為這個家庭作畫，並且不時受到他們的監督。他的個子不高，舉手投足像上了鐐銬似的，受制於實業家的金錢且臣服於女士美麗的容顏下。他對母親驚為天人，一天晚上離開餐廳時，他向母親獻了一會兒殷勤。誠然他並不敢說要替她畫張肖像，但是她卻深信他的言辭中正有此意。我們乘著電梯上樓時她說道：「他會畫我。我將永垂不朽。」接著她在飯店的房間裡來回走動，並且重複說著：「他會畫我，我將永垂不朽。」她無法安靜下來，又過了好一會兒，孩子們老早上床睡覺了，只剩下我和她兩人依舊醒著。她根本坐不下來，就像在舞台上一般，不停在房間裡來回踱步，慷慨激昂地唱歌、說話，其實她根本沒說什麼，只是不斷以各種聲調來回說著：「我將永垂不朽。」

我試著安撫她，她那激烈的反應令我感到既陌生又駭人。我說：「但是他沒說要畫你啊！」

「他的眼睛說了！他的眼睛！他的眼睛！他當然說不出口，那個女人就站在我們旁邊，這要他如何說呢？她監視他，他是她的奴隸。為了養老金他把自己賣給他們了，他所有的畫作都屬於他們。他們強迫他畫他們所想要的。一位偉大卻又如此軟弱的藝術家！但是他想畫我，他要以不再作畫來脅迫他們，他會威脅他們。他會畫我，我將永垂不朽。」接著又開始了，末尾一句活像是牧師和教友間的連禱。我為她感到羞恥，又覺得可悲。一開始所受到的驚嚇消逝後，轉而感到憤怒。為了讓她醒悟，我藉著各種方式打擊她。她從來不談繪畫，那是她所不了解也不感興趣的一種藝術。令人感到羞愧的是，她卻在頃刻間重視起它來了。我說：「你從來沒見過他的畫作，也許你根本就不喜歡。你也不曾聽過他的名字，你又如何得知他是著名的畫家呢？」

「他們自己說的呀！他的主人毫不避諱地聲稱：一位來自米蘭的著名肖像畫家。他們囚禁了他。他總是盯著我瞧，從他的桌子直望著我，他的眼睛總是守候著我。他是一位畫家，對他而言這是一股不可抗拒的力量，我激發了他的靈感，而他必得畫我。」

許多人盯著她看，但態度絕非下流或放肆。對她而言這沒什麼意義，只是她向來不提，讓我誤以為她並未留意，因為她總是專注於某些思緒上。然而我不曾輕忽過任何盯著她瞧的眼神，我之所以隻字不提，或許是出於忌妒，而不只是尊敬她！但是現在她以一種古怪的方式加以彌補，對於她想永垂不朽這回事，並不至於令我替她感到慚愧（我能夠理解這些，但是我不曾料到她內心的渴求竟如此激烈而強大）。她把希望寄託在別人手中，更何況還是一個出賣自己的人，一個連她都覺得有失體面的奴隸。她把願望的實現寄託在這樣一個膽小卑鄙的傢伙身上，以及他那來自米蘭的有錢主人的心情。他的主子待他有如繫著繩子的狗，對他加以限制。只要他開始和某個人講話，隨即在眾目睽睽之下用口哨聲喚他回來。這令我覺得可怕，尤其無法忍受母親所受的恥辱。由於她不斷在一旁煽風點火，盛怒之下為了粉碎她的期望，我殘酷地提出證明：每當他離開餐廳，總要對著一旁的女士說上幾句恭維的話，直到他的主人拉著他的手離開。

她並沒有馬上放棄，反而像頭母獅子，為了米契勒帝所說的那些奉承話而奮戰；為了駁斥我，她肆無忌憚地對我直言他望著她的次數，她既沒有錯過，也沒有遺忘。正如她所坦承的，打從幾天前米蘭人抵達旅館後，她只是全神留意著他，期盼著他的恭維，刻意和他在同一時間抵達餐廳出口。她雖然視那位美麗的社交名媛——他的女主人——如瘟疫一般，卻承認她能理解那女人的動機。母親正如她一樣，無論如何都想讓他為她畫像。畫家知道自己放蕩的個性，因此自願成為奴隸。為了不讓自己墮落，同時也為了他所熱愛的藝術（藝術對他而言超越所有的一切），他這種做法是對的；對他來講，這是最直截了當的方法。我們這樣的人，無法明白一個天才所承受的誘惑，在這種情況下我們所能做的，只是安靜走到一旁等待著，看看能否引起他的興趣，讓他得以發揮。此外，她堅持相信他想畫她，讓她永垂不朽。

自從在維也納時講師先生造訪我們喝下午茶後，我不曾對她感到如此深惡痛絕。事情發生得有些突然，不過就是在抵達旅館的那一晚，那位米蘭來的瑞士人，當著一群人面前無意間說了句關於小米契勒帝的評語。他以特有的方式指著自己的白鞋罩，搖著頭說：「我不知道那些人到底要他怎麼樣。每個米蘭的人都想請他作畫，他不過只有兩隻手罷了！」母親或許感受到我的憎恨，維也納時期她曾領略過長達數週的難受滋味。因此儘管她陷於妄想當中，仍注意到我的敵意。起初她感到困擾，之後則深覺危險。雖然她依舊堅信著畫像事件，不斷重複同樣的字眼，然而我瞭解那股頑強的力量已逐漸衰微。突然間她走出房間，站在走廊上威脅我，語帶嘲諷地說道：「你不是在忌妒我吧？要不要我告訴他，他可以同時畫我們兩人？

你這麼急嗎？難道你不想自己爭取？」

對於如此卑鄙又錯誤的指控，我實在無法反駁。雖然我啞口無言，但是思緒卻不然。她說著那些話時終於瞧著我看，她從我臉上讀到那些話引起的效應，然後突然間崩潰了，抱怨的語氣無比激動：「你認為我發瘋了。你的一生還在眼前，我的一生卻到了盡頭。難道你是老人家嗎？你再也不了解我了？你是著了祖父的魔？他向來痛恨我。但是你父親不然，他不會的，如果他仍活著，他會保護我，不讓我受到你的傷害。」

她筋疲力竭，開始哭了起來。我擁著她，輕拍著她，出於同情心便支持她對那幅畫像的渴望：「那張畫一定很美，你得單獨出現在畫上，就只是你一個人！所有的人都會讚嘆不已，我會告訴他，請他務必把畫送給你。如果畫能進到博物館，那最好不過。」她喜歡這個提議，於是漸漸平靜下來。但是她覺得非常虛弱，我於是扶她上床。她的頭無力地靠在枕上，狀似虛脫，她說：「今天我是孩子，而你成了母親。」接著才入睡。

次日，她膽怯地避開米契勒帝的眼光，我看著她，內心有點擔憂，她的熱忱消褪了，不再有所期待。畫家恭維其他女士的時候，又被主人給拉開了，她並未注意到這情景。又過了幾天，米蘭人一行離開了飯店，那位女士似乎顯得不甚滿意。他們離去後，飯店主人盧斯里先生來到我們的桌旁，對母親說道：他不喜歡這種客人。他打聽過了，那位畫家一點兒也不出名，顯然他的主人正為他找工作。他正派經營飯店，對那些冒險家而言，這地方並不適合他們。鄰桌的牛頓先生，從薄冊子後抬頭看了我們一眼，輕輕地點著頭，想說些什麼，卻欲言又止。這樣的舉止就足以表達他的意思，盧斯里先生和我們都認為他並不贊同那些人。母親對盧斯里先生說：「他這樣的行為並不合宜。」飯店主人離開後又繼續巡邏著，並向其他客人致歉。米蘭人一行離開後，大家似乎都鬆了一口氣。

第五部

蘇黎世—深井區

1919—1921

「雅塔」會館的老小姐們。維德金醫師

我不知道「雅塔」這個名字的起源，但聽來有些熟悉，因為它帶著土耳其味道。它的房子位於外邊的深井區，鄰近著湖泊，湖與房子中間隔著街道與鐵道。房子的地勢較高，座落在群木環抱的花園裡。人們走一小段斜坡，便來到房子的左側，它的四個角落各栽種了一株高聳的白楊樹。樹和屋子的距離很近，像是把屋子給頂起來。從大老遠的湖邊就可以看到這些樹群，它們減輕了房子的壓迫感，並且標明了房子的位置。

長春藤和常綠樹遮掩了花園的前庭，這兒有足夠的空間供人躲藏，從街道上是看不進來的。一棵壯碩的紫杉矗立在屋旁，茂密的樹枒像是等著人攀爬，轉眼間便能爬到樹頂。

屋子後方，順著石階而上，是一處老舊的網球場，那兒再也不能打球了，因為地面崎嶇不平。它適合舉行任何公開的活動，就是不適合打網球。石階旁的一棵蘋果樹，果實多得令人吃驚。我剛搬來的時候，果實多到樹不能承載的程度，大夥兒只得多方設架才能撐起它。如果有誰蹦上台階，蘋果就落一地。左側的一間小邊屋，牆上爬滿了植物，裡頭分租著一位大提琴家和他太太，從網球場就可以聽到他拉奏的聲音。

真正的果園在後頭，果實纍纍產量豐富。旁邊的一株蘋果樹，它生長的位置常映入人們的眼中，這樣一來，果園倒不那樣的明顯。

要進入屋內的話，得先順著斜坡穿越一個廳堂，堂內陳設簡單得有如一間搬空的教室。一些寫作業和信件的年輕女子，通常圍繞著一方長桌坐著。一段長時間裡，雅塔會館是年輕女孩的寄宿學校，不久前才轉型成專供膳宿的會館。住在裡頭的，都是些各個國家來的少女，她們不在會館內上課，而是到外面的機構學習，不過還是回到會館一同用餐，並且由一些女士們看管。

樓下的那間長形餐室常散發著一股霉味，裡頭空蕩蕩的不輸給大廳。三樓的閣樓小房間則是我睡覺的地方，那兒又窄又簡陋，不過我可以由花園的樹群間望出去看到湖。

深井火車站離會館所在的湖濱街並不遠，街上有一座天橋直通車站。一年當中，有些時候太陽會恰好於我站在天橋上時升起，雖然我遲到且有些匆忙，但還是來得及待在天橋上，向陽光致上我的敬意。然後我衝下木製階梯跑向車站，跳上火車，車子穿越隧道駛向下一站曬穀場車站。我由黑米街狂奔至州立學校，不過我經常四處駐足，瀏覽一些景物，因而到校時往往太遲。

回家時我會用走的，穿越位置較高的周里克街。我大多和一位住在深井區的同學一道走，兩人常談些重要的話題。到了屋前要分手時，我總有些抱歉，因為我從不和他提到那些女士和年輕女孩，她們和我是住一塊兒的，我怕他以為我會沾點女孩子氣而瞧不起我。

圖蒂・葛拉多許是個巴西女生，六年來一直住在雅塔會館。她是彈鋼琴的，讀音樂學校，鎮日待在屋內。人們進屋子時，難得聽不見她的琴聲。她的房間在樓上，白天至少練琴六小時，往往更久。大家都聽慣了她的琴聲，一旦她不彈了，還真不太能適應。冬天裏，她總是裹著一堆毛衣，因為她凍得很慘。這種氣候不是她所能忍受與習慣的。她沒有假期，而父母住在里約熱內盧，離這兒實在太遠了，六年間她都沒有回家。她熱切盼望的，不過就是那裡的太陽。她不會談起父母親，最多是收到家書時稍微提一下，但是家書也很少，一年就是那麼一、兩封。葛拉多許這個名字是捷克語，她父親由波西米亞移民到巴西的時間不算太長，但她是在巴西出生的。葛拉多許的聲音很高亢，又有些尖銳。我們很喜歡談天，無所不聊。她激動時特別吸引我。我們有著不少高貴的共同想法，而且都瞧不起商業行為。雖然她比我大五歲，不過我堅持自己比她懂更多。當這個來自所謂野蠻國家的人兒擁護情感而反對知識、並且以為知識有害與腐蝕人心時，我就會起而捍衛知識的必要性。這時我們兩人一定會陷入爭吵，最後就真的扭打起來。我試著用手壓制她，把手臂伸長阻止她靠近，因為我們爭吵時，她身上會湧出一股強烈的氣味令我難以忍受。她大概不知道自己身上的味道有多難聞，而我們這種不碰觸軀體的爭執，可能也被她解釋成我畏懼她的年長吧！夏天時，她穿著自稱為梅麗達服飾的東西，那是種白色襯衫式的衣服，圓領剪裁。當她俯身時，可以瞥見她的胸脯，我雖然注意到了，可是對我來說沒什麼意義。只是有一天，我發現她的胸部長了一大塊瘀痟，忽然間對她感到萬分同情，好像她患了瘋瘋病而被他人排斥似的。她的確像沒人要的，因為多年來，她家人就沒有付過她的膳食費用，而不斷地請求米娜小姐再續延一年。圖蒂覺得自己受人施捨，因為這個理由，所以她和那隻老聖伯納犬凱撒特別親近。牠大部分的時間都在睡覺，身上帶著一股怪味道。不久後我才想到，原來圖蒂和凱撒的味道聞起來很相似，不禁有點兒不好意思。

但我們仍是朋友，我也很喜歡她，因為我倆什麼都可以談。實際上，我們是調音器，她不間斷地彈奏、而且具有六年住房經驗，我則是房客中資歷最淺的，又是唯一的男性；她是會館中年紀最大的，我是最小的。她了解會館中所有女士的各種面目，而我只懂得她們最好的一面。她憎恨偽善，如果哪位女士讓她想到什麼不妥之處，她便直言不諱不留餘地。她不陰險也不卑鄙惡毒，是個溫順且有洞察力的人。她生來似乎就飽受冷落和不受尊重，從父母親對待她的態度，就知道她早習慣了這種命運安排。當我察覺到她在戀愛這方面也不順遂時，自然有些感傷。彼得•史派塞的鋼琴彈奏得比她好，他的外在舉止像是個純熟而有自覺的演奏會能手，這是她從音樂學校得知的。他也上州立學校，是和我同年級的另一班學生，我和圖蒂最先談論的人，就是他。我太天真了，没注意到圖蒂為什麼老是提起他，直到半年後，偶然間我發現圖蒂隨手寫給他的信件草稿，拜讀之後，我才恍然大悟。我問她，她坦承一切，並說自己愛得很不快樂。

這段時間，我把圖蒂視為理所當然的財產。它不需要費什麼力氣，就一直在那兒，而且單純地屬於某個人。所謂的「屬於」，完全没有別的傷害之意。自從她向我招認以來，她便不屬於我了。現在我彷彿失去了她，她像是某種遺落的東西而對我重要起來。我告訴自己看不起她，因為她把吸引彼得注意所作的種種努力都說給我聽，聽來真慘。她只盼卑躬屈節，像個天生的女奴似的。她希望被他踩在腳下，在書信中拋棄所有的自尊。但是對彼得這個驕傲又自大的人來說，忽略她也不是什麼難事。他根本便瞧不見腳跟前的女子，若踩著她，只能算是個意外，他甚至不會留意到這個意外。圖蒂也有自己的傲氣，保護著自身的情感，她對感情既嚴肅又莊重。她堅持感情的獨立性，就像是她的愛國心。我們大家愛的是瑞士，是學校，是共同生活的會館，她不同，她認為這類的情感不成熟，彼得對她比整個瑞士更重要。在她的音樂學校同學之間，於同一個老師的指導下，他是最出色的。他未來的音樂生涯很受到肯定，家裡則提供他多方面的幫助。他嬌生慣養，總是穿戴得很俊美；他有一頭藝術家的長髮，和一張說話誇張也不會感到不自然的大嘴巴，不過他對所有的人都一樣友善，以他這個年齡來說是夠和氣的啦！他不忽略任何人，因為每個人都會為他喝采，他只是不能忍受圖蒂特別熱情的鼓掌罷了。她寫了一堆給他的求愛信，都沒有寄出，卻故意忘記撕毀，最後則把所有的內容謄寫成一封信寄給他——當彼得了解圖蒂對自己的態度之後，就不再和她說話，最多只是站在遠處，冷冷地問候一下而已。這段時間裡，圖蒂向我訴苦，這時正值夏天，她穿著那件永遠的梅麗達服裝，當她俯身說明如何卑躬屈節地委從於彼得的意志時，我瞥見她胸口的巨大癤瘡，不禁燃起同情之心。

米娜（Mina）小姐的名字中只有一個n，她說自己的全名應該是赫米娜・赫爾德，和邦汗姆的蜜娜（Minna）無關。在管理會館的四葉苜蓿中，米娜是領頭的，她也是這四個人當中唯一有正職者，她是個畫家，且以此感到自豪。她那圓得過分的頭，深陷於兩肩之間，並且嵌在有些過短的軀幹上。當她打直身體時，好像少了脖子似的，脖子像多餘的器官。她的頭很大——對身體來說，也實在太大了一點；臉上布滿了數不清的紅色微血管，特別是兩邊的臉頰上。她六十五歲了，但工作起來毫無倦容，若有人恭維她精神抖擻，就會得到這樣的回答：繪畫讓我青春永駐！她說話很慢、很清楚，和她走路一樣；她老是穿暗色的衣服，裙襬及地，只有當她爬到三樓並縮回她的畫室「麻雀窩」去作畫時，大家才會注意到她的腳步。她畫的無非就是花朵兒，她稱那些是她的孩子。她是以植物圖鑑起家的，了解花卉的特性，也很得意於植物學家對她的信賴，他們很樂意請她為書作畫。她談到這些植物學家時，便好像談起好朋友，其中常提到的兩人是施若特（Schröter）教授與薛倫柏格（Schellenberg）教授。施若特的《阿爾卑斯山植物誌》（*Alpenflora*），是她最有名的插畫作品。有一次薛倫柏格教授來會館，那時我還住那兒，他帶來一種有趣的地衣或苔蘚植物，然後像是課堂授課似的，詳盡而繁瑣地用德文寫出來，並解釋給她聽。

她的安詳特質大概和繪畫有關。只要哪天她對我有點兒好感，我便能受邀到她的「麻雀窩」，她允許我在那兒看她作畫。讓我驚訝的是，她作畫的速度好慢、好莊重。畫室的氣味很獨特，是其他地方都無法比擬的，我嗅了之後，幾乎都不想進去了。但就像這裡瀰漫的氣氛一樣，我聞嗅時也得小心謹慎。只要一拿起畫筆，她便開始講解接下來要做的事：「現在我要用一些白色，只用一點兒白色！嗯，我用白色，因為其他顏色都不適合。我一定要用白色！」她一直重複著顏色的名字，而且也只能一直說著，實際上她說的就只是這些而已。空檔時，她會提到那些她畫的花卉名稱，但都是些植物的學名。畫的時候，她清楚地把每種花朵與其他種類區隔開來，這便是她畫植物圖鑑的態度，人們從她以及她筆下的色彩那兒學到了植物的拉丁學名。除此之外，不管是植物的產地、構造或功能也好——所有這些從師長處學到的自然史內容，對我們來說都是新奇與迷人的事物，——或者是我們應該畫在練習本上的東西也好，她一律不提。造訪麻雀窩，帶有一點儀式的成分，這儀式是由松香油的味道、調色盤上的色彩，以及植物的拉丁學名所共同構成的。在這類的事物中，米娜小姐看出了某種可敬又神聖的東西。有一次她對我掏心地說：她是侍奉神祇的處子，所以終身不嫁；把生命奉獻給藝術的人，必須放棄人子的幸福。

米娜小姐天性溫和，從不傷害別人，這和花卉有關。她對自己的評價還不錯，她希望墓碑上刻著如下的句子：「她很善良。」

我們住湖邊附近，還去划過船；基爾希山就在對岸，有一次我們划去那兒，想造訪康拉德・菲迪南・邁雅①的墳墓，那時我很喜歡這位詩人。墓碑上簡單的銘文令我十分驚訝，銘文中未曾提及「詩人」，沒有其他人的悼念，也沒有任何人表示永誌不忘，只有這樣一句話：「康拉德・菲迪南・邁雅安息於此，生於一八二五，卒於一八九八。」每多一個字都會減損這個名字，這事我懂。我第一次意識到只有名字才重要，只有它才肩負一切，除此之外，所有多餘的東西都黯然失色。回程時不是輪到我操槳，我不發一語，墓碑上銘文的沈默感染了我；忽然間，彷彿也不是只有我一個人才對墳墓沈思，因為米娜小姐說話了：「我希望自己的墳地上只有一句話：她是善良的！」這個當兒，我一點兒也不喜歡米娜小姐，我覺得剛才所造訪的墓地主人——那個詩人，對她來說根本沒有絲毫意義。

她常提到義大利，這個國家她很熟稔。早些年，她曾是拉斯柏尼伯爵家的教師。她當年

① Conrad Ferdinand Meyer，瑞士詩人，作品有現實主義風格。

的學生——現在的年輕伯爵夫人，每隔兩年便會邀她到里米尼附近聖阿卡吉羅的羅卡去玩。拉斯柏尼一家人都很有教養，家中有趣的訪客絡繹不絕，那些年來，米娜小姐著實碰到了不少這類人物，但是她對真正的名人很挑剔。她比較關注那些靜中自得的藝術家，或許她想的就是自己吧！特別的是，除了她之外，羅絲小姐以及會館的其他女士，也都認可那些公開發表作品的詩人。如果舉行系列的朗誦會，會中有中生代或新生代瑞士詩人出現的話，至少羅絲小姐會去參加。她比較常負責的是文學，而不是繪畫領域，所以定時會去朗誦會，並且隔天會在大廳向眾人來一個詳盡報導，內容則是關於該男詩人的特質：大家都太認真了，只要聽不懂他朗誦的詩時，就會容忍他鞠躬時的害羞，或接受他說錯話時的慌亂。但她們對名人的態度則有所不同，她們以完全不同的批判眼光對待他們，並且鄙視各種與她們不同的特質。

幾年前，這房子還是間女子寄宿學校時，女士們四處廣邀詩人來為那些女生朗誦自己的作品。卡爾・史匹特勒②就曾專程由魯茨趕來，並和女孩子們相處得很融洽。他喜歡下棋，並由眾人中找到了保加利亞籍的女生拉卡充當最恰當的下棋對手。年逾七旬的他坐在大廳中，手撐著頭，看著女孩緩緩地說：「她真美，她真聰明！」雖然不是每局棋都如此，但次數也頻繁到理所當然似的。他對女士們可從沒說過類似的話，她們根本不是他關心的焦點。他對她們不甚禮貌，或者乾脆就沈默不語；他坐在拉卡對面，注視著她，然後再次說起：「她真美，她真聰明！」這件事常被拿出來數落，而且一次比一次憤慨。

---

② Carl Spitteler，1845~1924，瑞士詩人，作品皆描述希臘神話，曾獲一九一九年諾貝爾文學獎。

這四位女士中，有一位「曾經」很善良，但不會提起自己的事。她不作畫，從不聽演講朗誦，最喜歡在花圃工作，大家常在那兒遇到她。如果天候許可的話，她會冒出一個友善的字眼，不過就只是一個字眼而已，絕不長篇說教。雖然她成天與植物為伍，但我卻回想不起任何從她那兒聽到的關於花卉的拉丁學名。西格里斯特太太是米娜小姐的姊姊，以她六十八歲的年齡看來，是真的老了。她有一張飽經風霜、布滿皺紋的臉；守寡的她有一個女兒，女兒便是羅絲小姐。羅絲小姐一直都擔任教師，成天說個不停，這一點和她母親完全不同。

所有的人都不會認為她們當中，這一個是女兒，那一個是母親；大家全知道這層關係，但在日常生活中則想不起來。這四位女士鞏固得像一個整體，決不會使人聯想到任何男人。不過也不全然如此，她們總有爸爸，但感覺上，她們的父親似乎從來不曾來過這個世界上。西格里斯特太太是四人中最有母性、也最包容的，我從未聽她說過什麼偏執或詛咒的話，但她也從未表現出一個母親的樣子。我不曾聽她提到「我的女兒」這幾個字，如果不是圖蒂告訴我，我恐怕不會察覺。她們四位的母性只侷限在自己的圈子當中，感覺上好像是什麼不合法的事情一般，有些不體面。西格里斯特太太也是四人當中最安靜的一位，她不凸顯自己，不愛指示也不愛安排，也許大家會聽到她出聲贊成某件事情，不過也只是出個聲而已，而且要單獨在花園遇到她時才會如此；若是晚間四個人都坐在客廳的當兒，她大多默不作聲。她坐在比較角落的地方，頂著一個圓圓的頭，尺寸不像米娜小姐的頭那麼大，倒是有些傾斜，而且老是斜向同一個角度；她皺紋頗深，看來像個祖母，不過沒人會這樣說，就連她和米娜小姐是姊妹的這檔子事，也沒人提過。

第三位女士羅蒂小姐，是她們的堂妹，大概算個窮堂妹吧！她最沒有權威了，長得最瘦，又最不上相，和其他兩姊妹同樣矮小，也幾乎一樣老。她的身體特徵突出，舉止言談耿直得像是老處女。她有點兒受到冷落，因為她沒有什麼智性方面的需求。她從不談到畫作或書籍之類的東西，這方面她讓賢給別人。大夥兒常看她縫縫補補，這她很在行。每當我站在她身旁，等著她替我縫鈕扣時，她就會以堅決的口吻說幾句話。她在縫紉這類的小事上頭，比別人在其他的大事上，表現得更有精力。她最少外出旅遊，但與城郊還保持聯繫，因為她表妹還住在伊許納荷的一棟農舍裡。如果我們散步得夠遠，偶爾還會拜訪她。羅蒂小姐常得在會館幹活（廚房的事她也幫忙），所以沒有一道前往；她很嚴肅、卻毫不悲苦地嚷著說她沒有時間，表現出果決的責任感！她鼓著一身傲氣，拒絕最想做的事！如果哪一次又說好要到伊許納荷遠足，會館內便繪聲繪影，可能……可能她這次也會跟著去喔！只是絕對不可以干擾她，讓事情順其自然，只要她看到我們在花園集合，應該就會加入我們。她的確會加入我們的行列，但僅限於請託我們向其表妹致上詳盡的問候而已。問她為什麼不去？——是啊！大家都想呀！屋子裡可有三天的工作量，而且明天就得做完！——她對這類的拜訪極其認真，但絕不受我們誘惑。她非常重視我們由表妹處捎回的問候，也很關注大夥兒輪流說明詳盡的拜訪始末。如果說明有不盡合意的地方，她便會發問或搖頭。這可是羅蒂小姐生命中的重要時刻，也是她唯一的要求，如果太久沒讓她聽聽關於表妹的報導，她的刻薄話會愈來愈多而讓人無法消受。但這種情形很少發生，大家只會私下想想罷了，不會公開出來，這也是會館的慣例。

我提及的四人當中的最後一位，就是那個最年輕、也最高大的羅絲小姐了。她的年齡最美好，還不足四十歲，身體強壯、精力充沛，是個體操能手，在網球場指導我們打球。她活脫脫就是個教師，很愛說話，講話的速度很一致，但老是講解得太詳盡。她對很多事物都有興趣，特別是瑞士的男詩人，這是因為她也教德文的關係。無論她提到任何事，感覺都差不多，因為語氣沒什麼變化。所有的事物都該了解，這是她自以為的責任；當然也有些困難的東西，是她無法回答的。不過大家鮮少有機會問她，因為她任何時候都只會講些自己的東西，好像有無窮的主動性似的。從她那兒，可以獲知「雅塔」自創始以來所發生的種種事情，可以認識到所有來自各國的寄宿女孩，可能還包括她們的父母親——因為偶爾（可惜不是經常）他們會出現在女兒登記入宿的時刻——也可以獲知這些女孩的功績、缺失，以及後來的遭遇、忘恩的行為與信實的表現。這些話若連續聽上一個鐘頭，大家可能就心不在焉了，不過羅絲小姐不會察覺；如果她為了某個原因必須中斷一下，她會留意自己暫停之處，以便稍後可以準確無誤地繼續下去。每個月她總會躲起來兩天，待在自己的房間不下樓用餐；她宣稱自己「頭殼作響」，這是她對「頭疼」的另一種直截描述。或許人們會以為這兩天是大夥兒的輕鬆日子，才不是呢！她不在，真的令我們十分難受，因為聽不到她對我們單調的說話語氣——果真如此，她也脫離了原來的自我，因為整整兩天獨自一人默默地消磨在房間裡。

羅絲小姐不像米娜小姐一樣，後者自視為藝術家而享有無上的權力。當其他三位努力於實際工作的當兒，米娜小姐泰半縮回「麻雀窩」，當然她也會寫些寄宿帳單，定期寄給家長，並且附上一封長信，內容強調她不愛寫帳單，因為她關心的是花，她筆下的花，而不是錢。此外，信裡詳實分析著學生的行為舉止和進步的情形，並且讓家長清楚了解到她深深地關心這些事情。信中措詞情感洋溢，表現得無私無我且高貴脫俗。

這四位女士統稱為「赫爾德小姐們」，雖然其中兩位如今用的是其他姓氏，若是由娘家出身來看，這個名字倒還正確。他們總是一體似的，在客廳一同喝黑咖啡，若天氣好，就端到門廊上喝；晚上則喝杯啤酒小酌一番。晚上是屬於她們的慶祝夜，無論什麼理由都禁止他人參加。不過她們允許我進入客廳，也算是特別優待吧！仔細嗅起來，那兒瀰漫著座墊兒的氣味，和女士身上舊衣服的陳腐味兒，還聞得到半風乾的蘋果，以及不同季節的花香。花香是會替換的，就像寄宿在會館中的年輕女孩一樣，但女士們身上的，才是始終一貫且維持優勢的基本氣味。這氣味並不難受，因為她們待我很好。不過我告訴自己：這裡規矩得像是架子上整齊排列的調味瓶似的，有些好笑。她們全都是十足的女人，除了西格里斯特太太之外，又全是十足的老處女。不過我純是口是心非，在這些老老少少的女人當中，我是唯一的男性，日子好過得不得了；對她們來說，我很特別，只因為我是——用瑞士德語來說——唯一的「男孩」；我卻沒想到，在我的位置上每個其他的男孩都會一樣地特別。基本上說來，我愛做什麼就做什麼，閱讀和學習那些我感興趣的東西。晚上我也到屬於女士們的客廳，那兒有個書櫃，可以隨心所欲地挑選書籍。在那兒可以馬上讀插畫書，其他書籍則帶到大廳閱讀。那裡有摩里克③的詩和小說，我讀得讚嘆不已；還有史托姆（Storm）的深綠色書，與康拉德・菲迪南・邁雅的紅皮書冊。有一段時間，他是我最喜愛的詩人，湖泊把他和我緊緊聯繫在一起；

③ Eduard Friedrich Mörike，1804~1875，德國抒情詩人。

每一個白天和深夜，那經常響起的鐘聲、纍纍的果實，還有歷史題材——特別是義大利，如今我終於藉著書本經歷到這個國家的藝術，也在朗讀中更加了解這個國家。在那個書櫃中，我首次接觸的作家是雅可布・布克哈特④，然後便開始閱讀他的《文藝復興的文化》（*Kultur der Renaissance*），不過當時也沒能讀懂多少。對一個十四歲的男孩而言，這本呈現多方風貌的書，委實包含了太多人生範圍的經驗與思索，這些內容對我是隔閡了一些。不過這本書當時對我也有激勵作用，促使我看得更遠更廣，而且加強了我對權力的不信任。和布克哈特這些人比較起來，我很訝異自己的求知慾竟然那麼淺薄貧乏，我連做夢都想像不到他們那種聞所未聞的高深程度。我讀完那本書之後，並沒有出現具體活現的布克哈特形象，他消失了，他把自己消融到書本當中；我記得自己那時很沒耐性，把書放回了櫃子，彷彿他操著另一種我幾乎不熟稔的語言而避開我。

我真正忌妒的是一套三冊裝的「豪華套書」，書名是《自然的奇蹟》（*Die Wunder der Natur*），看來很珍貴。我不敢希冀能擁有它，也不敢問她們，是否能讓我把它帶到大廳閱讀。女孩子們對這套書是不會有興致的，感覺上彷彿是褻瀆她們似的，所以我只在女士們的客廳閱讀。有些時候，整個鐘頭我都安靜地坐在那兒，看著放射蟲、變色龍及海葵的圖片，在女士們的慶祝夜，我可不能發問而打擾到她們；如果我發現了什麼特別值得興奮的事物，也不會告訴她們，只是自己默想並暗自讚嘆。但要強忍住讚嘆的呼喊聲可不容易，因為大家

④ Jacob Burckhardt，1818~1897，瑞士藝術史家，《文藝復興時期的義大利文化》（1860）是其代表作。

總喜歡嚷嚷，如果女士們完全不知道長年擺在櫃子裡的書册說了些什麼，我會覺得非常有趣。

我不該在那兒待上太久，否則外邊大廳的女孩們便會猜忌我，以為我特別受寵。沒錯，我是很受寵，若這種受寵僅限於好感與重視，那麼她們尚不至於太討厭我，只有一點引起了大家的憤慨，那就是伙食。日常的伙食實在不好也不豐盛，女士們每晚還有一片麵包佐以啤酒，沒有人認為我應當從她們那兒再弄些東西來吃，事實上我也不曾如此，否則這種恩惠會令我羞愧萬分。

關於女孩子們，還有許多可談的，不過此刻我還不打算一一描述。我已經介紹過圖蒂·葛拉多許這個巴西女孩。她是最重要的人物，因為她長久以來一直都待在這兒，大夥兒來到此處之前，她就已經在這兒啦！對其他的人來說，她沒有什麼代表性，也不具特色，因為沒有人像她一樣來自那麼遙遠的國度。這些女孩子當中，有的來自荷蘭、瑞典、英格蘭、法國和德國，有的則來自於瑞士的法語區和德語區。有個從維也納來的學生，是來此作客接受「餵養」的，此時正值一次大戰後的飢荒時期，一直都有個別前來的維也納孩子。這些寄宿生並不是同時來的，會館的居民每兩年換一次，只有圖蒂沒換，理由正如我說過的，她父親一直積欠膳宿費用，這種窘境令她很尷尬。

所有的人都圍著廳堂的大圓桌工作，或寫作業或寫信。如果我不情願受打擾，可使用房子後頭的一間小教室。

我搬入「雅塔」不久，便曾聽女士們提到「維德金」這個名字，只不過名字前面加了「醫生」的頭銜，使我有些困惑。他常來會館，似乎和大夥兒很熟，我曾由瑞雪納、母親以及忘了是誰那兒聽說過他的大名，但是不太懂他來這裡做什麼。不久前他死了，但大家提到他時，好像他還活著似的。這個名字帶著某種程度的信任感，聽來像是得到眾人信賴的人；人們滿懷敬意地提起上次他來時曾說過的話，並表示他若再來，一定還要向他請教一些重要的事情。我很迷惑，在我的想法裡，這個名字應該只屬於另一個人，但我不敢追問詳細的情形。我自己設想的答案是：這一定關連到某種雙重生活。女士們顯然不了解他寫過些什麼東西，我也只是聽說他其實並沒有死，只有他的病患才知道，他仍在城郊的海濱街一帶行醫，那兒也就是我們居住的地方。

後來有個女孩病了，便延請維德金醫師前來。我在大廳裡好奇地等他。他到了，看來頗為嚴峻又無禮，有點兒像我厭惡的老師。他上樓探視病人，很快便下樓，然後果斷地把那女孩的病情告知在樓下等候的羅絲小姐。他坐在大廳的長桌前寫下處方，接著起身，站著和羅絲小姐交談。他的瑞士德語很道地，真是把欺瞞的雙重角色扮演得完美極了；雖然我對他缺乏好感，但他的表演成就仍慢慢地使我感到一絲佩服。此刻，我聽他直言（我不知道他如何開始這個話題）他的兄弟是家族中的敗類，又說他兄弟危害他的職業到令人無法想像的程度。有些病人因為害怕他兄弟而不敢再找他看診。其他的人問他：那種人不可能是你兄弟吧？他的回答永遠是這樣的：不管你們是否聽說過，反正一個家庭中總有不成材的，總有一些騙子、偽造支票者、冒充大人物者、詐欺犯與其他類似的惡棍，根據他的行醫經驗證實，這些人往往出身於正經家庭。監獄很適合這些傢伙，他認為不消考慮他們的出身背景，應該以最嚴厲的方式懲戒他們。現在他兄弟死了，所以他可以談談他兄弟的事；在正經人士的眼中，他兄弟的那些勾當，便刻畫出一幅破敗的形象啦！但他寧願保持緘默，有時想想，他兄弟走了倒好，如果他不曾生下來更好。維德金醫師堅定而沈穩地站在那兒，言語中帶著某種憤懣。我氣憤而忘形地走向他，腰桿打直地說：「但他是位作家啊！」

他呵斥我：「沒錯！就是這些錯誤的模範！男孩，你要注意，有好的作家，也有壞的作家，我兄弟是最差勁的作家。最好別當作家，學些有用的東西！」

他轉身問羅絲小姐：「這個男孩子是怎麼回事？他在做什麼蠢事？」

羅絲小姐替我辯護，他掉頭不應，離去時也沒有和我握手。在我尚未閱讀維德金的作品前，如此就足夠使我對他充滿好感與敬意，這樣看來，他是成功了。在「雅塔」的兩年間，我從不生病，為的便是不想讓那個心胸褊狹的醫生治療。

菠菜品種學。優尼烏斯・布魯圖斯

這兩年中的美好時光，母親都消磨在阿羅薩的森林療養院。我寫信給她的當兒，把她想成飄盪在蘇黎世的高空之中，我想念她時，目光會不自覺地朝向空中。弟弟們都在洛桑的日內瓦湖畔，在舒伊赫策街的公寓渡過一段擁擠窄小的歲月之後，一家人分散得很遠，所以形成這樣的三角地帶：阿羅薩—蘇黎世—洛桑。但是每週大夥兒仍有書信往返，信中談論各種事情，至少我的信是如此。不過，大部分時間我的注意力不在家人身上，而是轉向各種新奇的事物。日常生活的規條方面，四位女士的委員會（大家都這麼稱呼）代替了母親的職權；我無法想像她們就這樣地盤據了母親的位置，但實情確是如此。如果我要外出，或想做些什麼事，就必須轉而徵求她們的許可。我比以前更為自由，她們了解我的願望，而且也不曾拒絕，只有當我要求太多，例如當我想連著三天外出聽演講時，米娜小姐才會起疑，並近乎膽怯地拒絕我。不過這種情形很少發生，根本就沒有那麼多適合我聽的演講；空閒時，我倒比較喜歡待在會館，因為每次聽完演講（不管講的內容是什麼），都有一大堆東西要讀。一直接觸的事物，總會激起追求新知的波浪，向著每一個方向擴散。

我感受到的新鮮經驗，皆很活潑具體，猶如擴張的肢體感覺。有時候人們早已得知某些與新奇事物無關的東西，而另一些與其他事物相異的內容，則又進駐於原先空無一物的地方。人們以為空蕩之處，忽然就開啟了一扇門，而且發現自己置身於一處擁有自身光源的景觀之中；這無止境地延伸的景觀中，所有事物都有新名字。在那兒驚奇地穿梭往返，乃是一種欲求，好像從未曾到過別處似的。那時期「科學」對我而言，是個神奇的字眼。這可不像後來的情況：人們得節制追求事物的權力，得放棄多餘的東西；相反地，乃是意味著擴展界限與解放限制，意味著真實的、其他事物所進駐的新領域。但也不是有如童話與故事中所發現的新領域，童話故事是沒有人會反對的。那些使我著迷的、彷彿生活便依賴著它們的眾多老故事，終於讓我惹上麻煩。同學們嘲笑這些故事，在他們面前可不能提到這些故事，長大成人就意味著譏笑它們。所有的故事，我都好好保留著，繼續編織並從中發展新的內容，但知識的領域也很誘惑我。我創造一些學校的新科目，對某些舊學科，我亦發明一群古怪的名稱，不過我可不敢大聲地唸出來，只是日後當作祕密放在心底。但有些名稱我仍不甚滿意，只是對我個人適用而已，對其他人來說實在不算什麼；我當然也很清楚，編造它們，可不能把自己不懂的內容添加進去。對新鮮事物的慾望，絕無法藉由這些科目而得到滿足，人必須脫離狹隘，才能真正獲得新知，而這種功能就是「科學」。

藉由生活環境的變換，長久以來受到限制的力量也能獲得釋放。我不像從前在維也納與舒伊赫策街一樣守護著母親，她週期性的病症或許也是原因吧！不管承認與否，只要大家還同住一塊兒，彼此就有責任。我們不僅知悉對方所做的事，同時也能感受到對方的想法，但是相互理解的快樂與親密，往往也是彼此施虐的根源。這種監視，如今已減輕為書信的方式，只要運用點聰明，其實便能隱藏許多事情。反正她決不會把所有的事都告訴我，信中有的只是病情敘述，這一點我是相信的，也會研究一下病情。她來看我的時候，會提到某些她所認識的人，信上反而很少提起。她這樣做是對的，如果母親住的森林療養院中有哪個傢伙的惡行被我知道了，我會用盡全身的力氣撲過去，把他撕成碎片。她生活在一群新結識的人當中，這些人對她有著精神智識上的意義，他們是成熟的病患，年齡泰半比她大，卻過著特殊的閒暇生活，所以說話生動而迷人。在和他們交往的過程中，她認為自己真的病了，因而進行一種特別的、詳盡的自我觀察，之前為了我們的緣故，她可不允許自己這樣做。現在她擺脫了我們，而我也脫離了她和兄弟們的羈絆，大家獨立發揮各自的能力。

我不打算對她隱瞞那些新獲得的美妙事物。如果我聽過的演講使我得到滿足，我會具體翔實地告訴她，而她也會從中聽到某些自己從前不感興趣的東西：例如卡拉哈里的樹叢土著，東非的動物天地、牙買加島，還有蘇黎世的建築史以及意志自由的問題。至於義大利的文藝復興藝術——這東西她倒還可以接受——她打算春天去佛羅倫斯時參訪一下，我很詳盡地指導她彼時一定要看的事物。她對自己在造型藝術方面的膚淺感到很羞赧，所以偶爾也不排斥我這方面的指導，但她會嘲諷我關於原始人的報導，甚至嘲諷我對自然史的了解！因為她自己小心地隱瞞我不少事情，所以認定我也會這麼做。她真的認為我那些使她極度感到無聊的長篇報導，乃是要掩飾一些個人的生活與行為。她一直期盼知道一些關於我生活的真實報導，而不是什麼「菠菜品種學」——凡是與「科學」有關的，她一律如此諷刺。我自視為作家，她倒是接受而不厭惡；她並不排斥我提交給她的戲劇與詩歌寫作計畫，甚至也不阻撓我寄給她的完整戲劇作品，內中註明獻給她。對於我寫的那些粗糙東西是否有價值一事，則把懷疑留在心底，或許她也不能確定，因為這些作品都和我有關。但她毫不留情地拒絕一切和「科學」相關的事物，她絕不想在我寫給她的信件中讀到這類的東西，她認為我和這些玩意兒都沒有關連，我的嘗試只是想誤導她。

我和母親後來的疏遠，當時就已經萌芽了。她多方要求我具備好奇心，若此好奇心轉往她陌生的方向，那她會懷疑我的真誠與品格，她擔心我會步上祖父的後塵。對母親來說，他是個狡猾的喜劇演員，是個不能和解的敵人。

我得聽足夠的演講，並常對母親報導這些演講，才能逐步增強對她的影響，但這是個緩慢的過程，很花時間。一九一九年聖誕節，亦即我搬入「雅塔」的三個月之後，母親還沈浸在我獻給她的《優尼烏斯・布魯圖斯》（*Junius Brutus*）劇作的印象中。十月初開始，我每天夜裡都在後頭那間教室寫稿，那間教室是大夥兒為了我唸書而騰出來的。每天晚飯之後，我都在那兒待到九點或者更晚。學校作業我早就寫完了；若說我欺騙了誰，那大概便是「赫爾德小姐們」了。她們根本就不知道我每天花兩個鐘頭躲在那裡為母親寫劇本。這是個不能讓別人知道的祕密。

推翻了塔魁尼爾的優尼烏斯・布魯圖斯，是羅馬共和國的首任執政者。他執法嚴謹，當自己的兒子密謀參與反羅馬共和國的行動時，他判他們死刑，並下令處死。這個李維烏斯所寫的故事，給我的印象真是深刻。我很清楚，若換成父親處於布魯圖斯的位置，他一定會原諒我這個兒子，但父親自己的爸爸卻為了兒子的不順從而詛咒他。多年之後，父親對這樣的詛咒仍未釋懷，母親則老在他面前辛酸地提起這段往事。李維烏斯對此詳情著墨不多，只有短短的一段。我創造了布魯圖斯的太太這個角色，她為了兒子的生命而與丈夫奮戰，但毫無成果，兒子仍得處死，絕望中她由岸邊的一塊岩石跳入提伯河。劇本以她化為神祇作終。布魯圖斯得知妻子的死訊後，吐出了最後的話：「殺死兒子的父親，必遭詛咒！」

這其中含藏著我對母親的雙重敬意。其一我自己也察覺到了，並且在我埋首文稿的那幾個月裡一直強烈地縈繞腦中，我認為劇本會讓她快樂得康復。她的病情很奇怪，沒有人說得清楚她到底罹患什麼，所以我會用這種創作方式來控制她的情況，也就沒什麼好訝異的。關於第二重隱藏的敬意，彼時我毫無知覺。布魯圖斯最後的話，實際上就是對祖父的判決，依照家族部分成員（特別是母親）的看法，祖父以詛咒殺死了自己的兒子。我在維也納時，經歷過祖父與母親之間的鬥法，在這場不和中我堅定地站在母親這一方。或許她也感受到這層深藏的敬意，但我們從未談論過，所以我現在也沒有十足的把握。

或許有十四歲便顯露才華的年輕詩人，但我絕非其中一員。我的劇作貧乏得可憐，笨拙、不順暢、自負，簡直愚蠢得筆墨難以形容；它以抑揚格寫成，並非全然受席勒影響，但個別細節上的影響則是一定的；儘管如此，內容還是可笑得很，充斥著道德與高貴情操，既饒舌又顯得膚淺，彷彿出於六個人之手，但一個比一個沒天分，以至於最後連什麼是作品的原貌都看不出來。小孩子穿著大人的衣服恣意行走，並不是很恰當。若非作品的主要內容很真實——即早期對死亡判決與執行死刑命令的畏懼——我是很不願再提起這篇劣作的。關於死刑命令與死亡判決之間的關連，雖然和我當時了解的有所不同，卻是我往後數十年間努力思索的問題，並且至今仍揮之不去。

和偉人同在

我準時完成劇作，並在聖誕節前數週謄寫清楚。能把那麼長的撰寫工作執行完畢——十月八日開始，十二月二十三日結束——真有一種新鮮而高度的快感。早在寫作的數週之前，我即開始編織故事的內容，並且一再解釋給兄弟們聽，但當時我並未寫下來，它還未出現在我面前。《優尼烏斯・布魯圖斯》是個五幕的慘劇，寫在一本華美的淺灰色本子上，總長度逾一百二十一頁，共二千二百九十八行無韻詩。此詩劇是我在十週的時間中最重要的工作，連「雅塔」的女士和女孩們（甚至包括我最信任的圖蒂在內）都不知曉，因而更抬高了它的價值。彼時這麼多新鮮事物湧進腦海，我以滿腔熱情捕捉它們，生命的根本意義，似乎便在於每日的兩個鐘頭間對母親的禮讚。我在每週寫給她的信中，極盡報導之能事，並在信末署上驕傲且修飾過的簽名，簽名後面更附上一句拉丁文：「期望成為著名詩人！」她從未在學校學過拉丁文，但依據她對浪漫時期語言的知識，頗能從中猜出不少意思。但是我擔心她會把拉丁文中的「著名」理解成「清楚」，所以又在底下加了德文翻譯。

看著眼前這個以拉丁文和德文寫成的東西，真是令我愉悅不已。我深信句中所表現的信心，並親手把句子寫給母親，她最尊敬作家了。這種舉動也不僅僅是出於對她的愛，那時這種愛最會助長虛榮心。虛榮心的罪過（如果要稱它為罪過的話），其實是來自於培斯塔洛齊的學校用日曆。它從三年前即陪伴我到現在，內中充滿著大量有趣的事物，當我讀到這類的東西時，其中有些變成了我心中某種形式的準則表，那就是日曆中的偉人圖像。圖像共一百八十二幅，每兩天呈現一張，都是些令人印象深刻的肖像，肖像底下列出它們的生卒年份，以及數行關於事跡與著作的簡短陳述。當我一九一七年首次拿到這本日曆時，真令我意亂神迷，裡頭有我佩服的世界旅行家哥倫布、寇克⑤、洪堡⑥、李文斯頓、史坦力以及阿姆生⑦；

---

⑤ James Cook，1728~1779，即著名的「寇克船長」他發現了紐西蘭，穿南極洲，後來在夏威夷被玻里尼西亞人殺死。

⑥ Alexander von Humboldt，1769~1859，德國博物學家和探險家，其兄長為著名的語言哲學家 Wilhelm von Humboldt（1767~1835）。

還有一些作家，當我打開日曆時，首先映入眼簾的是狄更生，它也是我看到的第一幅狄更生畫像，就放在二月六號那一頁的左上邊，圖像邊的日期底下有一行字：「請一瞥最低劣的人類紛擾！」這句子對當時的我來說，實在是理所當然，但如今要想像當時何以如此新鮮，得花一番力氣。莎士比亞也在日曆中，還有《魯賓遜漂流記》的作者狄福⑧，它是父親最早送我的英文書。但丁和賽凡提斯也在裡頭，席勒當然不缺席，莫里哀⑨與雨果則是母親經常提起的；我由「古代經典傳說」中熟悉的荷馬，以及歌德——他的《浮士德》我常耳聞，但家裡禁止我讀它；此外就是寫作《小藏寶盒》（*Schatzkästlein*）的赫伯（Hebel），學校的速記練習教本採用此書，還有許許多多我讀教科書而認識的其他作家。我很受不了瓦特・史考特，想把他弄掉，便用墨水塗他的畫像。對我來說，這真是一件不吉利的事，我一開始這樣做，事情便洩了底。母親說：「這是幼稚的舉動。他無法防衛自己，不過你這樣做，也不能把他從這個世界除去。他是最有名的作家之一，到處都遇得到他。如果別人看了你的日曆，你會很羞愧的。」我在事情還沒有變成那樣之前就慚愧了，所以趕緊停止這種破壞行為。

和這些偉人在一起，真是種美好的生活。所有的民族與領域皆有其代表。因為我上過鋼

---

⑦ Roald Amundsen，1872~1928，挪威探險家，首位抵達南極者。

⑧ Daniel Defoe，1660~1731，英國小說家，入過獄，也當過情報員。最有名的小說即是一七一九年出版的《魯賓遜漂流記》。

⑨ Molière，1622~1673，法國劇作家兼演員與導演，被視為法國最偉大的劇作家，作品充滿諷刺和幽默，主要有《太太學堂》（1662）、《憤世嫉俗》（1666）、《守財奴》（1668）與《吝嗇鬼》（1669）等。

琴課，也聽音樂會，所以知道某些音樂家的名字，例如巴哈、貝多芬、海頓、莫札特和舒伯特。我了解〈馬太受難曲〉對母親的影響，其他音樂家的曲子我也彈過一些，要不然也聽過。畫家和雕刻家的名字，是在「雅塔」會館時期才對我產生意義的，在那兒的兩、三年間，我總是敬畏地瞧著他們的畫像，內心充滿歉意。另外是蘇格拉底、柏拉圖、亞里斯多德以及康德⑩，還有一些我沒聽過的數學家、物理學家、化學家和自然研究者，我們住過的舒伊赫策街就是取名自其中一人，這些發明家可真多，多到難以形容的程度。我每介紹一個醫生給母親知道，就是要讓她多一次了解，這些人其實比學校的講師先生們更為高明。最美好的事情，莫過於那些征服者與統帥們在日曆中都只是可憐的角色。編日曆的人讓大家清楚他的策略，他蒐集了人類的造福者而非毀滅者。亞歷山大大帝、凱撒和拿破崙確實有圖像，除此之外，我就沒什麼印象；一九二〇年的日曆中，連他們也給拿掉了，這是我僅有的記憶。母親說：「只有在瑞士才可能發生這樣的事，我很高興我們住在這裡。」

日曆中可能有四分之一的偉人是瑞士籍，但大部分我都未曾耳聞，也不曾費心去了解他們，我以一種奇特的中立態度接納他們。日曆是以培斯塔洛齊⑪來命名的，他在許多方面皆有所成就，日曆中其他的人也率皆如此。不過它被編纂成這個樣子，也可能因為它是本瑞士日曆的關係。我很推崇瑞士人的歷史，作為共和國的子民，他們對我親近得一如古希臘人。

---

⑩ Immanuel Kant，1724~1804，德國哲學家，德意志觀念論的肇端者，其先驗哲學為知識論與倫理學奠立「可能性」與「普遍性」的基礎，最著名的著作是其橫跨知識、道德與美學的三批判書。

⑪ Pestalozzi，1746~1827，瑞士教育學家和激進的教育改革者。

所以我不讓自己懷疑他們任何一人的價值，並希望都能了解他們每個人的功績。

若說我和這些名字生活在一起也不為過。我沒有一天不翻閱他們的圖片，圖片下方的句子我也皆能背誦，語意愈肯定的句子，我愈喜歡。日曆中充滿最強烈的頌讚，有著數不清的「這個最偉大的人」和「那個最偉大的人」，這些東西都存活在我的記憶之中；還有加強式的形容，例如「所有時代」中那個或這個最偉大的人。柏克林⑫是所有時代中最偉大的畫家，霍柏因⑬是所有時代中最偉大的肖像畫家。對探索旅行範圍我也有心得：史坦力不該是最偉大的非洲探索者，這方面我更喜歡李文斯頓，因為他不只是個醫生，而且還憎恨奴隸制度。日曆中其他領域的人物描述，我則讀什麼就接受什麼。其中兩個人令我印象深刻，他們的名字底下不用「偉大」而代之以「巨大」——米開朗基羅和貝多芬有他們的特殊地位。

這些偉大事跡會產生刺激，但對我是否有好處則很難說，不過它給了我某種誇大的希望，這一點倒毋庸置疑。我從不自問是否有權力與這些人為伍，他們在各自的領域內可都是主人呢！我翻閱日曆，發現他們都屬於我，他們是我心中的神聖肖像。與這些人物的這種交往不只強化了我的虛榮心——我的虛榮心大部分是母親造成的，而且還有種盈溢於心靈的純然敬意，這種敬意不容小覷，因為我和這些可敬的人物之間，距離實在遠得無法測度。人們讚嘆這些人物的艱困生命，實不亞於讚嘆他們的成就。雖然大家懵懂中也敢於模仿他們之中的一

---

⑫ Arnold Böcklin，1827~1901，瑞士裔義大利畫家，為象徵主義和超現實主義的前驅人物。

⑬ Holbein，霍柏因父子，1465~1524、1497~1543，皆為德國的宗教與肖像畫家，其子後來移居瑞士，此處指的應是其子。

位，但是其他大部分偉人的活動領域我們仍一無所知；大家對他們的工作過程只能表示訝異，卻無法尾隨他們，這便是他們會成為真正奇蹟的原因。他們的精神豐富性、成就的多樣性、表現出來的某種權利平等性、生活於其中的出身、語言、時代的區別性，以及壽命長短的差異性（其中有些人早逝）等等，我不知道還有什麼比這一百八十二張最棒的頭像更能給予我某種強烈感受——關於人類浩瀚、豐盛與希望的感受。

捆綁食人獸

十二月二十三日，我把《優尼烏斯．布魯圖斯》寄到阿羅薩，並附長信一封，教導母親如何閱讀劇作：首次須不停地讀以求得全貌，第二次則是細讀，並得拿枝鉛筆以盡批評之能事，各個細節皆不能放過，然後把心得告訴我。這真是偉大的一刻，充滿高度的要求與期待。不過我也知道這部「作品」很糟糕，它不值得讓人懷著最起碼的希望，特別是這些情形我很快便察覺到了；我對於自己抱持信心與高度期待而寫下的東西，自那時起便不再信任了。

在母親還未收到劇作之前，寄出的第二天，災禍便發生了。我與外婆及葉妮提娜阿姨有約，她們還住在蘇黎世，我每星期探訪她們一次。自從那一夜在佛格勒小姐住處為了母親改嫁之事大鬧一場並贏回她的心之後，我和她們的關係就有點兒改變了。勸母親另起一段婚姻之事，她們也知道不可能有什麼結果，任何會毀滅我的做法，她一概嚴正拒絕。我和這位二阿姨之間，遂逐漸產生了某種相互的同情，她開始了解到我是阿爾蒂提家族的蛻變份子，堅持不願戮力於賺錢之道，一心只想要投向「理想」的志業。

我遇到外婆時，她獨自一人在家，並告訴我一則天大的消息：曼徹斯特的所羅門舅舅來了，待會兒將與阿姨一道回家。我是孩童時期在英國碰到他的，離開曼徹斯特之後，我業已六年半沒看到這隻食人獸了，如今他已來到蘇黎世。這段時間裡，我們的重心就是維也納和第一次世界大戰；大戰落幕時，大家對威爾遜及其十四點要求皆有所期待，但不久前的凡爾賽和約卻使得眾人產生極度的失望。母親對舅舅的敬意絲毫不滅，常在言談中提到他，不過這種敬意只限於對他的商業成就。後來許多更重要的事物發生在母親與我之間，例如在晚間的閱讀時光中出現的眾多偉大人物，這些人物後來同樣也出現在紛擾的真實世界裡，我一心跟隨他們，於是舅舅的威力便逐漸遠離了我。我依舊把他視為怪物，視為一切劣行的表徵，對我來說，他的形象簡直是既殘酷又可憎，但我不以為他能再威脅我。我對付得了他！阿姨回來了，說舅舅在樓下等我們，他要帶大家外出；忽然間我趾高氣昂起來，我這個十四歲的劇作家（作品已在郵寄途中）——要當面和他比一比，較量一下。

我認不出他，他比我期待中的樣子要好看一些。乍看之下，他的臉龐不能算不美，至少不是那種食人獸的模樣。他的德文還很流暢，這一點很令我驚訝，多年的英格蘭歲月，反而使德語變成我們之間的另一種新語言。我覺得他近乎高尚，因為他不逼我說英文，多年來，我的英文是有些荒廢了。或許我們會談得很嚴肅，說德文對我來說，會比較有把握一點。

「哪一家是蘇黎世最好的麵包店？我帶你們去。」葉妮提娜阿姨說是史樸格利，她生性簡樸，不好意思提另一家更精緻的胡古尼。於是我們徒步前往，經火車站街到史樸格利。阿姨還有些事情必須張羅打點，所以得花些時間在家裡，我們兩人一上路便立即投入政治話題。我強烈地攻訐同盟國——特別是英國，因為他從那裡來。我爭辯凡爾賽和約的不公義，認為它違反了威爾遜所允諾的所有精神。他向我解釋了一些事情，並讓我好好思索一番。我察覺到他的態度極為冷靜。我的激動使他更加興致盎然，他想要聽聽我的心理狀態到底屬於哪一類型的孩子，所以讓我暢所欲言。雖然他的話很少，我還是發覺他不太想談威爾遜，至於凡爾賽和約，他則表示：「你還不太懂，經濟因素其實扮演重要的角色，否則沒有國家想打四年戰爭。」真正擊中我要害的是下列這個問題：「你認為布雷斯特-李托維斯克條約⑭如何？如果戰局不同而德國人獲勝，你以為他們會有另一番做法？勝利者就是勝利者！」說完話，他才第一次盯著我瞧，眼珠子冰冷湛藍，我又認出他了。

稍後葉妮提娜阿姨也趕來史樸格利。舅舅傲慢地替我們點了巧克力與糕點，但他自己碰都不碰一下，好像這些東西根本就不存在似的。他說他的行程很重要，沒什麼時間，不過倒是想明天去阿羅薩探望我母親。他還問起她的病情：「那是什麼病？」然後馬上又自顧自地回答：「我不生病的，我沒時間。」他又說到很久沒看到大家，所以現在要彌補一番。「你們家沒男人，這是不行的。」他的語氣不算惡劣，有一點焦急，忽然間他轉向我問道：「你

⑭ Brest-Litowsk（一九一八年三月），同盟國與蘇聯在此簽訂和平條約，以結束第一次大戰的敵對情形，蘇聯失去西邊大片領士，後來廢止此條約。

要做什麼？」聽來好像我們之前從未交談似的。語調的重點在「做」，和「做」有關係，其他的對他來說都是瞎扯。我感到氣氛有些嚴肅遲疑，阿姨幫襯著我，眼神溫暖得有如天鵝絨，如果有必要，她的語氣就會如此。她說：「你知道嗎？他想上大學。」

「不行！他得當一個商人！」雖然他說得一口好德語，不過他說到「一個」時，用的是英文而不是德文，而且講「商人」一詞之際，發的是奧地利腔，那使得他更能表達心中的要點。接下來舅舅發表了一長串布道式說詞，宣揚家族的使命——營利。全家人都是商人，不說遠的，他自己就是活生生的證據。唯一的例外是他的堂弟阿爾蒂提醫生，他想嘗試別的行業，但很快就後悔了。醫生賺不了錢，他們像汽缸的軸套似的服務於富人而已。其實有錢人啥事也沒有，一點小事便要他們趕來，「就像你父親，」他說：「現在你母親也是這樣。」阿爾蒂提醫生不久便放棄他的工作，轉而走上商人一途，有如家族其他成員一樣。這個笨蛋浪費了十五年，虛擲光陰在讀書以及不相干人的病情上頭。不過他現在開始當生意人了，雖然浪費了十五年，但也可能變成有錢人，「你問他看看，他會說一樣的話給你聽。」——這個阿爾蒂提醫生，這個家族中的害群之馬，我才不會去問他什麼，雖然他此刻就住在蘇黎世。

阿姨察覺到我內心的感受。或許舅舅這樣冷血地指責我父親也令她感到震驚吧，她對舅舅說：「你知道的，他求知慾很強。」

「這是很好啦！不過還是先接受一般教育，上所商業學校，學點生意，然後就可以踏入商界了！」

他說出了心底話，接著不屑看我而轉向他妹妹，甚至帶點笑容似地把話說給她聽：「你知道嗎，我要把所有的外甥都叫到我的公司裡。尼西姆會當生意人，格奧爾格也會，等到我的法蘭克長大，他們就可以由他帶頭做生意。」

由法蘭克帶頭！我當生意人！我實在很想撲向前痛揍他一頓。我壓抑住自己，雖然還有時間，但我還是離開了。來到街上時我滿腔怒火，氣暈似地一路跑回深井區，跑得很快，彷彿卑劣的生意就緊追在後。首先浮上心頭的感覺，大概便是驕傲了。「法蘭克帶頭，我……我……」然後我唸出了自己的名字。這個當兒我退縮回自己的名字了，每當陷入危險，我便會這麼做。我很少用它，也不喜歡自個兒這般稱呼，不過它是我力量的泉源，也許每一個單屬於個人的名字都是這樣，但我的名字更是如此。我一直重複剛才那個憤怒的句子，直到最後只唸著名字。每當我在外頭，我就唸它個上百次，沒有人發覺我從中獲得力量。

那是二十四號的晚上，「雅塔」會館舉行聖誕晚會。大家幾週來不曾提到其他什麼，準備工作是祕密進行的。據圖蒂的說法，晚會是一年中最重要的大事。她強烈抨擊偽善，很坦承地向我許諾晚會的精彩。在家中，我們雖一定會交換禮物，但僅此而已。母親沒有信仰，所以分不清各種宗教間的區別。國家劇院曾上演《智者納坦》，決定了此後她在這類宗教事物上的態度。不過她並未全然接受聖誕節，這是她出於對家中習俗的記憶，也可能出於她對天生尊嚴的執著，所以只剩下交換禮物的可憐妥協。

「雅塔」裡，現在一切都裝飾好了。大家活動的大廳平時是空蕩冷清的，此刻也燃起了溫暖色澤的亮光，四處瀰漫著聖誕樹枝的松香。房子後頭有一間比大廳小多了的「會客室」，慶祝就打那兒開始。室中有鋼琴，可供室內樂演奏。牆上掛著一幅柏克林的《神聖小樹林》，因為空間不夠，所以畫幅看來很龐大。起初我以為它是原作，所以很羞赧地看著它，把它當作我在私人家中發現的第一幅「真」畫。後來某一天，米娜小姐向我坦承是她的成果，是她親手做的複製品。那是她早年的東西，當時她尚未全然奉獻給她的花卉孩子。這幅畫非常逼真，若沒有人把實情告訴來會館的訪客，大家會以為它是真跡。現在米娜小姐就坐在她的作品前面，替我們唱的聖誕歌曲伴奏。她絕不是會館裡最好的鋼琴師，但能使歌曲帶來強烈的感染力。房間不寬敞，大夥兒擠在一塊兒使勁地唱歌。唱完了〈平安夜、聖誕夜〉和〈喔，愉快的你，喔，幸福的你〉之後，每個人還可以推薦一首適合他的，或他喜歡的歌。等到所有的點唱歌曲唱完，花了頗長的一段時間，但我特別高興，因為時間長又沒有人催促。看不出有誰在等禮物——不管是自己的禮物，或者替別人準備的驚喜。然後大家排成一列，魚貫走進會館最後頭的一個房間內，速度比剛才稍快。當中年紀最小的，是個自維也納來此渡假的男孩，接著是我——那個星期中年紀次小的，大家依著年齡前進，直到最後一個。最後所有的人都站在長桌前，禮物包裝得很精美，人人都收到我寫的幾句打油詩當贈品——我絕不蹉跎任何能夠寫詩賦韻的機會。在那兒我發現了騎駱駝的圖阿瑞小雕像，動作大膽，底下有「給非洲旅行者」字樣及人名。還有一些書籍，滿符合我對較美好未來的觀感，例如納遜（Nansen）的《愛斯基摩人的生活》（*Eskimoleben*），他早期觀點寫成的《老蘇黎世》（*Alt-Zürich*），以及溫布里安（Umbrien）的旅行誌略《西斯陀以瑟斯陀》（Sisto e Sesto）。那時有許多吸引我的東西，而舅舅對這些毫無所知；唱聖誕歌曲時，舅舅那些冷酷醜陋的話語仍在我耳邊響起，但最後我還是忘掉了他。

吃完聖誕大餐，大夥兒彈奏歡唱至深夜。有個歌唱家是從前這裡的住宿女孩，這次也受邀在列；還有位市立管絃樂團的大提琴手甘培先生（他和太太住在一間狹小的側樓房子），由他負責主奏提琴，上場伴奏的鋼琴手則是圖蒂和一位荷蘭女生。那天夜裡我夢見自己對舅舅的報復，真是妙不可言，我把他捆綁在椅子上，強迫他坐著。他在曼徹斯特就不愛聽音樂，我強迫他聽，他安靜沒多久便想跳起來，但是他在椅子上綁得很牢靠，掙不開身。最後他忘了自己是個紳士，當著女孩子們、甘培先生和女士們的面，把椅子揹在背上跳出屋外，令人忍俊不住。真希望母親能看到他的醜態，我打算明天寫信告訴她一切經過。

引人憎恨

和母親弟弟們分開的第一個冬天，我在學校有一場危機。幾個月以來，我發覺有些同學對我有種不尋常的戒慎舉動，不過只有其中的一、兩位語帶嘲諷。我不知道原因何在，也想不起自己的行止有什麼挑釁的地方。情況是沒改變什麼，同學們除了少數的例外，泰半對我態度依舊，我認識他們已經超過兩年了。從一九一九年春天，班級人數便少了許多，少部分同學要學希臘文，所以轉到文科中學去了。其他決定要學拉丁文或別種語言的人，則分配到實科中學的同年級四個班就讀。

分班之後，來了幾個新同學，其中一個叫漢斯．威利的，住在深井區。回家時我們走同一條路，所以交情愈走愈近。他很瘦，臉上的皮膚簡直就貼著骨頭，雙頰凹陷充滿皺紋，顯得比其他同學老得多。他看來比我更成熟，總是思索著、批評著什麼，而且從不留意女孩子，不像其他男生早開始做這種事了。回家的路上我們只談論「真正的」事物，這類事物指的是我所了解的一切有關於知識、藝術以及更廣闊世界的東西。他會靜靜傾聽，然後突然清晰地提出自己的看法，表現得很有一套。這種安靜與活潑相互交替的特質，著實吸引著我；我不是安靜的人，在他人面前我一直很活潑。他的個人特質就是機敏，不管是什麼他都懂得很快；根本不需要大家多說，他便能夠迅速給出個贊成或反對的答案，而且讓人家無法預期他會有什麼反應，所以和他說話饒富興味。除了外在的談話過程，他的自我意識也吸引著我，不過我不太懂他這種意識是如何產生的。我只知道他家在深井區有間大磨坊，專磨麵粉以提供蘇黎世人的麵包。磨坊的事對我來說有點兒用處，因為它完全是另一種工作，和舅舅那兒的「生意」不同，那種生意壓迫著我，使我既害怕又憎恨。只要我稍微認識某人，我就會毫不掩飾地表示自己厭惡和商業與單純個人利益相關的所有事物。漢斯似乎很了解這些，因為他總是靜靜聽著，從不批評我什麼，我同時也發現他絕不說出反對自己家族的任何話。一年後，他在學校做了場演講，內容是關於瑞士在維也納國會的情形，原來他的一位先人曾在維也納國會中代表瑞士出席；我這才明白漢斯是個「歷史」人物。當時我無法清晰地描述這些事情，但我感覺到，他對自己的背景出身很優游自在。

我這方面就比較複雜。父親是個善良的精靈，守護我生命的初期；對母親的感覺則很牢靠，好像所有的事情都歸功於她。但是不久後，我卻對父母的周遭親友（特別是母親一方）

懷著極度的不信任感。這種感覺首先起於她那個曼徹斯特功成名就的兄弟，但也不僅止於他。一九一五年夏天我們回魯斯特舒克，母親那個可怕的堂哥跑來，説他確信家族的每個成員都偷他東西，所以他到死為止都要一直打官司告大家。然後就是阿爾蒂提醫生，他是家族中唯一的一個人選擇了我認為的「美好」行業，完全為他人而活，但他後來卻背棄了醫生的志業而投身商業，就像家族的其他成員一樣。父親那一方的商業氣息就比較少。祖父的做事方式以及某些場合所表現出的強悍，都讓人感覺到他具備了某些特質，他的整體形象複雜多了，也更為迷人。我不記得他曾想過要逼我做生意。他造成的不幸業已發生，父親的死讓他痛入心扉，所有他做的不好事情如今對我都有好處。然而儘管他如此令我印象深刻，我卻無法景仰他，我由他開始回溯先人的歷史，他們在巴爾幹的東方生活，著實迥異於四、五百年前更早的祖先在西班牙所過的生活。當時為他們所自豪的，都是些醫生、詩人與哲人，如今只剩下一些通常的傳聞而已，這些傳聞和現今的家族没什麼特別關連。

就在我和家族之間處於某種敏感、不穩定與不確定的關係時，發生了一件事情；表面上看來，這件事也没什麼重要性，但對我未來的發展來説，卻有著絕對的影響。雖然我不喜歡提起，但也無法忽視，因為它是我在蘇黎世的五年生活中唯一的苦惱事；如果它未曾發生的話，回想起這五年的生活，會讓我燃起一股熱切的感恩之心。那段歡樂的時光之所以無法掩蓋這件事情，和後來發生在世界上的一些事情有關。

童年的歲月中，我從未感受到別人仇視我的猶太身分。我相信在保加利亞不會發生這類的事情，英國也不可能。在維也納時，也不覺得自己受到排斥。至於我母親，每當我把聽到或看到的東西告訴她，她總是懷著階級的驕傲，以為那些行為都是針對他人，而不是針對西班牙裔猶太人。其實我們整部的家族史就是建立在被驅逐出西班牙這樁事情上，奇特的是，當人們把這種迫害過程的印象擺到遙遠的過去，就以為現在可以遠離那種迫害。在蘇黎世時，拉丁文教授畢雷特曾經刁難我，認為我回答時舉手太快；例如我會搶在那個來自魯策恩州的溫吞男孩愛爾尼之前回答問題，這時畢雷特教授會堅持愛爾尼自己想答案，並且鼓勵他說：「好好想一想，愛爾尼，你會得出答案的，我們可不要讓一個維也納的猶太人把所有的東西都搶走。」這句話太尖銳了，當時我一定很委屈。不過我知道畢雷特是個好人，他只是想保護一個反應慢的男生，以免處處被反應快的學生占先。雖然當時的情況是針對我，基本上我還是滿喜歡他的，並嘗試著減緩自己的那份幹勁。

大家會如何看待這種自我表現的幹勁呢？我小時候說西班牙語時又快又急，因此日後我也以同樣奇特的快節奏來說較慢的德語和英文。原因當然也不全然如此，最重要的是獲得母親的認可。她總是等著別人的答案，而且拒絕不夠快的回答。在洛桑時，她才花幾個星期就以這種節奏教會我說德語，證實了這種方法是有效的，後來所有的事情都是以這種節奏來進行。基本上，她與我之間的相處都像是這類展示在舞台上的戲劇：一人說，另一人回應，長時間的休息只是例外，一定有其特殊的意義。其實我們之間不曾有過這類的例外，總是一個人的話還沒結束，另一人就已經回應了，像是一幕幕的場景接續演出。我以這種的熟練方式面對母親。

面對母親則必須提高自己身體的自然活力。課堂的情形雖不一樣，但我的表現還是像在家裡一般。面對師長時，我的舉止就像是面對母親，唯一的不同是，在忍不住回答前得舉起手來。但我回答得太快，其他人只能乾瞪眼。我從未想到以這種舉動讓他們緊張，甚至傷害他們。老師們對我這種迅捷的舉動倒是有不同的看法。某些老師以為學生隨時有反應，可以讓上課輕鬆一些，這樣一來對他們的教學工作便有所助益，氣氛也不至於太僵而活潑一些。他們要的就是課講得好，能即刻引起學生的反應。另一些老師則覺得不公平，他們擔心某些天性遲緩的學生在面對別人的快速反應時，會失去學習新東西的希望。這些老師對我不見得不公平，但舉止間總是很冷漠，把我視為禍害。還有些老師，則欣喜於有人會尊重知識，他們對於我明顯的敏捷反應，能充分體察出其中的動機。

我相信，這種對知識的態度是肇因於自我表現以及不願埋沒自己的存在。我覺得緘默的知識相當危險，它會越來越緘默，最後變成像秘密一樣，像秘密一樣的東西終究會反噬。攤在眾人目光下的知識才是好知識，它能讓大家分享，它追求的是重視，而不會與人為敵。來自師長和書籍的感染力總希望能夠散布出去。在這個天真無邪的階段，知識毫不猶豫地站穩腳跟向外傳播，它散發自身並期盼與一切的東西共同拓展。人們把光的特質歸諸於它，它以高速擴散出去，得到眾人的最高禮讚，並視其為啟蒙教化。早在亞里斯多德把知識壓縮入盒子之前，它就以啟蒙的樣式而為希臘人所知。在它被分解與保存起來之前，大家都不相信其危險性。對知識的最純粹印象，就是希羅多德⑮所認為的：知識之真純無邪在於它必須散發

---

⑮ Herodot，B. C. 484–430，希臘歷史學家，其著作《歷史》是描述波斯戰爭的偉大史書，亦是那段時期關於希臘史資料的主要來源。

傳布。他以不同民族在說話和生活上的區別來劃分各種知識，不過當他談起這些劃分時，他並不特別凸顯它們，反而容忍其中的最大差異，以及希望他人能接受它們。每一個汲取千百種事物的年輕人，都是小希羅多德，不過大家也不該對他過分吹捧，這很重要，因為人人皆期待他將來立定志業。

人們從學校裡開始其根本的求知生活，這是年輕人最早的公眾經驗。他也許很想凸顯自己，但他更想把知識散發出去，以免知識成為他個人的產物。反應比他慢的同學便會相信他想拍老師馬屁，視他為追逐聲名的傢伙。然而他所謀求的並非眼前的目標，而是超越這目標，並把師長們作為他個人邁向廣闊天地的助力。與他較量的並不是同儕，而是師長。他的夢想是除去師長心中的各種利益觀念，他要超越這類的東西。只有那些不具利益想法、並為了知識本身而把知識傳播出來的師長，才值得他熱烈崇愛。他敬重他們，如果他迅速回應其提問，乃是基於持續感謝他們不停地傳播知識。

不過這般敬重師長，卻使得他與其他同學疏遠，在他們的眼中，這就是敬重的後果。但他瞧不起他們而照樣表現自己。他對這些同學沒有惡意，但是卻讓他們在學習的過程中置身事外，他們不能參與只能充當觀眾。因為這些人並不像他一樣，所以不承認他真正能夠了解老師，他們老以為他懷有什麼卑劣的動機。他們無法在這場演出中扮演任何角色，因而怨恨他，或許他們對於他的堅持到底還有些忌妒。不過，這些同學主要還是把他當成搗蛋者，以為他擾亂了他們這些學生對抗老師的天性。在他來說，這種對抗完全是為了自己，但在他們眼中，則只是順從而已。

陳情書

一九一九年秋天，我搬到深井區的時候，整個班級又重編了，班上共十六人，費爾博和我是僅有的兩個猶太人。大夥兒在某間特別的廳堂上幾何圖形課，每個人都分配到一個置物格，可以上鎖，還掛上名牌以資區別。十月的某一天，我正沈浸在寫劇本的高昂情緒之中，忽然發現我在廳堂中置物格的名牌上被人塗寫了一堆咒罵的話：「小亞伯拉罕，小以撒，小猶太，滾出學校！我們不要你們！」費爾博的牌子上也寫有類似的東西，內容並不完全一樣，也可能我的記憶有問題，把某些罵他的內容和罵我的相混淆。我很訝異，剛開始時根本不能相信有這種事發生。我與其中大部分的同學相處已超過兩年半了，在此之前從未有人辱罵或攻擊過我。我的訝異旋即轉為憤怒，深感這種侮辱太過於嚴重。自孩提時代起，充斥我耳中的就是「榮譽」一詞，特別是母親，不管是就西班牙裔猶太人身分、整個家族，甚或我們其中的每一個成員，她總是不厭其煩地強調「榮譽」這一點。——當然沒有人會承認事情是他做的，因為還有別的班級也在這間廳堂上幾何圖形的課，但我覺得有一、二個同學對這件事情的態度，有點滿意中帶著陰險的味道，他們目睹了這個深沈的打擊。

從此之後，所有的感覺都變了。從前或許有些挖苦諷刺，不過我並不太留意，但自此刻起，我對這類諷刺都很警覺，只要有絲毫反對猶太人的意思都不能逃過我的耳目。之前僅出於一個人的諷刺，現在也逐漸增加，多得好像來自四面八方似的。最初幾個心智清明的少年現在也不在這裡了：例如與我競爭且多方面勝過我的岡茲霍恩，選擇就讀文科中學，而我的傾向其實也偏於那兒。心智上最成熟的艾倫博根則分配到另一組。漢斯・威利和我相處了半年，不過現在他去了同年級的另一班；我們回家的路依舊相同，但這段時間內，他並沒有參與班上最親密的生活。理查・布洛伊勒是一位愛做夢又充滿想像力的男孩，我一直想和他交朋友，但他老是遠遠地躲著我。這次的反猶太人活動，我想是源起於班上的一個反智傢伙。或許他對我「活躍的裝腔作勢」有一種特別強的敵意，就像是後來的俗語一樣。他有點聰明，但不是當時那種學習上的聰明；他也比較成熟，開始對很多我所不知的東西感興趣——這些就是所謂的生命事物，他認為這些持久的事物比較重要。同樣秉性的學生當中，認識到知識的重要性，或至少留意到知識的人，只有我而已；我像是最後的孤軍，卻未曾想到其他人對這種「獨占」是多麼氣憤。

我和費爾博根本沒有相似之處，是他受了攻訐方才使我看到自身的處境。他認識其他班級的猶太人，並告訴我那裡的實際情況。各處皆傳來類似的消息，反猶太人的情況越演越烈，而且是公然地表示這種厭惡。或許費爾博轉述給我的內容有些誇大，他是個不愛思考又情緒化的人。除了反猶太人之外，他還面臨了其他威脅：他懶得很，是個壞學生。他個頭高大，體型重，是班上唯一長紅頭髮的同學。不注意到他是不容易的，因為班上的團體照裡他總是站前頭，把後頭的人都遮住了。在一張這樣的合照上，班上其他同學就把他的臉塗抹掉，看來大家非常討厭他站在前頭。這樣的塗抹動作，表示同學們很想把他驅逐出這個班級。但他是瑞士人，父親也是，母語還是瑞士方言呢，他壓根就沒有想到要在別處生活。他很擔心無法升到下一個年級，也感受到大夥兒經常排斥他，因而認為師長們對他的不滿和同學們對他的厭惡，乃是同一種敵意的表現。他由同年級其他班的猶太人那裡聽來一些事情並轉述給我知道，他對這類消息的加強報導，其實是源自於他內心的不安。我不認識學校裡其他的猶太人，也不想和他們個別交談。自始就是費爾博和他們聯繫，他聯繫得很賣力，卻也越來越慌張。終於有一天，他從某個男生那兒聽來這樣的事：

「德萊福斯告訴我，他絕望到活不下去了！」

我聽了也很慌張，倉皇失措地問他：「你覺得他會自殺嗎？」

「如果他撐不下去，就會自殺喔！」

就自己的經驗來判斷，我不相信事情真的那麼糟糕，雖然情況一星期比一星期嚴重，但不過就是一些譏諷而已嘛！然而德萊福斯要自殺的這碼子事，特別是「自殺」，著實令我寢食難安。「殺害」是可怕的字眼，戰爭中的殺戮讓人深感厭惡，不過戰爭已結束一年了，我深盼永久的和平能早日到來。以前我常編織避免戰爭的故事給自己和弟弟們聽，結局都一樣，最後總是陣亡的戰士又再度復活，現今看來這可不再是故事而已，大部分人都信任美國總統威爾遜扮演調停者的身分。今天的人很難想像當時的世界對和平是多麼期盼。那時盼望和平的人也包括小孩子在內，我自己就是個明證；也不只我一個小孩如此，我和漢斯・威利在每天回家的路上都會談起這類話題，我們也分享了對和平的思索。我們的談話既嚴肅又莊重，主要是這類內容所造成的。

有一件事比「殺害」更可怕，那就是把自己作掉。我實在不懂，為什麼蘇格拉底能夠「安詳」地拿起杯子喝下毒藥。我不知道為什麼會認為自殺其實可以阻止，卻知道自己當時確實有這種信念。大家只要即時明瞭這個念頭，然後採取反對的立場就可以了！我設想出一套對死亡候選人的說教詞：「你若真的那樣做，那麼日後想到時就一定會感到抱歉，但時間已經太遲了。所以你最好等待一下，以後才有時間想一想。」我以為這套說詞毫無破綻，便自己練習了許久，期待有朝一日能派上用場，只不過一直沒有機會用上。德萊福斯的情況不太一樣，或許其他人有相類似的想法。我知道在希臘和希伯來的歷史上都曾發生過集體自殺，雖然這和自由有關，但我看了相關的報導後，內心仍五味雜陳。我忽然有一個「公開行動」的念頭，這是早年第一個、也是唯一的一個行動。我們這個年級有五個班，一共十七名猶太人。我們之中大部分都互不認識，我建議大家來一次聚會，集思廣益決定對策，我會要求起草一份陳情書給校長室，他可能不知道我們承受了多大的壓力。

大夥兒在蘇黎世山上的「里基布里克」餐廳碰面，那是我六年前第一次遠眺蘇黎世的地方。十七個人都到場，會中決定撰寫陳情書，並當場構思內容。我們這些參加聚會的三年級猶太學生，以幾個簡單的實質性句子懇請校長室留意這些班級中逐漸加溫的反閃族行為，並請求他採取對策。所有的人都簽名，覺得輕鬆不少。我們信任校長，雖然他有點兒嚴肅而令大家害怕，不過他很公正。我應該把陳情書交給他。我們期待陳情書會帶來奇蹟，德萊福斯則宣布要繼續活下去。

眼前就是幾週的等待時間。我以為大家會一起給叫到校長室，我也思考過那種場合裡該說的話。用詞一定要莊重，不能有損尊嚴，所有的內容必須簡潔清晰，可不能唉聲嘆氣。但說詞中得提出名譽問題，重點就在這裡。然而一切像石沈大海般，我擔心陳情書給丟進字紙簍了。對我來說，任何反應——就算是責難我們專斷獨行——也比毫無結果要好。更讓我訝異的是嘲諷暫時停止了，如果同學在背後辱罵我們，我總會由他們之中某個和我較為親近的人那兒得知消息。

五、六週或者更久之後，我單獨被叫到校長室去。但是校長安柏格並未接見我，出現在那兒的是副校長烏斯特里，手上拿著陳情書，感覺上好像他才首次拿到，且剛剛讀過而已。他長得很矮小，往上揚起的眉毛彷彿讓人覺得他一直笑得很逗趣。不過他現在可不有趣了，張口就問：「這是你寫的？」我說是，那不但是我的字跡，稿子也是我擬的，不只是抄寫而已。他接著說：「你舉手的次數太多了」，好像事情只涉及我一個人，然後在我眼前撕毀帶著我簽名的紙張，並把碎片丟進字紙簍。我被趕離開。事情發生得太快，根本就來不及說什麼。「是」便是我回答他問題的唯一字眼。我站在校長室前，彷彿我未曾敲過門似的；若不是已丟進字紙簍的陳情書碎片帶給我強烈的印象，我會以為在作夢。

班上的好時光結束了，譏刺又如往常一般，所不同的是，他們罵得比以往更加堅決，幾乎沒有止息。每天都有一句咒罵指向特定的對象，不過我有些迷惑，他們到底是針對所有的猶太人，還是只針對費爾博個人？他們沒把我算進咒罵的對象，好像我不屬於猶太人似的。我認為這是一種分化的伎倆，還苦苦思索副校長指責我舉手太多到底是什麼意思。當他說出指責我舉手的那句話時，我還是不懂一直把手舉高有什麼錯？在老師說出完整的問題前，其實我已經準備好答案了。胡齊克老師討厭我的急促，所以根本不理我，直到我把手放下來。或許這是最聰明的策略，不過也不太能夠改變我的活潑行為。不管准不准我回答，我的手臂總是不停地舉高。多年來，我從未想到這樣做會激怒其他同學。他們不把感受告訴我，卻早在二年級時便給我取了個蘇格拉底的綽號，這樣一來使我更有勇氣。只是烏斯特里那句冷漠的「你舉手的次數太多了」讓我的手臂癱軟無力，這也算是個良機，他還待在這裡嘛，我就盡量把手放下來。我變得很無聊，學校引不起我的興趣。我不再期待上課時老師的提問，反而一心盼著課堂間休息時的另一次譏諷辱罵。每一次對猶太人的貶損都會激起我的對抗想法。所有的事情我都喜歡反駁，不過這類的貶損不算在內，它和政治爭論無關，而是與今天我們稱之為暴民的組成有關。我的腦中出現一種新的意識型態要素：威爾遜接下了戰爭中拯救人類的任務，我把這項任務留給他，但對這類事務仍保持興趣，我所有的公開談話都以此為主。但是我保留在心中的秘密想法，到底該和誰去說呢？這些都和猶太人的命運有關啊！

費爾博比我更慘，他在師長前根本不靈光。他天生懶散，現在更完全放棄。他總是鬱鬱地等著下一次的羞辱，再忽地勃然大怒。他憤怒、反擊，卻未察覺自己的發怒反應讓對手心花怒放。但這只是內部的仇恨而已，他以嫻熟的瑞士式咒罵反擊回去，一點也不輸人。幾個星期後他決定踏出嚴肅的一步。課堂間休息時，他去找胡齊克抱怨發生在教室裡的敵意舉動，並說他父親請求胡齊克把抱怨轉告校長室，方式不拘。如果情況沒有改變，他父親準備親自現身校長室。

大家又開始等回答，但沒有結果。我們討論費爾博被傳訊到校長室審問時該說什麼話。

我勸他不要失去耐性，應該保持冷靜，平實陳述。他則拜託我和他一道練習，我們演練多次。他只要一開口，就算和我在一起也會滿臉通紅、思緒糾纏而憤斥那些對手。回家時，偶爾我也先到他家協助他作功課。功課結束時，我們會來一段校長室的談話。最後我終於能夠告訴他，他學習這段談話可真花了不少時間。現在一切就緒，我想起古希臘辯士狄莫泰尼司⑯，不只並把他遭逢的困難用來安慰費爾博。我們都武裝好了，繼續等待。結果沒有任何回應，不只是校長室悶不吭聲，胡齊克也是，我倆在他的課堂上觀察是否有改變的細微跡象，但情況依舊。他越來越冷峻，也更加清醒，還給大家出了一道我永不能諒解的作文題目：寫信給朋友，託他代訂房間、腳踏車或相機。

班上的氣氛改變了。二月，也就是戰鬥開始的四個月之後，譏刺驀然停止。我不相信真的如此，譏刺一定會很快再來，但這次我弄錯了。同學們忽然像以往一樣，抱持最早時的態度。他們不再攻訐，不再諷刺，我甚至覺得他們似乎刻意避免任何羞辱的字眼。特別是那些最主要敵人所採取的行動更令我訝異，他們和我說話的語調聽來很窩心，當他們不懂而跑來問我時，我簡直快樂極了。我舉手的次數減到最低，並且盡量貶抑自己；對於自己早已知道的內容，就算四肢發癢，也放在心底靜坐不語。

舊學年在復活節來臨時結束；這其間發生了幾項重大的改變，最重要的，便是老師改以

---

⑯ Demosthenes，B. C. 384~322，希臘政治人物與雄辯家，曾號召雅典人反抗腓力二世及其兒子亞歷山大大帝，西元前三二四年被迫流亡，隔年回國，後服毒自盡。

「您」來稱呼我們。我們上課的地方本來在中學裡一棟有雉堞的方形主建築，建築斜傾，外表有點兒枯燥，蓋在向上延伸的黑米街一個轉彎處，在裡頭可以盡收附近的城市風光，我們由這裡搬遷到「戰壕山」上課。上課房子的座落之處正好鄰近它自己的小山丘，此地原本就考慮充作校舍，所以具備了私人的隱蔽特色。教室有門廊，打開門便正對花園。上課時我們敞開窗户，可以聞到花香和樹木的味道，朗誦拉丁文句子還有鳥語伴奏呢，這裡像極了深井區雅塔會館的花園。費爾博留級了，以他的學習成績來看，也不能算不公平；他可不是唯一留級的學生。班級的人數更精簡了，氣氛也有些改變。大家都以自己的方式上課，我也提防自身那種漫無節制的舉手態度，其他人對我的憎恨似乎都煙消雲散了。在可想見的班級團體中，我們成立了一個社團。每個人都有其特色，也皆有其價值。我不再受威脅後，發現同學們其實並非無趣之人，就連那些對學校知識毫無所知的傢伙也是如此。我聽了他們的談話，才明白自己在校外的許多領域都很無知，同時也失去高昂的鬥志——去年秋天的不愉快之所以能苦撐過來，靠的就是這種情緒。有些進展比較緩慢的同學，現在也明顯地跟上來了。班上成立了一個下棋俱樂部，我常輸。我陷入一種從前別人面對我時所扮演的角色，我很欽佩一些很特別的下棋者，也開始思索他們何以能夠如此。李查・布洛伊勒的文章寫得很好，他的公開朗誦令我心曠神怡，文章不受任何成規的限制，具有創造性、輕柔感，並且充滿想像力，彷彿沒有書本這種東西似的。我為布洛伊勒感到驕傲，休息時我走向他說：「你是真正的作家。」雖然他不知道我的意思，但我藉此想要表達的是：我可不是什麼作家，因為他文章的朗誦讓我在戲劇方面的眼界大開。他的家教一定很好，因為他如此謙辭了我的讚美：「這沒什麼特別啦。」他是這麼認為，態度真的很謙虛。我在他之前朗誦了自己的文章，語氣裡充滿莫名的自信，就是這種自信令我挫敗。當我回到人群裡，他往前走經過我身旁時悄然而迅速地說：「我的文章比你好。」他知道這一點，我也看清這是對的；當我誠懇地向他鞠躬時，他也同樣誠懇地回答說：「這沒什麼特別啦。」當時我非常清楚他的家庭生活中圍繞著作家——他的母親和其友人黎卡妲・胡赫⑰；當她們朗誦自己的新作品時，我可以想像他就在場，我心想他是否也會說：「這沒什麼特別啦。」這是一個教訓：人可以做特別的事情而無須得意。這種新的謙虛經驗也表現在我寫給母親的信裡，雖然沒有維持多久，但也阻卻了我的自負傲慢，不讓我再進行後續的戲劇計畫。現在的布洛伊勒還是同一個人；他去年冬天拒絕接納我的行為傷我頗深，因為我一直很喜歡他；現在我清楚多了，他在很多方面都不喜歡我，是有道理的。

總體說來，那年的冬天變化很大：我搬進了「雅塔」會館，那裡連一個男性都沒有，我恣意行事，被各種年齡的女性盲目愛慕、奉若神明；還有舅舅對我強烈攻訐，他想讓我窒息在他的生意裡；此外就是班上每日的戰役。三月時戰役結束，我寫信給母親，告訴她我前一陣子憎恨人類，不再有活下去的樂趣。現在不同了，我有和解之心，也不想報復他人。現在的戰壕山時光令我感到很愉快，雖然我對自己的和解心以及新喚起的對人類的愛仍時有疑惑，但這種新疑惑主要是針對自己。

⑰ Ricarda Huch，1864~1947，德國作家，第一次世界大戰期間住在瑞士，一九三一年獲歌德獎。

對猶太人的攻擊辱罵，學校當局明智地採取了不動聲色的方式加以阻絕，這是事後我才知道的。我引以為傲的陳情書，雖然給丟進了字紙簍，但校長室曾個別審訊同學。烏斯特里隨口提出的警告：「你舉手的次數太多了」，也是審訊所調查出來的成果之一。事件期間的實情隔絕得令人費解，所以那句警告令我的心情深受影響，也因為這句警語，我的舉止改變了。那些反對我的人也一定受到某些富有教益的警示，否則他們的鬥爭不會驀然停止。事情發生得過於悄然，所以受辱期間我以為根本就沒人關心這碼子事，其實事情正好相反。

禁令

我所能回想起的童年時期中，最早的禁令發生在一處空間，和我們的庭院有關，我在那裡玩耍，不准離開。我不能到庭院大門外的大街上。我不敢確定是誰發出的命令，或許是專以枴杖防身的祖父吧，他家就鄰近我們的大門。那個保加利亞的小女傭與僕人負責監督禁令；我常聽人說，外頭街上的吉普賽人會把沒大人看管的小孩裝進布袋裡帶走，這種印象或許有助於我遵守祖父的訓誡吧。也許那時還有其他相類似的禁令，不過我全忘了，因為所有的記憶都被一件混雜著火苗與光焰的事件掩蓋了，當時我五歲，差點兒變成了殺人犯，那真是可怕的一刻。彼時我口中嚷著戰歌「現在我要殺死勞麗卡」，手舉斧頭衝向玩伴，誰叫她老是折磨我，不讓我看她在學校寫的字詞。如果那時距離夠近，就一定能夠劈到她，那一刻祖父怒氣沖天，像個天神似地朝著我走來，高舉枴杖並奪下斧頭。大家驚恐地看著我，家族會議以嚴厲的態度對待這個企圖殺人的孩子。父親不在，無法緩和情勢，所以母親悄悄地代替他，這可不是尋常的作法。她違抗對我的嚴厲懲處，目的是要撫慰我內心的恐懼，這發生的一切對我都有長遠的影響，特別是祖父的態度，他揮著枴杖抽打，還兇狠地威脅我。我生命中最重要的根本禁令就是——不准殺人。

我不只被禁止摸那把斧頭，也不能踏進廚房邊的院子，以免讓我拿到斧頭。我的朋友——那個亞美尼亞僕人——也不再為我唱歌了，他站在我經常往裡瞧的大客廳窗邊，驅趕我快些走開。為了怕我發現斧頭，家人甚至不許我再瞧那院子一眼。有一回我潛行至窗邊，想看一看那亞美尼亞人，結果斧頭不見了，未劈開的木頭堆在那裡，他站著發呆，看見我便以充滿指責的目光瞪我，並以手勢叫我趕緊消失。

我的斧頭沒劈到她，可真是件幸運的事啊！祖父罵了我好幾個星期，直說如果我的計畫成功了，勞麗卡就會死掉，又形容她在血跡中的樣子是如何，她的腦子從破裂的頭顱中噴出來又是如何，她的身體站不起來，也不能再說話了；又說我會被懲罰而孤零零地關進小狗屋，一輩子消磨在裡頭不能和外界接觸，不能上學，也不能學看書和學寫字；我會哭著哀求勞麗卡活轉過來寬恕我，不過沒什麼用就是了，對殺人這件事來說，可談不上什麼原諒，因為死者再也見不到原諒啦！

這件事成了我的西奈山，我的禁誡令；這個確定、私密和無法彌補的事件變成我真正的宗教。雖然行動失敗了，但只要我在庭院遇見祖父，這事情就如影隨形黏上我。任何看見他的時刻，就算時間已過了好幾個月，祖父仍會揮舞著拐杖威脅我，逼著我想起：若非他最後一刻的出現，我早就犯下這件壞事了。短短的幾個月之後，也就是我們遷居英格蘭之前，我雖無法證明什麼，卻相信祖父對父親的詛咒和我的狂亂舉動有關，好像是我導致他做出懲罰與威脅似的，但他藉著這些懲罰與威脅而對我們的控制，最後卻整個瓦解了。

我在這項誡殺禁令的控制下成長，日後別的禁令雖不具備它這種威力與意義，卻都由它而獲得力量。根本無須做任何恫嚇的動作，只要指明這是禁令就夠了，舊的威脅仍然有用，最有效的就是把殺人成功後的那種可怕畫面描繪給我看：頭殼破裂、腦漿噴灑。父親去世後，祖父對我的態度轉變成最溫和的暴君，但改不了他在我心底燃起的恐懼。現在想起來，終於了解自己為什麼很不喜歡碰動物的腦子與其他內臟，這是我強加在自己身上的食物禁令啊。

另一個食物禁令起源於最早在曼徹斯特接受的宗教課程，後來是母親運用殘忍的手段才得以從根剷除。佛羅倫汀在巴洛摩爾路上的房子，一群交情密切的男孩在那兒舉行宗教聚會。授課的人是杜克先生，他來自荷蘭，很年輕，留著尖削的鬍子。我們聚會的人數不超過六、七人。屋主的兒子亞瑟是我最好的朋友，他也在場。這個聚會只有男性參加，如果亞瑟的大姊米莉踏進我們群聚於其中的房間——也許出於好奇或找尋什麼東西吧，杜克先生便不吭聲保持沈默，直到她離開房間為止。他說與我們聽的內容一定很神祕。他講到諾亞與方舟的故事，對我來說並不新鮮。不過索頓與葛摩哈的事情則令我感到驚奇，或許祕密就在這裡，因為正當講到故事裡洛特的太太要凝結成鹽柱時，英國女傭走進房間，想從櫃子抽屜拿些什麼東西出來，此刻杜克先生話說到一半便忽然停了下來。洛特的太太輕浮地四處張望，而我們這些孩子則急著期待她受到嚴懲。杜克先生擺起一張陰沈的臉，額頭上浮現皺紋，坦率地以不以為然的目光緊緊跟隨著女傭的所有動作。審判洛特的太太必須暫停了，待女傭走到外頭，杜克先生走近我們身旁，接近耳語地說：「他們不喜歡我們，最好別讓他們聽到我和你們說的話。」他等了一會兒，然後鄭重宣布：「我們猶太人不吃豬肉！他們可不喜歡這一點，他們愛吃培根肉當早餐，你們不准吃。」這就像密謀一樣。雖然洛特的太太一直沒凝結為鹽柱，但這項禁令卻深埋入我的心底，我決定不再吃世界上任何豬肉了。接著杜克先生才低低咳了兩聲，把話題帶回洛特的太太並宣布對她的懲處，我們則屏息傾聽。

我滿心懷著新禁令走布頓街回家，我再也不能問父親了，但我把發生的事情告訴母親：索頓城的衰亡和豬肉有關，她聽了微笑起來；當我解說女家庭教師以培根肉當早餐，而我們禁止食用時，她只點點頭，沒有反駁我的話，因此我認為她雖然是杜克先生口中的女人，卻屬於「我們」這一群。

不久，我們三人（母親、女家庭教師和我）在餐室吃午餐。菜中有一道微紅的肉，我看不出是什麼，非常鹹，但很合我胃口。母親鼓勵我再來一塊，因為我很喜歡吃。然後她用天真的口氣說：「真的很好吃，不是嗎？」

「嗯，很棒，我們不久後還會再吃吧？」

「那是豬肉！」她說。

我以為她嘲笑我，不過她的表情很嚴肅。我覺得很噁心，跑出去吐，但她毫不在乎。杜克先生的事對她沒用，她決定打破這個禁忌，結果她贏了，這件事之後我不敢讓杜克先生再看到我，這門宗教課就這樣結束了。

或許母親想成為唯一的法庭，頒布禁令與命令。她已決定把自己的一生都奉獻給我們，為我們擔負完全的責任，但她無法承受我們被外在的因素所影響。就像別人讀《聖經》一樣，她讀作家們的東西之後得到一種確定的結論：不同宗教的形成並不是重點，大家應該找出宗教的共同性，並且努力遵守這種共同精神。她並不信任那些會導致人類彼此間為了宗教而進行劇烈且流血爭鬥的東西，並且認為是這類東西把人類的焦點分散了——他們應該要掌握重要的事物。她確信人類會變得很糟糕，因為他們喜歡發動戰爭，這就是所有宗教都失敗的證明，而且不可反駁。不久前，各種信仰的神職人員才剛為了武器祈福，而這些武器正是素昧平生的人們用來消滅對方的工具。她很厭惡這些事情；母親在我面前決不會掩飾這種厭惡的心情，即使在維也納時期也一樣。

她願意花一切代價阻止我受這類法庭的影響，卻未曾留意到她自己倒成了所有誡命的最終泉源。最高禁令的力量如今就在她身上。她從不會荒唐到把自己看得很神聖，如果有人說她的舉止有多麼異常，她一定震驚不已。杜克先生那些可憐而神秘兮兮的東西，她處理起來很簡潔明快，但對抗祖父就比較困難。他詛咒過父親之後，權威的地位有些動搖；他相信詛咒生效了，所以面對我們時也失去信心。當他親吻我以及惋惜我是孤兒的時候，自己真的感到很罪過。每當他使用孤兒一詞稱呼我，我就覺得很怪，聽起來好像母親不在這個世界。他這樣說是氣自己，這是他罪責自己的方式，雖然那時我不懂。他為了爭奪我們和母親鬥爭，只是並非全心全意；而如果她不是因為承受自身罪過的關係，抵擋祖父對她來說也不是什麼難事。不過兩人的氣力都弱了，但他的罪責感更大，所以比較不利。

所有的權威都集中在她身上。我盲目地信任她，信任她會有一種幸福感，只要涉及關鍵性或重要性的事情，我便等待她的裁決，像是等待上帝或先知。距離早年祖父頒布的禁殺誡令很久之後，十歲那年，她把第二個大禁忌加諸於我。這道誡令針對的是所有關於異性的事情：她想盡可能瞞我久一些，並讓我相信自己對異性毫無興趣。當時我真的沒興趣，不過她的禁忌還頗有力量，持續了整個蘇黎世時期。我快十六歲了，還是極不願聽到同學們提起他們最常關注的事情。我內心並不憎惡——最多是偶爾或情況激烈的時候才如此——而是覺得「無聊」。彼時我這個人根本不識無聊，卻覺得他們談論不存在的東西是很無聊的事。十七歲時，我在法蘭克福把一位友人嚇一跳，當時我宣稱愛情是詩人的發明，實際上完全是另一回事，根本就沒有愛情這東西。這段期間我很不信任無韻體詩人，他們支配我的想法很久了，所以我把母親的禁忌也擴大到這類人身上，「高貴」的愛當然也包括在禁忌之內。

這項禁令不久便自然瓦解，只有誡殺令還牢不可破。誡殺令是由整個清醒生活的經驗所滋養的，雖然五歲時我並沒有因為殺人事件而瞭解為什麼不能這樣做，但我還是無法懷疑它的道理。

對付老鼠

母親在老鼠面前會虛軟無力，不能自制。只要母親一看到滑溜亂跑的東西，便高聲嘶喊並放下剛才手邊的工作，她甚至會丟掉手上的東西，尖聲亂跑，沿著一種奇特的「之」字形路線逃開。我已經習慣了，打從我會思考開始，就常經歷這種情形，但只要父親在場便不關我的事，他喜歡當母親的保護者，也懂得如何安撫她。他很快就能趕走老鼠，把她擁在懷裡，然後像個孩子似地抱起她在房間裡來回走動，並找些話撫慰她。我幾乎要說，他對此扮了兩種表情，一種是嚴肅的，能夠承認並分擔她的恐懼；另一種是趣味的，保證把事情處理得乾乾淨淨，就算對我們這些孩子也是一樣。後來弄來一個捕鼠器，小心翼翼地布置好。首先他把捕鼠器拿給母親瞧，誇它的實用性，稱讚裡頭的一塊誘人乳酪，然後又來回關門證明它的牢靠，最後事情很快地解決了。母親再次站起來，笑著說：「賈奎斯，我沒有你要怎麼辦唷！」她還加上一聲嘆息：「喔，我真笨！」只要她發出這一聲「喔」，我們就明白母親又恢復正常了。

沒有父親在身旁，我在維也納時試著接手他的角色，不過難度很高。我太矮抱不動她，想不出那些安慰的話，我也沒有他那種對付老鼠的本事。老鼠一直在房間裡來回竄，直到我趕牠出去為止。因此我讓母親先躲到另一個房間，但能否成功，得看她的驚恐程度而定，情況不一定都相同。有時她冒冒失失的，恰好就站在老鼠剛出沒的房間，這時我的任務就難了，因為她跑的之形路線正好與老鼠的路線交錯；人鼠狂奔了好一會兒，迎面相遇，好像忍不住要嚇嚇對方，然後分開，接著又相遇，舉動真是瘋狂透了。芬妮對母親的嘶喊聲熟稔得很，自行從廚房拿出一個新的捕鼠器，這是芬妮的職責。她會說些有用的話，不過總是對著老鼠說：「這塊肥肉給你，愚蠢的動物！現在就抓你！」

後來我要求母親解釋，她沒回應，卻提起少女時代的故事：她習慣跳到桌子上，不肯下來；她的恐懼感染了兩個年紀較大的姊姊，大家也習慣在房間裡來回狂奔；有一回，她們三個都逃到同一張桌上，彼此貼著身子，這時一個兄弟問：「我也應該站上去嗎？」她根本就不想解釋什麼，只是滿心想變回少女時代。她唯一的機會就是老鼠的出現。

後來在瑞士時，只要我們一進入旅館房間，她首先會按鈴把女侍叫來，問她這裡是否有老鼠？母親不會滿意太簡單的回答，她一直刁難人家，想找出回答裡的矛盾之處。為了賦予我們的房間某種特別的價值，她會問：旅館裡最後看到老鼠是何時？在哪個樓層？哪個房間？離我們的房間有多遠？她想要這間房裡沒有老鼠。奇怪的是，經過這樣的盤問之後她便安心了。問得差不多之後，母親就搬進房間打開行李。她在房間裡還會以專家的姿態來回穿梭一陣，檢視裡頭的擺設，踏到陽台外邊讚嘆景致。然後她又一副成竹在胸的模樣，這是我所希望的。

我年紀越大，就越羞愧於她對老鼠出現時的轉變。我在「雅塔」會館的時候，曾苦心孤詣弄出一個辦法來治療她。她一年來「雅塔」探望我兩次，每次都待上好幾天。她住的房間在二樓，又大又漂亮。她絕不放棄詰問那些赫爾德女士的機會，她們對老鼠這件事不全然心安理得，也不適宜接受盤問，回答時不是避重就輕，就是笑一笑而已，對這檔事一點也不認真。而母親為了能安心入眠，便把矛頭轉向我，甚至盤問我長達一個鐘頭。我很期待與母親再度見面，也準備了無數的話要向她傾訴，老鼠的事真是無趣的開端。為了讓她安心而騙她，並非我的行事作風。我很早就仰慕奧德賽，喜歡那些變身隱藏自己的編織故事，討厭蹩腳而缺乏創造性的、積極性的謊言。於是有一回當她才剛抵達，我就模仿奧德賽的方式，簡短有力地告訴她說我經歷了一個驚奇的事，所以得以和她報告經過：我這間小小的閣樓房曾舉行過一場老鼠大會。老鼠來的時候正值滿月的月光，數量很多，鐵定有一打喔，牠們圍成一圈跳起舞來。我在床上觀察牠們，每一個細節都不放過呢。當時月色明亮，老鼠們真的朝同一個方向繞著圈子跳舞，速度不快，就像平常一樣，慢慢走沒有跑。有隻老鼠媽媽啣著她的小老鼠一起跳。不用說就知道那隻幼鼠有多纖細啦，半個身子塞在媽媽的嘴裡。不過我有個印象，好像牠媽媽跳那種圓圈舞讓牠覺得很不舒服，於是悲慘地吱吱亂叫。鼠媽媽一心跳舞，根本不想停下來，所以牠越叫越大聲，直到牠媽媽有些猶豫，甚至很不甘願似地退出行列，離舞圈稍稍一點距離——不過還是在月光下喔，然後餵幼鼠吃奶。我跟母親說，可惜她沒親眼看見那一幕場景，那種事在人類才會發生呢！鼠媽媽給乳兒餵奶，害我都忘了牠們是老鼠，舉止動作活脫脫就是人，直到我的目光又落到其他跳舞的傢伙，才回過神來，不過牠們跳舞的方式也不怎麼像老鼠，太有規律又太有節制了。

母親打斷我的話，慌張地問：你有沒有和別人說起這件事？我回答沒有，當然沒有，這怎麼可以告訴別人！別人不可能相信的，「雅塔」的住户會以為我發瘋了，我一定不告訴她們。母親說：「你這才知道你的故事有多奇怪，你在作夢！」雖然她有些疑惑，不過我覺得她寧願故事是真的。哺乳的母鼠給她的印象太深刻了，她詢問每一個細節；雖然我明知故事是捏造的，不過我向她說明得越是詳細，就越覺得情節是真的。母親的情況也類似，她警告我不可以和會館的房客提起，但我越是堅持自己沒作夢，越是引用證據說給她聽，她就越認為我最好在其他人面前閉嘴。她說我應該等到下次月圓，看看會發生什麼事。我還描述說：牠們在房間裡直待到月兒遠離了才停止跳舞。鼠媽媽後來都沒有再回到跳舞的圈子，而是一直看顧牠的孩子，時間還不短呢。牠用舌頭舔拭鼠寶寶，而不是用小爪子。直到月光幾乎不再射入房間，牠們才全部消失。我馬上打開電燈仔細察看地板上的那塊地方，發現那裡真有老鼠遺留的一些屎尿痕跡。我很失望，舞蹈是那樣地隆重，如果人類在這種場合，就絕不會拉屎拉尿。

母親說：「你不公平。你就是這樣，期待太多了。牠們就算會跳某一種舞，也畢竟不是人類。」

我則說：「但是牠餵小老鼠喝奶，這種行為只有人類會做。」

「沒錯，是沒錯。我很確定，留下屎尿的不是那隻哺乳的母老鼠。」母親說。

「不，不是牠，屎尿痕跡是在別的地方。」

我就以這些類似的細節來強化她的信心。我們說好要彼此保守這些事情，下次月圓時，我也得把消息向住在阿羅薩的她報告，不得耽擱。

就這樣，母親對老鼠的恐懼消失了，甚至多年後，我還不承認整個故事是我一手捏造的。母親多方想撼搖故事的真實性，也嘲諷我的想像力，說是自我欺騙，又擔心我的說謊性格等等。我很堅定不移，強調確實如我所見到的，但只有看見一次罷了！以後的滿月再也沒有老鼠了，或許牠們覺得在我的閣樓房間受到監視，所以到其他比較不危險的地方跳舞去了。

帶著標記的人

我們的晚餐是在會館一樓的一間長桌吃飯，飯後我會潛入果園。果園在側邊，和「雅塔」的土地相隔一道籬笆。只有果實收成時，大家才會一起跑進果園，否則它只有被遺忘的份。一塊隆起的地表遮住了房客的目光，大家都看不到果園這頭，沒有人會猜想有人躲在這裡，也沒有人會找他，就連房子那頭傳來的呼喚聲也很沈悶，聽不到。只要有誰偷偷經由籬笆上的小開口潛入這裡，就會發覺在昏黃的暮色中只有他獨自一人，而且一切皆靜默。在櫻桃樹旁的草地小丘上輕鬆地坐著，可以自由眺望湖面，跟隨不斷變化的色澤風光。

一個夏日的夜晚，湖面上出現了一艘亮著燈火的船，它的滑行速度是那麼遲緩，讓我以為它靜止不動。我看著它，好似從來不曾瞧過，它是唯一的一艘，湖面沒別的船了。它的四周是無盡的暮色和逐步的黯淡。明亮耀眼，燈火把自身烘托成星座，船身滑行得毫不費力，看得出它在水上。它的靜寂無聲慢慢擴散得彷彿有所期待，亮光持久而不閃爍，我的心被擄獲了，好像就是為了它才來果園。我沒見過它，卻再次認得它。船隻消逝在強烈的燈光中。我回到會館，未和任何人提起，我能說些什麼呢？

不管會不會來，我每個夜晚都去果園等它。我不敢信任時間，把時鐘化成指針是很可怕的。我很確定它會再次現身，但後來時間改了，它沒有再來，也不再重複出現了，徒留下純真無邪的驚奇。

老師中有一個可怕的傢伙，名叫優樂斯・佛督茲，當了我們一陣子的法文老師。他來班上教課之前早就令我印象深刻：不管他走在哪裡，甚至走在學校的走廊上也照戴帽子，一副陰鬱而僵硬的笑容。我好奇他是誰？但不敢問別人。他的臉上缺乏色澤，像是提早老化的樣子。我不曾見過他和別的老師交談。他做事總是獨來獨往，這不是因為高傲，也非由於蔑視，而是發自可怕的出神默想，就這樣，他似乎聽不到也看不著周遭的一切，好像身在別處似的。我叫他「面具」，不過只有我這樣稱呼他，一直稱呼到某一天他戴著帽子出現在班上為止，他就這樣出任我們的法文老師。他老是微笑著，說話的聲音很輕、很快，帶著法國腔，目光不看我們的面容，而是專注於遠方。他來回踱步，樣子很煩躁，戴著帽子好像隨時要離開。他站在講台後方，脫下帽子，又踱下講台站在同學前面。他額頭上方有塊深的凹陷，由帽子遮掩著。現在大家知道他為什麼總要戴著帽子，不喜歡拿下它。

這塊凹陷引起同學們的興致，很快便查出佛督茲的身分以及凹陷處的由來。他根本不知道我們所作的這番調查，不過他頭上帶著標記，而且也不掩飾那塊凹陷，因而設想我們早知道發生在他身上的不幸。多年前，他與另一位老師帶著一個班的學生上山遠足，結果發生雪崩，把他們埋了。九個學生與那位老師皆喪生，其他人挖出來的時候則還活著。佛督茲頭部受了重傷，大家懷疑他是否還能逃過一劫。或許我記憶裡的傷亡數字有點不確實，但可以確定的是，這次的事件是學校有史以來所遭遇的最大不幸。

佛督茲帶著這個罪惡的標記活了下來，並在同一所學校教書。他怎麼面對責任的問題？他用帽子擋住好奇的目光，卻不能擋住他面對自己。他脫帽的時間並不長，常常很快地從講台上拿起它戴在頭上，然後又走回那條被獵逐的路。他上課時所說的話和自己不相干，好像另一個人似的；他的笑容帶著驚懼，這才是真正的他。我想著他的事，他便進入我夢裡，我像他一樣聆聽雪崩的降臨。他在我們班上擔任老師的時間並不長，他離開的時候，令我鬆了一口氣。我相信他一定常換班級，也許是因為他無法長時間忍受與同樣的學生相處，擔心他們可能很快會變成犧牲者。我偶爾還會在走廊上看到他，並謹慎地和他打招呼，不過他不會留意，他根本就不會注意到任何人。班上不會提到他，他是唯一不被大家模仿的老師。後來我把他忘了，也不再想到他，直到那艘發亮的船，他的影像才又出現在我面前。

來了一群動物

同學們渴望的那種充滿活力與朝氣的老師，就是卡爾・貝克。他踏入教室時迅捷如風，一下子便站在大家前面，立即上課，些許時間也不浪費。他的身材挺直瘦削，找不出僵硬的痕跡，不知是否和他所教的科目內容從不涉及私人糾紛有關？他教數學是針對每一個學生，所以很清晰明白。他一視同仁，因為大家都有自己的權利。若是有人態度認真，他會明顯表現出高興的樣子；他用自己的特別方式來表達絕不偏袒，他失望時，也不會讓人感到受侮辱。

以年紀來說，他的頭髮不算多，還剩下的頭髮倒是如絲一般柔順與暈黃。我瞧著他，內心盈溢著喜悅。他不是以熱情，而是通過無懼的態度來征服人。他很少討好我們，也不會逼迫我們什麼。他的臉上帶著淺淺的嘲弄，但不是諷刺。優越感不是他的風格，說得更確實一點，他嘲弄的表情彷彿是由學生時代即保留至今，但現在是老師了，他得費一點工夫才不會表現出來。我記憶中的他總堅持某種精神式的距離，他應該是個愛批評的人。他的影響力並不是基於強迫——有如其他老師所習慣的那樣，而是基於自己均衡的活力以及給他人的明確性。因此學生都不怕他，剛開始時，大家想突襲他。有一天，學生們以吼叫來迎接他，他都已經站在敞開的門外頭了，大夥兒還在咆哮。他迅速瞄了一下情況，憤怒地說：「我不上課了！」然後甩上門，掉頭就走。沒有懲罰，沒有審判，也沒有調查，他就是簡單的不在那兒。班上同學繼續咆哮亂吼，起先以為自己勝利了，最後則覺得好笑又沒勁。

我們的地理課本是愛彌兒・萊契寫的，他也是我們的老師。他來班上之前，我就讀過他的書了。書的內容我還能背上不少，裡頭包含很多數字：山脈的高度、河流的長度、國家和省市的人口數目，凡是能以數字表達的內容都刻劃在我的腦海裡，我至今還深受這些多半早已過時的數字所折磨。我對這些財富的作者有很大的期待，寫書的人對我就像是神祇一樣。但結果證明，這位神明般的作者只有怒氣，其他什麼也沒有。上課時萊契就只是一直發號司令，並把他提到的東西都標上一個價錢數字。他嚴肅到完全不曾笑甚至是微笑。他很快便令我感到無聊，因為他從來不提他寫的書本以外的內容。他行事乾脆到瘋狂的程度，也期望我們像他一樣乾脆。他給我們的爛分數是一個個音符，淅瀝啪啦有如棍子般落在學生身上；大家是那樣恨他，以至於這種恨竟成了多數學生日後對他的唯一記憶。我從未見過這麼會專心生氣的人，其他人雖然也生氣，不過比較會讓人清楚他們生氣的事由。或許他慣於發號司令，或許他的拙於言辭更甚於發洩怒氣，然而他所散發出來的清醒風格卻造成某種不良的影響。他蓄著一把細長鬍子，是個矮小的男人，矮小或許有助於他的果決吧！

我總不放棄希望，盼著從這位曾經探險過的人身上證實他為什麼會從事於地理研究的原因。不過我在他那裡經歷到的，卻是另一種形態的轉變。赫爾德小姐曾帶我赴一場演講，地點在產業公會的會館，內容則是關於卡絡林那-馬力安那諸島，當時他也在場。演講者是來自慕尼黑的豪斯霍佛將軍，他可不只是階級比我們的萊契還高而已，將軍還是一位地理政治學者。這個演講內容豐富，表達明確清晰，促發了我日後對南海諸島的研究。不過演講的風格傾向令我不太舒服，我想是由於演講者的軍事習慣吧，他對我可是下錯命令啦，我對他的進一步認識則是稍後的事了。我在這個短暫的時光中學到很多很多東西，並且沈浸在闊達而愉快的情緒中，只有在這類的機會裡才會出現這種情緒。這時，萊契教授忽然和赫爾德小姐打招呼。自從一起去過克里特島旅行之後，他們就是舊識了。因為他住在厝里孔，所以我們回家時走相同的路。他和米娜小姐對談時，我實在不能相信自己的耳朵，他一說話就是三、四甚至五個句子，而且還會微笑，大聲笑。當他得知我住在「雅塔」會館時，表現出一副驚訝的樣子，在他的記憶中「雅塔」還只是女子寄宿學校。他說：「原來我們這個男孩的地理知識得自那裡。赫爾德小姐，他可是跟您學的。」更重要的是，他在詢問女士們的近況時直呼其名。他問赫爾德小姐是否常去義大利，還說自己一年前曾在迪耶巴島遇見哈絲波妮伯爵夫人。在回家的路上，兩人就這樣和氣地來回說個不停。他真是個懂得禮貌的男人，最後還用真誠熱烈的態度和我們告別。

米娜小姐說，旅途中他知曉所有東西的價格，也不能忍受任何詐騙。直到今天，她還是不懂這個男人如何能夠把價錢都裝在腦袋裡。

萊契的課對我並不重要，換作其他人也可以把書寫得一樣好。不過我老想著他的忽然轉變，我確實期待這種體驗。

介紹一下自然史老師卡爾．費納更有意思。他讓我看到廣袤的風景，並把我消融到裡頭。他並不是順著我在家裡就已經打好的基礎而繼續教我，而是為我打開全新的視野。母親對自然的觀念有點兒傳統；雖然她並不十分熱衷日落，卻在找尋供我們居住的公寓時，特別挑選那種能讓我們經常看到日落的朝西房間。她喜愛兒時的果園，因為她迷戀果實和玫瑰的香氣。保加利亞是瓜果、桃子與葡萄的原鄉，也是讓她味覺與嗅覺強烈發達的國度。我們沒有在家裡飼養動物，她也從未與我嚴肅討論過動物的話題，我想是因為她把動物視為珍饈美味吧。她描述兒時填鵝的情形，當我一表現出憤慨與同情，她便強調這種肥鵝很美味。她明白這種餵養過程的殘酷，女僕殘忍的拇指一直把玉米糊塞入雛鵝的嘴裡，這種嘴是我從母親的描述裡才認識到的，所以這個情景便成了我的夢魘，夢裡我自己化身為鵝不斷被人填塞食物，一直塞到尖叫驚醒為止。母親說起此事會微微一笑，這時我知道她一定又想到鵝的美味啦！她只有一次和我談起某種獨一無二的動物，那就是多瑙河結冰時的狼群，她對這種動物有一份尊敬，因為她很怕牠們。在曼徹斯特時，父親會帶我逛動物園，但不常去，因為他沒時間，母親則從不跟去，也從不在場，或許她覺得無聊吧，她全心獻給人類。是父親開啟了我的動物經驗，一旦沒有這種經驗，童年就不值得過了。他扮演那些動物以博得我的歡心，他甚至還裝成小烏龜呢，這是我們和英國的所有孩童在花園裡飼養的小動物。接著忽然就中斷了，六、七年來我都活在母親無動物的天地裡。日子裡滿是偉大的人物，卻沒有動物的面孔。她對希臘的英雄與神祇相當熟稔，但是她愛人類更甚於祂們，因此直到成年後我才知道埃及的人獸雙型神祇。

在舒伊赫策街時，由公寓廚房的陽台望下去是一塊未蓋房子的空地，周遭的住户在那兒建起一座座菜園。聽說住户中有個警察養了一頭豬，他餵養時可是全力奉獻又想盡各種辦法。夏天時學校七點開始上課，我六點鐘便起床，當場看見那個警察翻越柵欄，匆匆跳進鄰居的菜園拔取蔬果當飼料，他這麼做都是為了小豬。首先他謹慎地瞄著那些房子的窗户，看是否有人留意他，那時大家都還在睡覺。他沒看見我，或許是我太矮的緣故，然後他急忙盡可能地拔取能到手的蔬果，接著又跳回他的蘇吉旁邊——我們都這樣稱呼他的小豬。他身著警察褲，褲子上頭的長條紋飾帶並不會妨礙他幹活，他從這個菜圃跳到另一處菜圃，真是優秀的跳躍選手。他動手拔取別人的東西，以保全自個兒的農作物。蘇吉總是一副吃不飽的樣子，大家都愛聽牠的呼嚕聲，每當小弟格奧爾格嘴饞偷拿巧克力，我們就嘲笑他像蘇吉一樣不停地呼嚕呼嚕。他哭著保證不敢再犯，但是那個警察的形象對他似乎有著難以抗拒的影響，因為第二天又有巧克力不見了。

清晨時分，我會把弟弟們叫醒，三個人屏息躲在廚房陽台等候警察現身。大家一動不動地看他跳來跳去，一等他離開，我們才放心大聲地呼嚕呼嚕學豬叫，這時，蘇吉好像成了我們的寵物似的。可惜牠活不長，牠死了以後，我們又回復孤單的生活。我們內心很渴望動物，自己卻不知情。這段時間裡，母親對蘇吉根本不感興趣，那個不老實的警察才是她唯一在意的對象，她讓我們聽了一大堆訓誨。她談了很多偽善的事，並對我們發誓，說那個警察一定逃脫不了懲罰。

當時我們和動物的關係很可憐，是費納先生改變了它，他在學校教的自然史課程從根本上改變了這種情形。他以無比的耐心向我們解釋植物和動物的構造，敦促我們以彩色作畫，並要我們在家裡認真完成。他不會輕易滿意這些畫作，總是指出每一項錯誤。要求的時候雖然很溫和，要我們修改的時候卻很固執。他常建議我把畫作整個丟棄重新來過。幾乎我所有的功課時間都耗在自然史作業本上，也由於它花了我不少時間，我變得很鍾愛它。我讚賞同學們的畫作，真是華美極了，輕輕鬆鬆就成了漂亮的畫本。如果這樣的畫本出現在眼前，我不會忌妒，只會驚訝。對一個孩子來說，學習輕鬆並不是好事，最好是他在某個領域遭受完全的挫折。我在繪圖方面一直是最糟糕的，糟糕到可以感受到費納的同情心，他真是個溫柔又窩心的人。他的身材矮胖，語調輕軟，但上起課來一板一眼，而且課程架構經過徹底精確的規劃；這種徹底是他的樂趣，所以我們的進度很緩慢，然而從他那兒學來的內容總是令人難忘，那是某種永遠刻劃入心的東西。

他會為了教學而帶我們遠足考察，這是我們所喜愛的。行程很愉快，很輕鬆，而且沒漏看什麼。我們在烏門湖撿到各種水中的小生物，還把牠們帶回學校。在顯微鏡底下，他把這種神奇的生命放在最小的空間裡指認給我們看，觀察到的東西稍後都會畫出來。不過，我應該忍著別詳細述說這些東西，別耽溺於自然史的課程，讀者一定都很清楚這些內容了，我不能苛求他們再上一次課。但我得說的是，費納並不具備我那種當時已萌生的敏感態度，那種關於吃與被吃問題的態度。他認為事情就是那樣，自然界裡發生的事情不能置於我們的道德判斷之下。他太質樸，或許也太節制了，以至於不會把自己的意見摻入這個無窮的殘酷過程。遠足中，我若是在談話時間針對殘酷這個話題說些感性的話，他就沈默不語，這並不是他往常的作風。他要求我們在這類事物上，得習慣另一種男性的、斯多亞⑱的節制態度，這可不是胡扯，這種節制只要透過他的舉止就可以學到了。我察覺到他的沈默代表著否認，所以收斂了一些。

他替我們籌劃了一個屠宰廠之旅。好幾堂課之前，他便經常提到這件事，一直反覆說明人們不會讓牲畜承受痛苦，現在和早年不同，已會妥善照料了，牠們會死得很快而沒有痛楚。他甚至在節骨眼上提及「人道」一詞，並且強調每個人應該如何對待身旁的動物。我是如此尊敬他，喜愛他，所以也準備謹慎地面對屠宰廠，而不會對它心存反感。他想讓大家都習慣這種無可避免的事，為此他花盡心血，並早在參訪前便開始著力，他這樣做讓我很高興。我想要是換成萊契的話，他會命令大夥兒進入屠宰廠，並且以無情的方式嘗試解決這個棘手的

⑱ Stoizismus，斯多亞主義，紀元前三世紀由芝諾（Zeno）所創，強調以默觀的理智認識宇宙真相，並以節制的倫理態度面對此真相和秩序。

問題而不會考慮任何人。隨著參訪時間的逼近，我的內心越來越害怕。費納是個善於觀察的人，事情很難瞞過他。他留意到我雖然倔強地欺騙自己又隱瞞同學——我怕他們的嘲笑，他卻什麼都沒說。

那天來臨了。我們穿過屠宰廠的時候，他不讓我離開身邊。他解說著，彷彿每一項設備都是為了動物的方便才設計的。他的話像是一層保護膜，隔在我以及所有我看到的東西之間，我甚而無法清楚描述它們。現在想來，他似乎在我面前扮演了牧師的角色，他要別人不要相信死亡。雖然他保護我而使我免除恐懼，但他的話卻是唯一的一次令我感覺到油腔滑調。他的企圖成功了，我則默默接受而沒有爆發情緒，直到他的科學使他破產為止。他大概對自己很滿意，但是他把某個東西指給我們看之後，一切都完了。我們經過一具剛被屠宰的母羊身旁，牠就這樣呈現在眾人眼前，毫無遮掩。羊膜袋中還有一隻小羊微微漂浮著，身體幾乎有半個拇指長，頭和腳還能看得出來，小傢伙的情況真的如此，好像透明似的讓人看得清清楚楚。也許是我們都沒有留意，他便叫眾人停下來，以他柔細卻不帶情感的聲調解釋一遍。我們團團圍住他，這時他的視線也脫離了我。結果我瞪著他，小聲地說：「謀殺！」這個來自甫結束的戰爭年代詞語，現在輕輕地由嘴唇發出，不過我也知道自己這樣說的時候心神有點恍惚。他一定聽到那個詞語，因為他中止了任何動作，並說：「現在大家都看過啦！」接著帶我們走出屠宰廠，一刻不停留。或許大家都看過他想給我們看的場景了，他走得很快，急著把我們帶到外頭。

我對他的信任有些動搖。圖畫簿還擱在那裡，但我沒再畫什麼新東西了。他知道原委，課堂上也不再追問。他從我們身旁走過，批評或指正大家的圖案，卻很有默契地忽略我的畫本。他沒看我一眼，我在課堂上則保持緘默。後來的遠足我稱病請假。除了我和他，沒有人知道發生什麼事，我相信他了解我。

今天我很清楚，他想要助我擺脫一些我所不能克服的東西，他也曾以自己的方式面對過屠宰廠。如果屠宰廠對他就像多數人一樣沒意義，他就不會那麼急著帶我們離開。假如他還活在世上，也是個九十、一百歲的老人了，希望他知道我在此向他鞠躬致敬。

不懂。金絲雀

早在二年級時，我們便有這門速記的選修課。我想學，但是它對我很難。我看看座位旁岡茲霍思的進度就知道難度了。用新記號取代原先很熟悉又使用長久的字母，真不容易接受，而且縮寫記號也剝奪了一些東西。我很想學得快一點，但是我盼望能夠寫快的方式必須不改變原來的字母，這當然做不到。我努力把符號塞進腦子裡，眼看就要塞進一個了，結果又溜掉，好像我迅速把它丟棄似的。岡茲霍思很驚訝，他覺得這些符號很簡單，就像是拉丁文、德文，或是他用來寫作的希臘字母。他不排斥以「別的」記號來代表原來的字詞。每個字詞對我似乎都是永恆的事物，字詞現身於看得見的形象中，而這種形象是不可侵犯的。

我從小就熟悉各種語言的具體存在，但並非不同的書寫字體。說來令人生氣，在拉丁字母之外居然還有哥德字體，不過這兩者屬於同範圍，用法也一樣，彼此之間相當類似。速記音節的新規則可以把書寫內容縮短，令我有些起疑。聽寫課我跟不上，也犯了使人豎起毛髮的錯誤。岡茲霍思瞪著我做的好事，揚起眉毛糾正我的錯誤。這種情況可能會持續下去，最後我或許會放棄速記，把它當成違反自然的東西。修荷老師也教我們的書寫課，他為大家帶來一本赫伯寫的速記教科書《小藏寶盒》（*Schatzkästlein*）。我唸了其中一些故事，並不知道這是一本特殊的名著而繼續讀下去。這只是一本選集，所以我在短時間內便讀完了。讀完後我為其中的內容感到哀傷，因而又立即從頭讀起。這樣的過程發生好幾回，我沈浸其中，完全忽略了那些速記體。其實我從每一個故事裡都讀到它們了，速記體便這樣進入我的腦海。我經常讀這本書，讀到書頁都散開。後來我也擁有和它內容相同而以一般印刷字母編排的書冊；不僅是足本而已，我還有各式的版本，那本書就是從這些版本節選出來的，不過我比較喜歡那堆破爛的書頁，讀了很久，直到它在手中整個散掉為止。

第一個故事〈東方見聞錄〉的開頭是下列一句話：「土耳其偶爾會發生某些怪事。」有時我會強迫自己是由土耳其來的；祖父在那兒長大，父親還在那兒出生呢！我的家鄉有很多土耳其人，家裡都聽得懂、也會說土耳其話。孩提時我並未真正學過，但我至少經常聽過這種語言，我也懂一些融入咱們西班牙語的土耳其字彙，知道它們大部分的起源。早年的整個傳聞是這樣的：當我們離開西班牙時，土耳其蘇丹邀請我們到他的國家，從那時起，土耳其人就對我們很好。所以當我讀到《小藏寶盒》裡的第一句話時，一股溫馨的感覺立即自心底燃起。別的讀者只會當作異文化報導來看待，而我卻很熟悉，熟悉到好像來自家鄉一般，或許我才因此加倍接受書中故事的道德訓誡：「人不該把石頭裝入袋中對付敵人，也不該心存報復。」那時我確定還不會運用訓誡。我早年的兩個主要敵人，一個是維也納的大鬍子講師，另一個是曼徹斯特的食人獸舅舅，我對他們一直懷著恨意而無法和解。但是「訓誡」必然是與感覺及行為處在對立的局面，才能因此警醒人心，它也必然尋找機會蓄勢待發，才忽然鼓舞士氣一發必中。

赫伯的書裡充滿這類的教訓而使人無法忘懷，每個教訓都連結著一段難忘的故事。我的生命開始於不懂德語的經驗，那時父母親用一種我不了解的語言相互交談，每個不懂的場合都提高了語言的影響：窗口開滿鬱金香、紫菀和紫羅蘭的華宅；由船隻往岸上沖刷的海上財貨；浩大的送葬隊伍與蒙著眼睛的馬匹等等，對我來說，這些都導致某種語言影響力的提昇。我相信沒有一本書能像那本速記書一樣深深地印在我心底，即便是任何細節都不能；我盼望能跟隨這本書所留下的所有痕跡，也希望以某種臣服於它的態度來證明我的感謝，這種態度只有此書才配享有。那些年頭裡支配我生命表層的道德觀，既浮華不實又刻薄諷刺，它崩潰之後煙消雲散，但這本書裡的每個句子仍毫髮無傷。我寫的每一本書，都會暗自以此書的語言來衡量；每次寫作我都會先用速記體寫下來，這項知識得歸功於這本書。

把《小藏寶盒》帶給我們的卡爾．修荷對自己和學生都很吃力。他的頭很小，有點兒蛋的形狀，面色微紅，毛髮黃黃得像金絲雀一樣，特別是那把鬍子的黃色澤最醒目——但是它的色澤真的那麼黃，抑或是顯現給我們的感覺而已？他的動作斷斷續續的，有些跳躍的感覺，或許和他的綽號有關吧：我們認識他不久，便給他取了「金絲雀」這個名字，這個綽號一直跟著他到死為止。他還很年輕，但是說起話來並不容易，好像舌頭轉不過來似的。在舌頭吐出話之前，他得先做準備，之後說上幾句，內容總是不多。說話的時候聽來枯燥又單調，聲調渾濁，而且很快又沈默不語。我們的書寫課起先由他擔綱，這門課我沒什麼收穫，卻使他有如迂腐的學究。他很重視字體的美麗，態度凝重到像個初學的學生。因為他的話很少，所以說出的每個字詞都顯出誇張的意義，就算沒有必要說明之處，他也一再重複。他想要教誨我們的內容，自己也得講得出來才算。不論和誰說話，他的語氣總是一樣。大家都疑心，是否他在上課前必須把他要說的東西先練習一遍。但是他真的常常語塞，實在令人費解，一切練習根本就前功盡棄嘛。他並非軟弱，卻不得其所。他也知道自己的組合度不佳，應該會經常思索這個問題。

上書寫課時，他只能勉強通過學生的殘酷考驗。有些同學很努力學書寫，從他那兒習得一手好字。這些人需要做的，就是把他在黑板上所畫的字體整整齊齊抄一遍。這門課只要求最低的智力，並提供機會給那些發展遲緩的學生以證明自己。他在黑板上寫字，也為他的沈默贏得一些時間。他關注的是字母，而不是活生生的學生；他把字寫得又大又正確，是為了全部而非個別的學生。寫字這個令他害怕的時刻，他總會背對著學生，這樣或許會讓他輕鬆一些。

令他狼狽不堪的，是稍後接替了萊契的地理課。他沒有信心，班上學生興致勃勃地掌握機會，為了萊契的壓迫而找修荷報復。接在萊契上校之後，修荷表現得有如新兵，現在他也得說個不停了。大家輕聲地嘰嘰喳喳，像金絲雀一般來迎接他上課；下課時，則是大聲地嘰嘰喳喳送他離去。嘰喳聲響起時，他還沒關上門呢。他對這種情況毫不在意，也沒有落下隻言片語，但是他到底知不知道這類舉動的意思，則沒人清楚。

課程進行到南美洲的時候，他攤了一幅大地圖在身體後頭，並把每個人都叫到台前，要大家指認河川，還得說出名稱。有一次我在台前，站在地圖的一堆河流底下一一指認，其中一條是「德斯阿瓜德羅河」。我唸的發音正確，但也不足為奇，我從小便常聽常用一個很普通的字——阿瓜，就是水的意思。他糾正我說：這條河叫做「德斯阿嘎德羅河」，u在此不發音。我堅持應該唸「阿瓜」，他則問我從何得知？我說自己一定知道，因為西班牙文是我的母語，這一點我可不含糊。我們當著全班的面前對峙，僵持不下，我很氣憤，因為他不肯承認我在西班牙語上的權利。我每瞧著他，他便一再重複，雖然面無表情卻又神色僵硬，但他態度堅決地說：它叫做「德斯阿嘎德羅河」。我們各自把唸法都拋給對方，這樣的情況持續好一陣子。他的表情越來越僵硬，如果他的教鞭還在手上（我現在用它來指地圖），可能會用來打我。後來他想到一個解決之道，便用下列的話打發我：「人們在南美洲說得不太一樣。」

我不相信別的老師會把我擁有的主權逼得這麼極端。照理說，他在這種丟臉的時刻是值得同情，但我一點都不憐憫他。他後來又繼續替我們上了一段時間的課，有一回，上課前大家聒噪著等他，另一位老師卻來班上說：「修荷先生不會再來了。」我們猜想他大概生病，旋即大夥兒才知道真相，他死了。他割腕，血流過多而死。

熱心家

在戰壕山上課的那年是和解的一年，彼時來了幾位新老師。他們以「您」稱呼我們。這是慣例，「新」老師比起長久以來便認識我們的其他師長，更容易遵循這套規則。我們頭一次接觸的新老師當中，一位年紀很大，另一位則非常年輕。那個老先生艾彌爾・瓦德是一本文法書的作者，我們上的拉丁文課便是用他的作品。除了萊契之外，他是我在州立中學時期唯一寫過教科書的老師。我很期待他，態度既好奇又尊敬，對於每個「作者」我都會如此。他長了一個大肉瘤，只要一想到他，那顆肉瘤就會浮現眼前，但是我實在無法確定它的真正位置。它在某隻眼睛的右邊「或」左邊，我想是左邊吧！它的致命特點是，它會在我的記憶中漂蕩不定，它會隨著我與瓦德先生的不同交談而變換位置。他的德語有很濃的喉音，瑞士腔也比其他老師來得明顯，所以說話時給人某種沈重的感覺，這一點倒是和其年紀無關。他非常寬容，允許我在課堂間讀別的書。因為拉丁文對我太容易了，因而上他的課時，我習慣心分二用。我用「耳朵」聽課，只要他一叫我，我總能回答問題；我用「眼睛」讀書，那是本小册子，我把它擱在書桌底下翻閱。他很好奇，所以經過我的課桌時，便把它從桌底抽出來貼近眼睛瞧，直到瞭解了書的大致內容，他才把書還給我，還的時候書還是攤開的呢！他以前一定是個偉大的讀者，有一次我們還聊起一位作者，只是他也說不出個所以然。我正迷著羅勃・瓦瑟（Robert Walser）的《散步》（*Spaziergang*），這是本怪書，怪到讓我愛不釋手，和我熟知的其他作品都不一樣。它看似毫無內容，只由文雅的華麗詞藻堆砌而成。我的意念告訴自己沒價值，卻一路讀下去而無法自拔。瓦德由左側貼過來，令我感受到那塊肉瘤的存在，我沒有抬頭，儘管我很鄙視它，詞藻的華美卻繼續吸引我。他一把抓起小冊子，打斷我閱讀，那時我正讀到書中最長的句子而心煩意亂。他把書拿到眼前端詳作者，這一次，肉瘤換成左邊了，它膨脹起來像是憤怒的血管。他如考試般向我提問，但神情親切自然：「您覺得這本書如何？」我感受到他的怒氣，但我不願承認他是對的，因為此書實在太吸引我。我語帶和解地說：「它太文雅了。」

「文雅？」他說：「這是本爛書，毫無內容，根本不值得讀。」

他的評語像詛咒一般發自喉頭深處。我讓步了，哀怨地闔上書本，但由於好奇心使然，所以打算稍後再讀。我對羅勃・瓦瑟的熱情自始便不堅定，如果不是瓦德教授，恐怕當時我便把瓦瑟給忘了。

我喜歡瓦德教授是因為他的冷酷。和他相反的另一號人物則是年輕的弗列得利希・威茨。他可能有二十三歲吧，剛從大學畢業來接手我們的歷史課，我們是他的第一班學生。在此之前，我還不能接受歐以根・穆勒離開的事實，我都稱呼他「希臘的磨坊工」⑲。他不擔任我們老師已經超過一年了，繼任的人都比不上他。到底是誰來接手他的歷史課，我都說不上來，

⑲穆勒亦磨坊工之意。

這是記憶對嚴重損失的抗議。現在弗列得利希・威茨來了，他是我學校生涯裡第二鍾愛的人，我無法忘懷這個人，多年後我又再次見到他，他簡直沒什麼改變。

多麼富有多元氣氛的學校啊！有些老師上課時不要求紀律，但紀律自然會維持，學生沒人反抗，像卡爾・貝克的課堂就是如此。也有些老師為了學生日後的生活實踐著想，而試著教導大家要清醒、考慮以及謹慎等等。費立茲・胡辛格就是這類老師的原型，他也想把清醒的品行灌輸給我，但我強烈反抗。有些人很有才能，深富想像力，並且還會激勵和祝福學生，如歐以根・穆勒與弗列得利希・威茨就是。

威茨不注重老師在講台上的優雅姿勢。有時候他在台上興奮過頭，想像力源源不斷，讓我們都忘了他身處何處，以為自己跟著他到户外。接著他走到學生裡頭，坐到一張桌子上，輕鬆得好像大夥兒一起散步似的。他一視同仁，專注於每個學生，說起話來滔滔不絕，嘴中的每個字都讓我覺得新鮮。世界上的各種隔閡在他身上皆停止了，他以純粹的愛代替恐懼，沒有誰壓得過別人，也沒有人是笨蛋，他不攻擊權威，卻避開而放棄它。他比我們大八歲，對待我們卻像同年紀的人。他不會正正經經上課，倒是把懂得的東西都灌輸給大家。歷史課上到霍恩史陶芬王朝⑳時，他不教我們各種數字，而是講述人物。權力對他來說不重要，這並不是因為他年輕，而是因為他關注於權力對它的擁有者有某種關鍵性的影響。基本上他只關心作家，他總會掌握每一個機會把他們引介給大家。他講課很棒，很生動活潑，但不像先

---

⑳ Hohenstaufen，1138~1208、1212~1254，始於腓特烈一世，隸屬於神聖羅馬帝國的德意志王朝，與教廷抗衡。

知一樣彈高調。我感覺到身上展開了某種擴張的歷程，當時我雖然還不懂而無以名之，卻很清楚這是我早期、初始狀態的自身歷程。說來令人訝異，威茨成為我心目中典範的情況，和歐以根・穆勒完全不同，威茨給人的感覺比較沒那麼確定，但是像朋友一般容易讓人親近。

他不會羅列帝王的諸多勳業，也不會把它們與一堆偉大的日期相連結，他最喜歡的是——以晚近作家的話將這位帝王展示在眾人面前。他是這樣的人，想讓我瞭解活的文學確實存在。我曾抗拒它，曾對古代作品所傳承下來的財富感到迷惘，從前母親給我的戲劇體驗還箝制著我，我如何能消耗掉她從各種文學文化中帶給我的東西？我尾隨她的記憶，沈湎於她的判斷。我自己發現的東西，只要在她的眼中是不成立的，便只有崩塌的份。現在我知道了，維德金並不是撩撥市民驚恐的亂源，也不是和瑞雪納有關的八卦醜聞製造者。當我們上到亨利六世㉑時，威茨捨棄自己的言語來描述。過度的自信完全不是他的本性，他感到不搭調。他打開一本利利安孔（Liliencron）的册子，唸〈亨利在三角岩上〉（Heinrich auf Trifels）給我們聽。他從頭到尾唸了一遍，身子站在大夥兒當中，右腳踏在我的椅子邊，肘倚著膝蓋，把書本稍稍舉起，當他唸到亨利熱情洋溢的追求時，一句「希臘的伊蕾娜唷，我愛你」讓他的額前鬈髮垂到書頁上。這是他激動時的特徵，但是我從未感受過這種愛，只覺得一股寒顫自背脊升起。他唸得很熱情，今天我得說，這完全是表現主義的熱情，和維也納在十九世紀八十與九十年代展現的熱情不同，後者的熱情我在家裡時有耳聞，但威茨的強化語調對我並不陌生，

㉑霍恩史陶芬王朝的第二任在位者。

可以說相當熟悉。當我注視著他，看著他因為鬈髮妨礙繼續朗讀因而不耐煩地把它從額頭甩到一旁時，忽然發現我自己好像有了一個哥哥——我在家裡可一直都是老大。

威茨的地位並非無可爭議，這是大家都料想得到的。有時候他實在不是好老師，為了致力於消除與學生的距離，他並不把外在的權威視為永恆的價值所在。與其他課比起來，威茨的課故意讓班上脫序。在他面前，大家總是活像處於激情的磁場中。讓我擁有自由的呼吸和飛翔的翅膀，對其他人來說，可能就是混亂了。有時候班上顯得亂七八糟，大家似乎都無視於威茨的存在而丟下一切不管，他想維持一般的那種暮氣沈沈的秩序，結果下命令也不管用。他很排斥別人害怕他，或許世界上真有這種不能引人害怕的幸運兒吧！倒楣的時刻要算是老教師來巡堂了，他們提交校方高層的報告令人很不舒服。

我的好時光並不長久。他春天來教我們，秋天便走人了。我們這些學生當中，就連甚少與他接觸的人也傳言他是給學校解雇的，儘管我們查無實據。

威茨太年輕了，以至於只想著以他的年輕來感染我們，然而歲月之路並不會讓所有的人都產生相同的特質。有的人一入學校便很老成，或許他們很早——早到打娘胎出來後便老氣橫秋，無論他們在學校發生什麼事，也不可能變回年輕。另一批人想逐漸擺脫原先的年紀，彌補被耽擱的歲月，對這些人來說，威茨可能是個理想的教師，但一般說來這類人總是少數。還有一些人，他們覺得校園生活太過艱難，在學校的影響下他們逐漸老化，他們身上背負的壓力實在太重，進步太慢，所以他們用盡一切力量依附在新增的年紀上頭，絕不輕言放棄。不過還有一群人是老成與年輕兼具，說他們老成，是因為他們堅持抓住所有已成形的東西，但是就不顧各種差異而追求新事物的好奇心來說，他們又很年輕。我那時應該屬於這類人，所以才能接受秉性相反的各種師長。卡爾・貝克的課很硬又很有紀律，給了我某種踏實感。我從他那兒學習的數學，已成為我本性中較為深沈的一部分，成為堅持的態度和精神上的勇氣。他教我們必須從一個堅定不移的小區域，一直朝同一個方向前進而不脱逃，也不要問自己會陷入什麼狀況，不要左顧右盼，必須持續行動不在意目標；只要不踏錯步伐並保持腳步間的規律，就不會發生任何事；跨入未知領域的唯一方式，就是「逐步」占領這個領域。

但是我在威茨那兒遭逢的經驗恰好相反。我心中的許多幽暗之處同時被觸動，也被點燃了，但是缺乏目標。人處於其中似乎沒什麼進展，一下子在這兒，一下子在那兒，沒有方向可言，連未知的方向都沒有。人們確實得到很多，不僅止於此，大家還學到敏鋭感，這種感覺對於被忽略掉的與被隱藏起來的東西最為敏感。特別是威茨強化了變化的樂趣，但是變化太大，令我們實在很難預期，唯一能做的便是傾聽，以便於跟著轉變。其實童話故事早年對我的影響，與此相比如出一轍，只是現在涉及的是另一種沒那麼單純的對象，也就是人物，如今這些人物換成是作家。

我說過了，是威茨打開了我的眼睛，讓我見識到當代的活文學。他提過的任何名字我都不曾忘卻。他自己蜕變成一種獨特的氣氛，並帶我一同進入；他還為我繫上翅膀，我卻不知情，直到他離開了我，這雙翅膀仍在。現在我獨自飛翔，滿懷驚奇地四處張望。

凡是通過他才得以認識的人名，其實我都不願意提起。有些名字我很早便有耳聞，所以不會觸動心弦，例如史匹特勒；其他一些人則只是喚起我被動的好奇心，為了將來早做準備而已，例如維德金便是。時至今日，此中大部分人都成了傳統文學中理所當然的一部分，為他們大驚小怪未免有些好笑。但還有另一大批我現在不願提起的人物，他們和我在家裡聽到的名字有很大的出入；儘管我真正能認識掌握的作家為數不多，卻一舉泯除了對那些剛過世或尚在人世作家的偏見。

威茨擔任教師的時間，屈指算來有四、五個月，期間他曾兩次帶我們去遠足。一次是到「特里希騰豪澤磨坊」的水果酒之旅，一次是到屈堡的歷史參訪。水果酒的旅程早就一說再說，他心裡盤算著一個革命性計畫：他允諾要帶一位小提琴家表妹一道前往，還要為大家演奏呢！

這樣一來他在班上廣受歡迎。就連那些不了解他的文學絮語而反對他的傢伙，以及蔑視他不重紀律不倡懲罰的人，全都為了一個活生生的表妹——幻想一個女性的存在——而意亂情迷。現在班上同學談的總是女孩，他們編織一些和高貴女校的關係，但大都只是願望和說大話而已。同學裡有一部分已付諸熱烈的行動，其中包括一些高大壯碩的成熟男生在內，他們除了女孩子之外，什麼話題都不感興趣。他們一說到女孩，總是免不了吃吃傻笑和語帶譏諷。不想涉入這類談話還真是難。但我可不想牽扯進去，維也納時期母親發生在陽台上的忌諱，仍然對我有效，很久以後，我仍得強忍忌妒之情的煎熬；甚至在纏繞我不放的諸多爭鬥之中，我雖然以「勝利者」的姿態出現，自己對男女之間的事其實仍懵懂無知。在費納的自然史課程中，我對動物懂得不少，也曾在本子上親手畫出他們的性構造，但就是無法把這些內容和人類關連起來。人類的愛情，境界是很高的，只有在無韻詩的舞台上才能表現出來，一切的愛情事件都是詩的抑揚格問題。我完全不懂同學們對女孩的尖刻談話，就算他們用假笑來鼓勵我也沒用，從我口中是套不出東西的；面對訕笑或炫耀誇口，我都嚴肅以待不為所動。別人以為我對這類事情皆抱持非難的態度，但我其實根本不懂。

這種情況是有點兒怪誕；其他人為了能與這些活生生的女孩說上幾句話，不惜奉獻他們的靈魂，而我卻每天回「雅塔」會館面對一打的女生。她們的年紀都比我大，私底下感興趣的問題也和我的同學沒什麼兩樣，裡頭有些還比被簇擁的高貴女校學生漂亮多了；其中有兩個瑞典女孩——海蒂和谷莉，直到今天我還認為她們具有無可抵擋的魅力，她們彼此間鎮日以瑞典話唧哩咕嚕，還笑個不停，甚至連我都知道她們談的是年輕小夥子。還有的人，像來自日內瓦湖畔尼翁城的安吉拉，既漂亮又靦腆，她只大我兩歲，可能心態和我差不多呢；妮塔是日內瓦人，心智比其他人都成熟，是個訓練有素的舞蹈家，也是達爾克羅策的學生，有時候會在晚上的「雅塔」會館表演給大家欣賞。來自盧加諾的琵雅是個豐滿的黑人，帶著某種盈溢的韻味，如今想來，才知道這是性感！所有這些天賜的產物——就算是其中最不具吸引力的人——也都是妙齡少女，她們常和我一起待在大廳有個把鐘頭之久，或者在網球場打球，大家跑來跑去，玩得很熱絡，我們甚至會激烈扭打到肢體接觸呢。所有的女生競相在我耳邊聒噪，試圖引起我的興趣，因為她們總是為了功課上的問題來請教我，這些大概都是關於德文語法的內容，而我也答得上來；有些（可不是全部的）女孩也會為了私人的事情來找我，例如為了父母親的來信指責而尋求我的建議。我身處在所有喜悅的高峰，受到這些天賜寶貝的溺愛，這是同年齡其他男孩所無法比擬的，但是我卻擔心班上同學不能領略這類的家居生活。我相信他們會為了這種獨特的女性氛圍而瞧我不起，但實際上他們可能只是憤怒地忌妒我而已。我使盡一切詭計讓他們遠離「雅塔」會館，自信沒有讓他們其中任何一人到這裡拜訪我。漢斯・威利也住深井區，他可能是唯一一個了解我家居生活的人，也是唯一不拿女生當作我們討論話題的人，他一直都很嚴肅，並在這一點上保持他的尊嚴。我不太敢肯定，他或許處於和我相類似的禁忌，也可能是他還未曾遭逢其他人的迫切需求吧！

現在威茨把他的小提琴表妹拋入我們班上的談話當中，從這一刻起，我們談論她的時候比談起他更多。大家問起表妹的情形，他耐心回答。水果酒的行程每週順延，都是因為表妹的緣故；威茨努力爭取她來參加，或許是想鼓勵她成為小提琴家吧，他不獻花給她，卻獻上一群徒步的聽眾，想讓她感受到勝利的驕傲。起初是說她没空，繼之則是生病，班上的期待瀕臨瘋狂邊緣。「希臘的伊蕾娜」没興趣了，我也感染了大家的情緒。「雅塔」没有小提琴手，所以我美化了小提琴，就如同我美化父親的樂器；我像其他人一樣地強烈質問威茨，卻感到他一直退縮，最後還顯得狼狽。大家都不確定那個表妹是否會來，只知道她要準備考試；直到我們去參訪水果酒磨坊為止，都没看到她，出現的只有威茨而已；她回絕了，並向大夥兒告假。這些事情我完全不懂，只憑著一股無法理解的直覺判斷，威茨大概踢到鐵板了。他顯得很失望，很抑鬱，不像課堂上一樣開朗與健談。或許是憶起自己邀請的損失而想做一點彌補吧，他開始大談音樂，說他的表妹敢在小提琴演奏會上彈奏貝多芬喔；我聽他這樣說，心裡非常滿意，這一次他談的終於是音樂家而非作家了，他甚至用「狂烈」這個不可或缺的字眼來形容貝多芬，而且再三重複，我覺得很高興。

我問自己：如果當時他表妹來了，情形會如何？我不懷疑她有彈奏小提琴的稟賦，但是她必須演奏得很棒並且挑對曲目，才能駕馭班上同學對她的那股熾熱興致。也許她不敢放下小提琴，會帶我們穿越森林並一路演奏走回城裡。威茨可能會像個獻慇懃的人，把位置讓給她而沈默地跟在後頭。不過我們最後會興奮到把她扛上肩膀，讓她一路彈奏，威風凜凜像國王似地進城。

但是說到底，沒有她還真的令人失望。這種失望之情，後來到屈堡遠足才得以彌補，大家也不再談起她，談得比較多的是歷史，威茨以他多采多姿的描述方式把這個保存良好的古堡引介給我們。回程的高潮發生在火車上，我和威茨在同一個包廂，他坐我對面，那時我正翻閱購自城堡的旅遊指南。他輕輕碰一下我的胳膊說：「真是個年輕的歷史學家！」他端起身子靠過來，留意我的閱讀舉止，這正是我最期盼的事，而它現在發生了，不過他提及的是未來的歷史學家而不是作家，這令我感到很苦惱。我一個字也沒說，他又怎麼知道呢？他要求我成為歷史學家，恐怕當時連他自己也沒有多少把握吧！或許這是個公平的懲罰，誰叫我老愛在他的課堂上出風頭，一副博學多聞的樣子！那時我窘迫得不得了，為了轉移他的注意力，不在歷史這個話題打轉，我問起一個當時常被人提到、而我卻未曾拜讀過的作家：法藍茨・韋爾弗㉒。

威茨說起他的抒情詩，詩中充滿對人類的愛，沒有人不能和他心意相通；無論是女僕或

㉒ Franz Werfel，1890~1945，奧地利詩人、劇作家和小說家。

孩童，甚至是動物也好，對他來說都不顯得渺小，就好像聖法藍茨一樣，他的名字為自己指明了一條路；他不是布道家，而是一個能夠轉化成任何生物的人，他的變身是為了把愛教導給大家。

我很虔誠地接受他這個說法，就像接受他所說的一切其他觀點（後來我對此另有一種完全不同而自主的意見）。但這個談話並不是此趟火車行程裡最重要的事件。我那略帶畏縮、不確定性以及充滿尊崇的提問，讓他開始暢談自己，他說的話極為真誠，也不會抵斥別人的看法來防衛自己，如此一來，我恍惚間得到一幅人的圖像，圖像中的他尚處於形塑的過程中，還不能完全掌握自己要走的路；他真的敞開自身，而不會表現出種種的蔑視與詛咒行為，這些行為是我在家裡就很熟悉的。他說自己很有進取心，但又很絕望；他一再追尋，但什麼也沒有發現；他不知道要做什麼，也不知道要如何生活！——威茨的這些話我還不能真正理解，卻像謎一樣的宗教宣告將之保留在心底。這個坐在我面前的人，讓我激發出如此愛慕，讓我情願盲目跟隨他到任何地方的人，居然不知道自己該往何處去！一會兒逛到這裡，一會兒晃到那裡，他唯一能夠確定的，便是想要那種不確定。出自他口中的言語真是奇特而令人困惑，卻深深吸引著我，然而我要跟隨他到何處去呢？

歷史與憂傷

大約這個時候，「自由」成了重要的辭彙。希臘人的種子發芽了，自從我離開那個把希臘人灌輸給我們的老師之後，希臘與瑞士在我心中形成的獨特結構便穩固了。山巒在其中扮演了重要角色。如果我看不見山巒，就不會想到希臘人，奇怪的是，我看到的是每天出現在眼前的群山。這些山巒看來或遠或近，得視雲氣而定，當群山朗朗未被遮掩，我會很愉快；它們為大家所談論、所歌詠，並成為禮敬的對象。最好的景致是環繞著鄰近雩特里山的霧海，霧中的山巒變成島嶼似的閃閃發亮，近得好像搆得著，這個時刻唯有峰頂才受人尊崇。各個山峰皆賦予名字，其中有些聽來高雅簡約，除了名字本身之外沒別的意思——例如托帝峰；另外像少女峰與僧侶峰便意味深長。我則希望這些山峰最好有新的專用名字，別的領域都用不著。沒有兩座山峰的高度是等同的。它們的岩塊非常硬，很難想像它們也曾歷經過變遷。我對這種不變的特性感受特別強烈，對我來說，山峰是不可觸摸的，如果有人宣稱要征服它們，我會覺得不愉快；如果我自己想登山，心底便會升起一股禁止的感覺。

湖的四周真是多采多姿，最動人的事情總是發生在那兒，我盼望這些湖像希臘的海洋，全部匯流入一體，好像我便生活在蘇黎世湖附近。但說起來也不是湖的景致實際上有什麼改變，像港灣、斜坡、林木、屋宇等等，每一個地方都有它的意義，也保持其特色；但是在夢中，它們全是「湖泊」，其中一處發生了什麼改變，其他的地方也同樣發生，人們宣誓而成的聯邦成了眾湖泊的聯邦。我聽說一種人們在各處所發現的水上木樁房屋，心裡縈繞著這樣的想法：住在裡面的人互不知道對方。他們彼此間離得很遠，也沒有連絡，所以住在哪裡也無所謂，他們只要一小塊水面的範圍就可以四海為家；沒有人知道他們是誰，就算人們找到多少的碎片、多少的箭矢或骨頭——他們都不算是瑞士人。

湖泊聯盟對我來說就是歷史。之前它根本沒有歷史，直到我才稱得上歷史，因為我了解它們的真正史前史——希臘人。直到羅馬之前一段的歷史發展不重要。我不信任羅馬人，瓦特・史考特筆下的騎士，在我看來根本便是羅馬人的後裔，是身披甲冑的活動玩偶，讓我覺得很乏味；只有他們被農民打敗時，才稍能引起一些興味。

在這段為了湖泊著迷幻想的時間裡，《胡騰的最後日子》（*Huttens letzte Tage*）落在我的手裡。我對這本康拉德・菲迪南・邁雅的早期作品讓自己覺得很有信心一事，絲毫不感到驚訝。胡騰真是個騎士，也是個詩人，他被描寫成一個奮勇對抗惡勢力的人物。他生病又遭流放，為所有的人所拋棄，幸賴茨溫格里斯的眷顧才得以孤單地在烏芬瑙這個地方存活下來。他的對抗行為證實了自己的倔強，並在記憶中逐漸增強，強到足以讓人感受到其記憶中燃起的火焰，因而大家都不會忘卻他現在處於烏芬瑙的心境。書裡令人關切的是，眾人皆看到他一直對抗著比他更強大的力量；但武士故事中最使人惱怒的便是省略了這一點：即便是他們當中最勇敢的人，藉由裝備也會讓自己感覺到強壯。

最使我振奮的是羅宥拉來到島上的造訪。這個羅宥拉根本沒沒無聞，就連胡騰也不認識他。在一個暴風雨中，胡騰留羅宥拉這位朝聖者在寓所過夜，把自己的被褥以及衣氅拿給他蓋。半夜裡，胡騰於一片雷聲中甦醒，在閃電的亮光下看見朝聖者把自己的背脊鞭撻得鮮血淋漓，他聽見朝聖者的祈禱，說願意把自己奉獻給聖母瑪利亞來服侍她。第二天清晨朝聖者人去一空，胡騰才了解到自己的虛度時日，最厲害的敵人業已現身。在他生命的盡頭和敵人居然如此接近，自己被洞悉一切，但連洞悉自己的敵人身分都一無所知；算來自己的奮戰根本就徒勞無功，因為真正的敵人都出現過了。事後的激動完全導因於所知太遲，於是他說：「真希望殺了那個西班牙人！」這個故事雖然是虛構的，但是我現在所處的情況豈不是讓我自己覺得更接近於「真實」？

烏芬瑙位置所在的湖泊一直向下游延伸到我面前；詩人便住在湖畔，和基爾希山相對面。我覺得自己身陷詩篇的包圍之中，詩篇為我照亮了山湖的景致，篇中一句詩以最簡潔的方式表現了詩人洞察人事的程度：「我非智巧之書，我是人，帶著人的矛盾。」各式各樣的對比存在於書本和人之間，存在於受教的知識與自然的稟賦之間，以及存在於書本的好懂易解和人類的難懂費解之間，這些對比差異開始折磨我。我在未曾預料到的情況下遭人敵視，這種敵視是外來的，而不是源於我自身的衝動，我不了解這種敵視的根源何在，卻常思索這個問題。我找不著解答，所以便把人類視為某種矛盾的存在，以此作為暫時的答案。我對這個答案一直很熱衷，也經常引用那句詩，直到母親以一種毀滅性的攻擊把那句詩摧毀為止。

但是在此之前，她放任我超過一年的時間，我因而得以跟隨邁雅的腳步進入巴托洛莫以斯之夜以及三十年戰爭。在邁雅那兒，我遇見但丁這個人，但丁流放時所說過的話，以詩人的形象深深地嵌入我的腦海。——我在登山漫遊時已認識了奔登納峽谷；在瑞士的頭兩個夏天，我曾到過東姆雷徐克的海參山，那是羅翰公爵口中「歐洲最美的山」。在它附近的里耶特山的城堡裡，我觀察了一塊和尤根・耶拿渠有關的血斑，當時沒留下什麼印象。不過現下我讀到他的相關訊息，感到自己像個行家似地追蹤其蛛絲馬跡。——透過米開朗基羅的神聖繪製，讓我接觸到佩斯卡拉的夫人維多利亞・可洛娜；我曾前往費拉拉，這個義大利地方真是可怕，完全沒有口耳相傳的那種田園風貌。總是有些激奮的事，它們的「意義」和我每天接觸到的環境大不相同。我注意的不是服飾，而是千變萬化的時間與場景；服裝所形成的粉飾作用並非我留心的對象；大部分時候所表現的陰鬱，才是我認為的真理。

在那個堅定、狂暴且熱衷的學習歲月裡，邁雅作品中縱橫交錯的歷史生命力盤據著我的心靈。通過他，我思考了所有最為嚴肅的事物。我絕不懷疑，並樂意耽溺在他所描繪的內容當中；我不知道這些描繪的內容背後隱藏了哪些東西，所有的內容都歷歷在目，而且又描述得那麼豐富，若依照這份富饒的財富來衡量，一切細節皆顯得那樣地相關而切題，各種提示都深具價值，那麼其背後還能夠躲著什麼東西呢？

現階段我再也無法忍受成形的歷史，我只追求資料本身、素樸的報導或是堅實的思想。我深信邁雅所影響我的是另一些東西，是一種對收成、對豐饒果樹的感覺（「足夠永遠都是不足夠的」），以及對其作品湖泊詩篇裡所表現出來的憂傷。詩篇中的一首以如下數句起頭：

燠熱的夏日在陰鬱中逐漸遠去，
濁悶與憂傷點燃了划行的槳。
……
天堂很遙遠，深淵近在眼前——
星辰呵，為什麼你們還不到來？
一個親切又親切的聲音呼喚著

我，不斷自水墓傳來。

我不知道那是誰的聲音，但我覺得它應該來自於一個關係相當近的死者；這個從水中傳來的聲音觸動了我，彷彿是我的父親，是他在呼喚。在蘇黎世的最後時日，我並不常想起父親，然而他從詩篇中歸來，顯得既意外又充滿神祕。似乎他藏匿於湖泊，為了我深愛湖泊的緣故。

彼時我對詩人的生平尚無所知，也不知道他母親的自殺事件——她把自己淹死在湖裡。就算我知道，當我夜裡獨自於湖面上划船，也不認為聽到的是父親的聲音。我很少獨自划船，只有操槳的時刻我才會唸起這些詩句給自己聽，才會中途住口不唸而聆聽；為了這些詩句，我願意獨自待在湖中，沒有人知道這些詩句的意義對我有多重要。詩中的憂傷攫取了我，對我而言，這是一種新的感受，一種和湖泊連結在一起的感受；如果感受不顯得那麼沈悶和陰鬱，我也能覺察到由詩的字詞宣洩出來的憂傷。我覺得是這種感受把詩人吸引到湖泊；雖然我的憂傷只是承接詩人的情緒，但我仍能感覺到誘惑，迫切期待著夜裡的第一批星辰。我稱頌這些星辰；以我的年齡來說，它們的出現並不使我感到欣慰，反而讓我歡呼不已。歡呼迫使我和那些搆不到又摸不著的星辰聯繫到一塊，我相信這種迫使感早已深植心中，並在來年逐漸升溫成一種星辰宗教。我把它們看得很崇高，希望不讓它們影響到我的日常生活；我注視它們，為的是它們呈現的單純星光，如果它們離開了，我會害怕不已，如果它們再次出現在我所期待的地方，我便會感到堅強。我對它們沒什麼期望，只期盼星星們會按時回到老地方，彼此之間維持同樣的關係位置，從而成為能讓人們心懷驚奇而加以指稱的星座。

募捐

對於蘇黎世這個城市，我只認識面向湖泊的某些區域，以及上學回家的那條路。我曾到過少數的公共場所，例如音樂廳、藝術館和劇院，極少數的時刻也會去大學聽演講。人種學演講在林馬特區的公會會館舉行，對我來說，舊城就等於是由書店構成的，在那些店裡，我會翻閱一下「學術性」的書籍，以便作為計畫來舊城的第二個目的。火車站附近有些旅館，來蘇黎世拜訪的親戚下火車後就會住在那裡。我們在上史特斯區的舒伊赫策街住了三年，那裡不太能提供什麼，離湖泊又很遠，所以幾乎給遺忘了；每當我想到那條街，就好像當時我住在另一個城市似的。

我對城裡的某些區域只知道名字，所以不知不覺產生許多由名字而來的偏見；我完全不了解那裡的人到底看來如何，他們如何活動，以及彼此間如何相處。遙遠的一切都令我萬分渴望，但是只消半個鐘頭路程就可到達的地方，卻像是引不起任何興趣的方向，猶如月球的另外一面，看不到也不存在。人們以為自己對世界開放，卻對咫尺之處毫無所悉。不可解的是，人們以這種傲慢的心態決定了什麼與己相關，以及什麼與己無關。經驗的每個部分都已經事先處理過了，人們對此視而不見，也不知道這些皆導因於缺乏文字而無法掌握；大家像狼一樣懷著渴望知識的胃口，但不會留意到自己錯過的東西。

我只有一次注意到自己忽略了某些東西，那時我正在城裡的某幾個之前只聽人說過的區域。那是個慈善募捐的機會，主辦者問起誰能負責這件事情，並說每個登記的人都能獲得一位「高校女生」作陪。我的女伴比我高，年紀也比我大，但看來她對此並不以為意。女伴手持募捐罐，我則拿著要賣的東西——那是一大塊面板似的巧克力。她以安慰的眼光俯視著我，說起話來一副明智的樣子。她身著一件白色的百褶裙，看起來非常精緻；我未曾如此近地看過或留意過這種裙子，其他人也同樣投以注目的眼神。

開始時情況很糟，到處都是一對對的募捐男女。人們問起價錢，然後憤而掉頭就走。我們的價錢是不太便宜，一個鐘頭內只賣掉一塊巧克力板，我的女伴深感羞辱，卻沒有被擊敗。她認為我們應該去獨棟住宅或飯館募捐，而最好的地點就在奧瑟希爾區。那是個工人區，我從未去過；之前富裕的人拒絕了我們，她對那兒的窮苦人卻有所期待，著實令我感到荒謬。不過她另有看法，認為自己並非心血來潮，理由是：「他們存不住錢，所有的錢都馬上花掉。最好的地方是飯館，他們會把口袋裡的錢都拿出來喝個爛醉。」

兩人一路走向剛才提到的地方。我們到處拜訪那種獨棟住宅，並仔細搜尋公寓。屋主仍是做著市民階層工作的人。一座公寓的三樓掛著「銀行經理」的名牌，我們按鈴後，一個男人出來應門，臉上泛著驕傲的紅光，唇上留著迷人的鬍髭。他帶著狐疑的神色，但迅速轉為和藹可親，並先問我們是不是瑞士人。我沈默不語，女孩則用友好的態度回答，她把我扯入答案裡，但沒有說謊。他以親切的方式調查女孩，問她父親的職業，她回答父親是醫生，而此正好符合我們募捐的目標。他對我父親的職業沒興趣，注意力全放在女孩身上，她知道說些聰明得體的話，並把募款箱舉到正確的高度而不會壓迫人，並且小心翼翼地避免搖晃那個幾近全空的箱子。向他募款花了很長的時間，那位先生臉上的微笑逐漸轉為滿意的假笑，他取走一塊巧克力，在手上掂一掂份量，看看是否太輕了些，然後把錢投入箱子，還不忘加上這樣的話：「這是做善事，我們家的巧克力夠多了！」但他仍然收下那塊巧克力，且直到我們盛讚他的善行之後才打發我們離開。他關上門後，我們還為了他這麼大量的善心而顯得有些呆滯，接著搖晃不穩地走到一樓，連門牌也未曾細看便按了鈴。門開了，剛才那個男人又站在我們面前，滿臉通紅，憤怒的語氣從我們的頭上炸開：「什麼，又來了！真是恬不知恥！」他伸出那隻兩倍厚的肥指頭指著門上的名牌，那兒顯示同一個名字：「你們不識字嗎！給我滾開這裡，否則我就叫警察！是不是要我沒收錢箱？」他把門用力關上，差點兒撞上我們的鼻子，我倆灰頭土臉，狀況淒慘。屋裡的兩層樓之間應該有座樓梯，但是誰會注意到呢？那時我們剛賣出一塊巧克力，心情像打勝仗似的，壓根兒沒留意到門牌上的名字。

女伴受夠那些公寓了，她說：「現在咱們去酒店！」我們垂頭喪氣地一路走到奧瑟希爾區，街角處有一家大酒館，她也不要求我走前面，不吭聲地踏了進去。一股令人窒息的煙霧迎面襲來，酒館裡滿滿是人，盤據著每一張桌子，各種年紀的工人都有，由帽子便可分辨出年齡。他們坐在自己的酒杯前，大聲說著義大利語。女孩子毫無畏懼地穿梭在桌子之間，那裡連一個她可以攀談的女人都沒有，如此一來反而增加她的信心。她把募款箱拿到男人面前，這倒不是什麼難事，因為他們都坐著。我急忙跟在她後頭，以便及時拿出巧克力，很快我就察覺到巧克力不重要了。重要的是女孩，最重要的是她身上的百褶裙，裙子在這個昏暗的場合中閃閃發亮。所有的目光都集中在裙子上，一個害羞的年輕小夥子摸著裙子的褶縫，一面讚嘆著，並讓褶縫緩緩地沿著手指滑過去。感覺上，他要觸摸的是細緻的衣料而不是女孩。女孩停在他面前，小夥子臉上沒有笑意，莊重地注視她說道：「好美啊！」女孩接受別人臣服在她的百褶裙下。他把錢幣捏在手中，然後投進箱子裡，彷彿這並不算什麼似的，也沒開口問巧克力；稍後我才遞上巧克力，他看也不看就擱在桌上；為了他的捐獻而得到報償，小夥子感到很羞愧。這時刻女孩早就走開了，她的下一個目標是灰髮男人。他親切地對著她微笑，沒有多問就開始掏錢，把口袋裡的所有零錢全拿出來放在桌上，找出一個兩法郎的錢幣迅速丟進錢箱，動作間還用手指稍微遮掩一下。他傲慢地示意我走到他面前，從我手上抽走一條巧克力，硬是要轉送給女孩。他聲稱那條巧克力屬於她，是給她的，她應當留給自己。緊接著又加了句：那條巧克力不得再轉售。

　　事情就這般開始了，就這麼繼續進行著，身上有錢的人都捐了錢，只是他們都保留了他們的巧克力。身上沒錢的，紛紛表示歉意，四周充斥著熱烈有禮的氣氛。只要女孩一走近，那張桌子的嘈雜聲便隨之減弱。沒有我原先害怕的粗話，有的只是驚訝的眼神，或是中間偶爾伴隨著出於訝異而發出的叫聲。我覺得自己簡直就是多餘的，但是我無所謂。感染了那些男人熱情讚揚的氣氛，我對自己說道：我的女伴真是美麗。我們離開時，她搖動箱子估算著，說現在已經超過半滿了，再去個一、兩家這類的店，箱子就裝不下了。她感受到、且完全意識到他們的崇拜之意，然而女孩也有實際的一面，她不敢忘記那種崇拜的時刻意味著什麼。

巫術大師的登場

祖父的造訪帶給我很大的改變。知道我獨居之後，他才來蘇黎世看我。他和母親之間的緊張關係越來越嚴重，這些年來，祖父總是避著她，不過他們仍定期通信。戰爭期間他收到一些明信片，從而獲悉我們的新地址，稍後他們相互之間才又寫了些徒具形式卻不親近的信件。

他一得知我搬進雅塔會館，馬上現身於蘇黎世。他投宿「中央」旅社，並叫我過去他那兒。不管在維也納或蘇黎世，他的旅社房間總是大同小異，瀰漫著一股相同的氣味。我抵達時，他正繫上帶子進行晚間的禱告，他親吻我，淚水流個不停，然後又繼續禱告。他指了一指，要我替他拉開抽屜，裡頭有個信封袋，裝滿他為我蒐集來的郵票。我把信封內的東西倒在一個矮櫃上頭，仔細打量檢查一番。其中有些郵票我已經有了，有些則未見過，祖父敏銳地觀察我的表情，追蹤我臉上喜悅與失望的變化。我不想打斷他的禱告，什麼話也沒說，但是他卻忍不住，自行中止了那些神聖莊嚴的希伯來語，並問道：「怎麼了？」我回以一串熱烈卻毫無關連的語詞，他覺得很滿意，於是接著祈禱。禱告的時間相當長，內容則是固定的，他既不跳過什麼，也不會縮短內容；他禱告的速度已達最高極限，所以也不能再快了。他結束整個儀式之後，考問我是否知道這些郵票源出於哪些國家，如果我回答正確，他便大肆讚揚。他以為我還是那個住在維也納的十歲孩子，再度流出來的喜悅淚水真令我厭煩。只要一和我說話，他便開始流淚，他發現我還活著，是和他同名的孫子，現在居然也長得那麼大了，想到這些他就很亢奮，當然也可能是為了他自己還活著，看得到孫子的這些情況。

等到他考問完一切，又哭了個夠，才帶我外出到一家由「餐廳女兒」㉓伺候的無酒精餐館。他那對熱情的眼睛直盯著她們瞧，要他點餐而放棄一段繁瑣的談話，是不可能的。他的開場是先指著我說：「這是我孫子！」然後細數他能操控的語言，總數一直是十七種。餐廳女兒還有事情要忙，沒什麼耐性聽祖父的語言名單，而且他的瑞士德語也不太能聽得懂。她準備離開，祖父卻把手掌擱在她的臀部表示安撫之意，讓她直直站在那裡。我真替他感到羞恥，那女孩倒是靜止不動；當我再度抬起頭來，他已經數完了語言的數目，可是手掌還放在老地方。直到他開始點菜，才把手抽回來，因為他點菜得和餐廳女兒請教，請教時又必須用上兩隻手。經過了漫長的點菜程序，他還是一如往常點老東西——優酪乳，替我則是要了咖啡。等到女孩走了，我和他說：這裡不是維也納，在瑞士的情況可完全不同，不可以做出這種舉動，否則女孩們可能會賞他一耳光。他不吭聲，以為自己知道得比我多。當女孩把優酪乳和咖啡端來時，還對著祖父露出親切的微笑，他特地感謝她，然後又把手放在臀部上，並允諾以後來蘇黎世的時候會再造訪這裡。我急忙喝著咖啡，很想趕緊離開，不管表面上看來如何誇張，我覺得他侮辱了人家。

㉓瑞士德語，指餐廳女服務生。

我不小心向祖父解說了雅塔會館的事。他堅持要去那裡看我，並宣布了這個消息。米娜小姐不在，由羅絲小姐出面接待他。她領著祖父穿過廳堂與院子，他對所有的一切都很有興致，還提出數不清的問題。經過每一棵果樹，他總要問樹上結了多少水果；他又提到住在那裡的女孩子們，詢問她們的名字、國籍和年紀。他算了算，女孩一共九位，他認為應該多收些女孩來住宿。羅絲小姐表示：幾乎每個人都有自己的房間，他便說要看看這些房間。她著迷於祖父的風趣和問題，居然毫無警惕地帶他參觀每一個房間。這些女孩子此刻都在城裡或大廳，羅絲小姐發現沒人在，便把那些我甚至都未瞧過的空臥室一一介紹給祖父看。他很欣賞窗外的景致，並檢查了床鋪。他以自己的尺寸標準來衡量房間大小，然後表示裡頭很容易再塞進一張床。他相當在意女孩們是由哪些國家來的，還想知道法國女孩、荷蘭女孩和巴西女孩睡哪裡，特別是那兩個瑞典女孩的臥房。最後他問起麻雀窩，也就是米娜小姐的工作室。我之前就警告過，要他仔細觀賞那些畫作，而且偶爾得讚美一番。結果他採用這樣的方法：他先像個內行人一樣，站在和畫有些距離的地方，然後走近仔細察看作品的技法。他搖了搖頭，像是很在行的樣子，然後才熱烈獻上最高的頌讚，其間他很狡猾地不用西班牙語，而改用羅絲小姐聽得懂的義大利語。他由家裡的花園認識了幾種花卉，像是鬱金香、康乃馨與玫瑰等等，因而請求羅絲小姐把他祝賀那種作畫才能的心意轉告給畫家知道，說他從未見過這類的畫，這倒是真的。他又問及米娜小姐是否畫些果樹和水果？他很惋惜沒見過這種畫，因而懇切建議米娜小姐擴展她的繪畫類型名單。他這樣說，真讓我倆目瞪口呆，不管是羅絲小姐或是我，皆不曾有過這種想法。當他開始詢問起畫作的價格時，我狠狠瞪他，結果白費力氣。羅絲小姐拿起上次畫展的畫作名單，並把價錢告訴他。其中有數張賣了好幾百塊瑞士法郎，有些尺寸小的就比較便宜，他讓她把價錢照順序唸出來，然後在腦袋裡計算一番，最後說出一個可觀的總數而嚇人一跳，這些我們可算不出來。接著他還大方地說這些都不重要，重要的是畫作之美。羅絲小姐搖著頭，不懂美這個西班牙字，在我還來不及翻譯之前，祖父便打斷我，自己說起義大利語：「美、美、美」。

接著他又想再看看花園，這次他看得很仔細。在網球場時，他問起整個會館的面積大小。羅絲小姐有些狼狽，因為她不清楚。祖父以腳步丈量網球場的長度與寬度，計算平方數，然後脫口說出答案，接著又考慮一會兒，衡量網球場和花園的各自大小，並與鄰近的草地比較一番，最後扮個狡獪的臉，道出整個面積。羅絲小姐給他征服了，我所擔心的造訪最後以勝利收場。傍晚時分，他帶我到多德河對岸的森林劇場看表演。我回到會館時，女士們都在房間裡等我。米娜小姐很不能原諒自己的外出，我聽她歡頌祖父整整有一個鐘頭之久。他甚至把土地面積都計算得正確無比，真像個巫術大師。

黑蜘蛛

對我來說，山谷中的山谷就是瓦利司了，這和它的名字有些關連：山谷的拉丁文已變成了該州的代名詞，而這個州是由羅納谷以及它周邊的峽谷所組成。地圖上沒有其他州像此州一樣緊密，所有的地形都附屬於這個峽谷。我所讀到關於瓦利司的資料均令我印象深刻：該州通行兩種語言，有德語區和法語區，人們在那裡使用這兩種語言就像往常一般，兩種語言都還保留著古老的形式，在安尼費爾斯山谷使用的是古老法語，羅遜谷則通行古老德語。

一九二〇年夏天，母親和我們三兄弟又到坎德斯德格消磨時光。我常研究地圖，並把所有的願望都集中在羅遜谷，這個峽谷是最有趣的，很值得看看，也很容易到達。穿越世界第三大隧道——羅遜山隧道，便可以抵達隧道後的第一站哥本施代。打那兒起，大家可以徒步漫遊通過羅遜谷而到最後的所在——布拉屯。我熱烈期盼這樣的計畫，想組成一個和我有關的隊伍，卻堅持這次要把弟弟們留在家裡。母親說：「你倒是知道自己要些什麼！」這種毫不憐恤把弟弟排除掉的作法，母親並未感到詫異，反而有些開心。她老是生活在擔憂之中，心煩我耽溺於書本和談話，變成一個不像男人又欠缺果斷能力的傢伙。理論上她同意體恤幼者與弱者，實際上卻做不來，特別是當她碰到一個想要朝目標邁進的人時，就會如此。她支持我，所以替弟弟們想了一些別的花樣。那天的行程確定好了，清晨時刻搭乘最早的火車穿越隧道。

哥本施代比我料想的更蕭條更荒涼。我們沿著那條與外面世界相連的唯一小徑走向羅遜谷。這條小徑不久前還很狹窄呢，我發覺它的寬度只能容許一隻背負貨物的動物行走。不到一百年前這個地區還有熊出沒，可惜現在遇不到了。我替這些消失的熊感到惋惜，忽然間峽谷豁然開朗，沐浴在陽光底下閃閃發亮，冰河的盡頭處是雪白的高聳山巔。人們並不需要太多的時間便可到達終點，但是從安尼費爾斯登到布拉屯的蜿蜒山路得經過四個村落。途經的一切皆顯得古樸而特殊。所有的女人都遮著頭，戴著黑色草帽，不只是女人這樣，連小女孩也如此。就算是三、四歲的孩子都很莊重，好像他們從出生起便意識到自己的谷地與眾不同，因而得堅決地向我們展示他們不屬於我們。他們緊緊地黏著那些滿臉滄桑的老婦人。我聽到他們所說的第一句話，居然像是千年前的語言。一個年紀很小卻有膽識的男孩朝我們靠近了幾步，一個老婦人叫喚他，要他遠離我們；她叫喚時所用的兩個字眼，聽起來很美，令我簡直不敢相信自己的耳朵，她說著：「過來，小男孩」（Chuom, Buobilu），多美妙的母音啊！她不說我聽熟悉的 Büebli，而代之以 Buobilu，其中 u、o、i 的關係很豐富也很晦澀，感覺上像學校裡讀過的古高地德語的詩句。我知道瑞士德語方言與德國中部的高地德語很相近，但聽來仍有古高地德語的韻味，這有點出乎我意料之外，我把它視為自己的發現。我對此印象深刻，因為我只聽到唯一的一句話。這裡的人沈默寡言，好像避著我們似的。整個徒步漫遊的過程中幾乎聽不到對話。我們看著老木屋、黑衣婦人、窗前的盆花與柳樹。我豎起耳朵想多聽其他句子，但所有的人都保持沈默，或許這只是個意外，然而 Chuom, Buobilu 卻是我在峽谷裡聽到的唯一話語。

我們還真是一支混合的團隊，當中有英國人、荷蘭人、法國人、德國人；人們得以聽見各種不同語言所發出的讚嘆聲。對照沈靜的山谷，就連英國人都顯得健談。所有的人都受到震懾，所有的人都大為驚訝，我不再為那些同住一家飯店自命不凡的住客感到羞愧，我慣常尖酸地批評他們。這裡的生活一致，彼此互相融為一體。無聲、緩慢、節制，征服了他們的自以為是。他們對這一切都感到難以理解而無法超越，內心的感受是讚佩與忌妒。我們像是來自其他星球的人一般穿過四座村莊，毫無機會接觸到那些居民，沒有人期望我們給任何東西，對我們也沒有任何好奇的反應，這次的漫遊期間唯一發生的就是，一位老婦人從我們附近喚回一位小男孩，而他離我們尚有一段距離。

我不曾重回那座山谷，過了五十年，那裡必定有許多改變，尤其是最近這五十年。為了維護腦海裡的畫像，我竭力不觸及它。我感激它，因為對它的陌生，致使我對古老的生活狀況產生親密的感覺。我不清楚當時有多少人生活在山谷裡，或許有五百人吧。我總共見過他們的人數不會超過兩、三個。顯然他們的生活並不容易，我並未想到他們會到外地尋找工作，對我來說，他們距離很遠，他們似乎不曾想要離開山谷。倘若我對他們多些了解，或許這幅圖畫就會消逝了，他們會與我們這些同時期的人沒什麼兩樣，就如同那些我在四處所認識的人兒。算起來很幸運，有些經驗是和他們源自於獨特性以及孤立性的力量有關。日後我讀到那些人口稀少、過著與世隔絕生活的種族和部落，羅遜谷的記憶便會自我腦海中浮現。我還想閱讀一些關於他們的特殊報導，那些都是可能的，我認可它們。

我對山谷中所聽到的一個或是四個的音節感到讚嘆，當時確實很罕見。約莫同時間，我正沈醉於動人的荷特海爾夫㉔。我讀著《黑蜘蛛》（*Die schwarze Spinne*），覺得牠跟蹤我，彷彿牠就挖著我自己的臉。在閣樓的房間裡，我不能容忍任何鏡子，便厚著臉皮向圖蒂要了一個。拿著鏡子上樓，關上門，這個舉動在這屋內有些不尋常。我對著鏡子，在雙頰上找尋

㉔ Jeremias Gotthelf，1797~1854，瑞士德語小說家與牧師，善長描寫農村景象。

黑蜘蛛的蹤跡，但什麼也沒找到。儘管我不曾被魔鬼親吻過，卻依舊感受到好似被牠的腳碰到的搔癢，所以我白天要清洗好幾次，以確定牠沒有緊附著我。結果我在最不可能的地方發現了蜘蛛的蹤跡，就在車廂的走道上、太陽升起的那個角落。那時我衝進車廂，牠在我的正對面，緊臨著一位未曾察覺到牠的老婦人。「這個老婦人眼睛瞎了，我應該警告她。」然而我刻意忽視牠的存在，當我起身在曬穀場車站下車時，蜘蛛業已消失，只有老婦人獨坐那兒。幸而我不曾警告她，否則她可能會給嚇死！

蜘蛛可以一連數天消失無蹤，牠會避開某些場所。牠從不曾在學校現身，大廳裡的女孩也不會受到牠的打擾。至於天真無邪的赫爾德小姐，蜘蛛則不屑一顧。牠緊抓著我，雖然我並未意識到自己有任何的惡行；當我獨處時，牠卻與我同行。

我不打算告訴母親有關黑蜘蛛的事，此事對她可能產生的後果令我感到不安，因為這件事對生病的人來說，可能特別有危險性。倘若我能夠堅持對這樁事保密，或許事情會完全改觀。後來母親來訪，我鉅細靡遺地把整個故事中所有駭人的細節都一一道出；我暢談討人歡喜的兒童洗禮，以及苟特海爾夫試著藉它減輕影響的安慰式道德說教。母親仔細聆聽著，從頭到尾不曾打斷我的敘述。我從未如此成功地讓她著迷過。情形就好像我們互換了彼此的角色，我才講完，母親隨即向我提出一連串關於苟特海爾夫的問題，譬如他可能是誰，或者是她怎麼從沒聽過這麼駭人的故事？我越講越害怕，還想要隱藏自己的恐懼，並藉著我們之間攸關方言是否有其價值的舊爭辯來轉移她的注意力。我說他其實是伯恩的一位作家，使用艾門谷方言，方言中的某些內容幾乎不可解；但若少了方言，便難以理解苟特海爾夫，因為他所有的力量皆源於此。我暗示，若非自己一向就懂得方言，《黑蜘蛛》可能會脫離我的掌握，我也永遠不得其門而入。

我們兩人都處於一種由故事而產生的異常激動狀態，又好像我們互相感受到對方的那種敵意都多少與這個故事有關，但是所有我們「講出來」的話，似乎只是侷限在膚淺頑固的範圍內。她並不想知道有關艾門谷的事。她說這個故事和《聖經》有關，內容直接來自於《聖經》，黑蜘蛛是十一個埃及災厄之一；這都是方言的過失，因為世界上沒什麼人懂它，假使能把黑蜘蛛翻譯成文學性德語，大家便可以瞭解了，這是多麼好的事啊！

她回療養院之後，隨即向那些常與她聊天的對象詢問有關苟特海爾夫的事，他們幾乎都來自德北地區。母親由他們的口中得知：他所寫的故事主要是一些布道式枯燥乏味的長篇農民小說；他們表示《黑蜘蛛》是唯一的例外，不過寫得還真笨拙，到處是多餘的長篇敘述；在今天只要具備理解力的人，決不會認真看待苟特海爾夫。她在寫給我的信裡，不但把上述的話告訴我，還附上一個諷刺的問題：我現在到底想當什麼？是傳道者還是農人？為什麼兩者不同時做呢？我應當做出決定！

但是我執意原來的想法。之後她來看我時，我攻擊那些影響她且具有審美品味的女士先生們。「美學家」這個詞在她口中一直都是罵人的話，上帝統治的國度內最差勁的便是「維也納美學家」。她對「維也納美學家」這個詞很敏感，看來我這個詞選得還很好；她一直為自己辯解，又透露出對朋友性命的憂慮，擔憂的程度是如此認真，讓我以為這是直接出自《黑蜘蛛》的情節。一個性命受到威脅的人不該給罵成美學家。他們並不知道自己還能活多久。

我不知道是否該相信，一個處於此種精神狀況的人會慎選他所讀的書？有些故事就像是流水，一下子便流失了，然而有的故事會讓人一天比一天記得更牢。這顯示了我們本身的、而非作家的精神狀況。雖然《黑蜘蛛》很有趣，她確信自己連半行苟特海爾夫的作品都不會去讀。她很反對這個方言的罪人，反對時甚至援引權威。她談到提奧多・道柏樂㉕，有些作家會到療養院朗誦作品，這個人也曾經在療養院朗誦過。母親和他因為這次朗誦的機會而產生了一點兒交情。提奧多・道柏樂談的是母親不擅長的詩歌，他對苟特海爾夫亦無太多好評，這令我勃然大怒說道：「這是不可能的！」我懷疑她說的不是真相。她顯得有些不確定，語氣轉弱說：別人在他面前如此表述時，他並未出言反駁，這就表示他也同意這種觀點。我們的談話全然成了固執己見，雙方以幾近尖酸刻薄的語氣堅持自己的立場。我察覺到母親把我熱愛瑞士的一切都視為危險，她說：「你的視野會日益狹隘。這也不足為奇，我們見面的時間太少了。你變得太過自負，把自己置身於那些老處女和年輕的女孩之間，任由她們吹捧你。我這一生受的苦，可不是要你成為一個心胸狹隘、又自以為是的人。」

米開朗基羅

一九二〇年九月，也就是歐以根・穆勒不再擔任我們歷史老師之後的一年半，他發表了

㉕ Theodor Däubler，1876~1934，德國作家。

一系列關於「佛羅倫斯藝術」的演說。演說在大學的演講廳舉行，我一場也沒錯過。發表的場所已經夠崇高了，但距離我成為一個大學生還早得很呢，所以意味著演講者與我還有相當程度的距離呢！雖然我坐在前面，而他也注意到我了，但是聽眾的數目遠比在學校裡聽講的人還多。聽眾涵蓋了各個年齡層，在座者甚至包括成年人在內，我認為這正是他受人愛戴的表徵，歐以根・穆勒比其他老師對我更具意義。演講同從前一樣充滿興奮的窸窣聲與咂嘆聲，那正是我長久以來所缺乏的，只有在他放幻燈片時演講才會中斷。因為他是如此敬重藝術品，所以話很少，只要一放幻燈片，他自己便只說個兩三句話，顯得極其謙遜；為了讓我們專心，他隨即保持沈默不干擾我們。但我受不了窸窣聲停止後開始放幻燈片的時刻，我就是喜歡和吸收那些出自他口中的內容。

第一次演講，他讓我們看了「洗禮堂」的門，吉伯第㉖分別耗費了二十一和二十八年的光陰在這兩扇門的雕刻工作上，這比我見到那兩扇門時更令我為之動容。我這時才知道，居然有人窮其一生的心力去完成一、二件作品，我原本便很佩服耐心，現在耐心更像是座紀念塔了。還不到五年的時光後，我找到了自己一生想要從事的工作，我不僅僅自己能夠坦然地說出口，稍後更能毫不害臊地把這種想法告訴我所在意的人。這多虧了歐以根・穆勒對於吉伯第的描述。

第三次演講時我們談到梅迪柴爾教堂，它占據了整場演講的時間。我深深為幾座憂鬱的

㉖ Lorenzo Ghiberti，1378~1455，義大利早期文藝復興時期的著名雕刻家。

仕女臥像所感動，其中一位睡得正沈，另一位則自睡眠中掙扎著醒來。美——而且僅僅是美，對我來說很空洞，拉斐爾給我的意義並不大；美而又承受著某些激情、厄運和不祥，才能真正征服我。這種美並非抽象，彷彿獨立於時間遞演的情緒；相反地，它藉由厄運才證明了自己，就像是承受巨大的壓力。唯有不因此而消耗殆盡，並保持堅實與克制，方才足以稱得上美。

令我為之動容的並不僅是這兩座仕女雕像，還包括歐以根・穆勒所談攸關於米開朗基羅本身的事跡。他必定在演講前不久，才研讀過由康第維和法沙力分別撰寫的《米開朗基羅傳》。幾年後，我從這兩本傳記中重新發現了他所提出的某些具體細節。那些東西既鮮明又直接地存活在他的記憶當中，幾乎讓人以為他是真的從別人之口聽來的。時間的流逝或冷酷的歷史研究，都未能減損米開朗基羅在雕塑藝術上的價值。即使他早年被打碎了的鼻子，我都喜歡，彷彿他藉此才被打成雕刻家。還有他對薩佛納羅拉的愛，儘管此人強烈反對藝術的偶像崇拜行為，並且他還是羅倫佐・麥奇第㉗的敵人，然而一直到老年，米開朗基羅依舊讀著此人的布道文。羅倫佐發掘了孩童時期的米開朗基羅，把他帶回家中，一視同仁而扶養長大，他的死則令年近二十的米開朗基羅大為震驚。但這並不意味著他看不清接班人的卑鄙行為。他友人的夢境促使他離開佛羅倫斯，那是我收集到且加以思索的一連串流傳夢境裡的第

㉗ Lorenzo de' Medici，1449~1492，義大利著名的麥奇第家族最傑出的成員，自一四六九年起和弟弟一起統治佛羅倫斯。

一個。之後我經常讀著當時邊聽演講邊做的筆記，十年後，我從康第維所著的《米開朗基羅傳》中再度讀到這個夢，回憶起這段時光，便把它寫下來寄給《目眩》（*Blendung*）雜誌。

我喜歡米開朗基羅對抗朱力烏斯二世㉘的傲氣，當時他被迫害而逃離羅馬。他確實是一位擁護共和政體者，為了替自己辯護而在教皇面前據理以爭，彷彿他和教皇平起平坐。我永遠不會忘記他為了鑿出教皇墓碑的石塊，而在卡拉拉附近孤獨生活了八個月之久；還有突如其來的嘗試，在景觀中靈機一動添加了幾座巨型雕塑品，甚至連遠在外海的船上也瞧得見。還有西斯汀教堂的天花板——他的仇敵不認同他的畫家身分，企圖毀了他：他花了四年的時間工作，完成了何等偉大的作品！他拒絕使用黃金來裝飾壁畫，更是讓缺乏耐心的教皇威脅要把他從工作的鷹架上給丟下去。長達數年的工作令我印象深刻，但是這一回作品本身也感動了我，沒有什麼比得上西斯汀的天花板對我影響來得更為深遠。我從中得到如下的心得：只要結合耐心，創作者的反抗也能變成創造。耗費了八年才完成《最後的審判》，雖然我到後來才真正領會這幅畫的偉大，但當我知道畫上的堆疊塗抹是因為畫像人物的裸體，不禁要為八十歲的他尚要遭受此種恥辱感到痛心。

一個為了創作偉大作品而飽受磨難、並且克服萬難的人物傳奇故事，就在我心中成形了。我鍾愛的普羅米修斯移轉到了人類世界。這位半神半人對自己的行為並不恐懼；直到事情過後，他才受到痛苦的折磨。然而米開朗基羅卻工作在恐懼當中；他在替梅迪柴爾教堂製作雕

㉘ Julius II，1443~1513，羅馬教宗，在位期為一五〇三至一五一三年。

像時，統治佛羅倫斯的梅迪柴爾視他為敵人，米開朗基羅之所以畏懼他是有理由的，他極可能對自己不利。而梅迪柴爾加諸於雕像上的壓力，正是他本身的壓力。但若要說這種壓力的感覺對於日後數年陪伴我的那些西斯汀雕塑品造成某種決定性的印象，這樣的說法很可能也不正確。

當時矗立於我心中的並不只是米開朗基羅的畫。我敬佩他；自從那些探險家之後，我就不再欽佩任何人。他給我的第一個感受是痛苦，無止盡的痛苦，渴望的痛苦，轉變成為了他人而存在的痛苦，並持久不變。那種痛苦很特殊，並非一般所熟悉的那種軀體上的痛苦。當他畫《最後的審判》時，從架子上摔下來受了重傷，他拒絕讓任何看護和醫生進到自己的屋裡，獨自一人躺著。他不承認這種痛苦，把自己和所有的人隔開，彷彿就這樣死去了。他的一位醫生朋友，千辛萬苦地找到通往那房間的暗梯，彼時米開朗基羅悲慘地躺在房間裡。醫生朋友日夜守著他，直到危險過去。這種截然不同的折磨，在他的人像雕塑中呈現出令人難以置信的影響。他對污辱的敏感，使他只從事最艱困的工作。他不是我的模範，因為他更像是：高傲之神。

正是他引領我認識了以西結、耶利米和以賽亞等先知。當時我正努力追求各種未曾親近過的知識，而唯一未讀、甚至竭力避開的就是《聖經》。我憎惡祖父規律的禱告，他唧唧咕咕唸著成串我不懂的語言，讓我不想了解它們的意義。為了告訴我那些他所帶來的郵票，他甚至中斷了自己的祈禱而做出奇怪的手勢，這樣的祈禱又能具有多大的意義？我並不是以猶太人的身分、也不是藉由他們的言語而認識先知的，而是他們自米開朗基羅的雕像中迎向了我。就在我之前提到的演講結束後的幾個月，我獲得最渴望的禮物：一整套西斯汀禮拜堂的大複製圖，畫片裡的人物正是先知和女預言家。

我和這套東西親密地生活了十年之久；眾所皆知，年少時期的十年是多麼漫長啊！我對它們比對人類更熟悉。我立即把它們懸掛起來，時時擺在面前；這並不是慣性的桎梏使然；我像生了根似的，站在半張著嘴的以賽亞前面，為他對上帝嚴厲的話而困惑，他那高舉的指頭彷彿斥責著什麼。在我仍不懂他說些什麼之前，嘗試著想像他說的話：他的新創造者——米開朗基羅讓我準備好接受這些話。

或許我思索這些話語的舉止有點兒不自量力；這些話從以賽亞的手勢中跳脫出來，我根本無意探究它們的準確原形，也無意朝那些唾手可得的地方查尋其原文；畫作中的手勢是那麼強烈地蘊含了這些話語，使我得以不斷由新角度關注它們，這就是西斯汀禮拜堂畫作中表現出來的驅策力、本真性以及永不衰竭的特質。耶利米的哀愁和以西結激烈的熱情也吸引著我，當我凝神注視著以賽亞時，決不至忘了探索他們。是那些「年老的」先知不肯放開我，雖然圖像中的以賽亞年紀其實不大，但是我把他歸類到年長的先知當中；年輕的先知正如女預言家一樣，對我沒什麼意義。我聽聞有人對那些大膽的縮圖人像讚嘆不已，也耳聞了敘利亞那些神祕女預言家的美貌，然而就像是曾經閱讀過的某些東西，只是藉著別人的文字敘述認識他們，他們始終只是畫像，不像活脫脫的真人站在我面前。我像年老的先知一樣去臆測他們、傾聽他們，老先知們給予我未曾體驗過的生命，我只能稱之為迷亂的生命（雖然這樣的稱呼也不充分），其他的什麼也不是。值得注意的是，他們並未化成神祇，不是超越我高高在上的威權，無論他們對我說話，抑或是我嘗試與他們談話，我都能無懼地站在他們面前，讚佩他們，並勇於向他們提問。或許因為早年於維也納時期已慣常面對那些戲劇性人物，使我有能力面對他們。當時的我感受到澎湃的狂潮，狂潮中的一切都無法識別，彷彿泅泳於混亂與迷離之中；如今他們則顯現為各個不同的、具征服性卻清晰的先知形象。

墮落的天堂

一九二一年五月，母親來探望我。我領著她穿過花園，參觀綻放的花朵。我察覺到她沈重的心情，試圖藉著愉悅的花香來淡化其情緒。但她並不領情，只是一味地沈默。她的鼻翼靜止不動，顯得有些詭譎。我們來到網球場的盡頭，那裡沒有人聽得見我們說話。她說：「你坐下！」自己跟著也坐了下來。她忽然說道：「現在該結束了。」我瞭解時間已到。她又接著說：「你得離開這兒。你變蠢了！」

我說：「我不想離開蘇黎世，我們留在這裡吧！在這裡我可以知道自己存活在世界上的理由。」

母親說：「你活在世界上的理由！馬薩其奧㉙和米開朗基羅！你以為這就是世界了！作畫的花朵、米娜小姐的麻雀窩、那些和你編織故事的年輕女孩，一位比一位更尊敬你、服從

㉙ Masaccio，1401~1428，義大利佛羅倫斯畫家。

你。你學校的作業本裡滿滿全是菠菜品種學，培斯塔洛齊日曆，這就是你的世界了。你所瀏覽過的那些名人，你可曾捫心自問過自己是否擁有這樣的權力？你瞭解他們享受聲望的愜意，你可曾問過自己他們過的是什麼樣的日子？你認為他們就跟你現在一樣，坐在滿是樹木和花朵的庭院嗎？你認為他們的生活很芬芳嗎？你所閱讀的那些書籍，你的康拉德・菲迪南・邁雅！那些個歷史故事，它們跟現今的世界有何干係？你認為自己讀過一些關於聖巴托羅謬之夜或者是關於三十年戰爭的書，這樣你就懂了嗎？你什麼都不懂！全然不是這麼一回事。真可怕！」

所有的事情全來了。她厭惡自然科學，我則對動物和植物如何建造它們世界的結構充滿興趣，並且經由寫信給她而了解到人們試圖探究結構是樁好事。當時的我仍堅持這樣的企圖是好的。

她完全不相信世界的結構是好的，她向來不虔誠，亦不是一個聽天由命的人。戰爭給她的震撼始終揮之不去。療養院那段時期的經歷，幾乎是看著她所認識的人在她的眼前逐漸死去。對此她始終隱瞞著我，不曾提過這段經歷。然而這段經歷卻依舊藏在她的心中，並且影響著她。

她更討厭我對動物的同情心。她是如此嫌惡，以至於對我開一些殘酷的玩笑。在坎德斯德格時，我在飯店門前的路上見到有人拖著一頭小牛犢，牠的每一步伐都很掙扎，一個外觀看來是肉販的人，用盡全身的力氣扯著牠走。我一時無法領會這到底怎麼一回事。母親在一旁平和地解說道，那隻牛犢即將給人拖去宰殺。緊接著剛好是飯店的用餐時刻，我們全坐下來用餐，席間我拒絕吃肉，而且一連堅持了好幾天，這樣的舉止惹惱了她。我把芥末加到蔬菜上，她訕笑著說：「你知道芥末是怎麼作成的嗎？作芥末需要雞血。」我未能看穿她的嘲弄，頓時感到驚惶失措，當我明瞭之後，她已打破我的抗拒。她說：「事情就是這樣。你就像是那頭小牛，最終還是得投降。」她之所以如此不擇手段，只是為了證明人類情感上的反應只能針對人，如果把感情扯到所有的生命，則會喪失這些情感反應的力量，情況會變得很不確定，也沒有效果。

她對抒情詩的不信任又是另一樁事情。唯一讓她感興趣的抒情詩只有波特萊爾的《惡之華》，那是因為她和講師先生的關係，情況特殊。她對詩歌簡短的形式很反感，總覺得它們草草便結束了。有一回，她曾經提到詩歌令人昏昏欲眠，根本就是搖籃曲。成人應當避之唯恐不及，如果他們還停留於此，那真是可恥。我想，她覺得詩歌的感情不夠豐富，還認為激情是非常重要的。惟有戲劇才可信，她以為莎士比亞最能展現人類真實的天性，未嘗添加也不曾減少。

死亡的震撼無論對她或是對我來說，都有強烈的影響，這一點很值得玩味。父親乍然過世時，她二十七歲。這件重大的事終其一生跟隨她，二十五年後仍有著巨大的影響，即使物換星移，根源卻總是一樣。不知不覺當中，她成了我情緒上的典範。戰爭就是死亡的持續增加，以及大量的荒謬。

不久前，她開始擔心我的人生受到太多女性的影響。我如何能憑藉總是強烈吸引我的知識成為一個男人！她藐視自己的性別，她的英雄不是任何一位女子，而是科里奧蘭。

她說：「我們離開維也納是一項錯誤，我讓你的人生過得太過容易了。我見過戰後的維也納，知道後來那裡的情形。」

這是其中的一場戲，她試圖毀掉自己經年累月耐心培育的我。她是一個革命家，深信突發性，以便打破現實與殘酷地改變人們的既有狀況。

我告訴她附近有兩架水上飛機在蘇黎世湖墜毀的事情，令她感到憤怒。一九二〇年秋天，八天之內一連發生了兩次墜機事件，震撼和驚嚇之餘，我寫信告訴了她。湖泊對我有著許多特殊意義，但她對我和湖之間的關係感到很氣憤。她認為死亡對我而言就像是抒情詩。她語帶嘲諷地問道：我是否為此也寫了詩。我回答：「如果寫了，我會拿給你看。」這樣的指責不盡公平，平常我會和她提所有的事情。她接著又說：「我還以為你的摩里克會激發你的靈感。」這使我想起了曾在她面前朗讀的詩：〈冥想！喔靈魂！〉她說：「你深陷在蘇黎世的田園詩裡頭啦。我要帶你離開這裡。你在這裡生活得太舒適了，就像那些老處女一樣地懦弱和多愁善感。以後你大概就想當個花卉畫家吧！」

「不是的，我只喜歡米開朗基羅的先知像。」

「以賽亞，我知道，你曾經告訴過我。你認為這位以賽亞是個什麼樣的人？」

「他曾經和上帝起爭執。」我說道。

「那麼你可知道這是什麼意思？你想像得出這意味著什麼嗎？」

不，我並不知道。我沈默著。突然之間，我替自己感到非常慚愧。

「你認為一個半張著嘴的人，陰森森地直瞪著人咆哮便是爭執了？圖畫的危險就在這裡，他們被凍結成某種不斷、長久且一直上演的姿態。」

「耶利米也是一種姿態嗎？」

「不，兩者都不是。以賽亞不是，耶利米也不是。但是對你來說卻都成了姿態。你只要能盯著他們看就感到心滿意足，如此一來你便不需要親身體驗。這是藝術的危險性！托爾斯泰老早就知道這些了。你其實什麼都不是，卻把自己幻想成那些書上或圖畫裡的人。我不該引導你看書的，現在你又藉著雅塔而認識圖畫。還有呢，你成了書蟲，對你來說，不管菠菜品種學或米開朗基羅都一樣重要。你一天也不曾掙錢養過自己，只要是跟生計相關的事你全部視為『商業』。你對金錢感到不屑，輕視賺錢的工作。你知道嗎？你才是寄生蟲，而不是那些你輕蔑的人。」

這場可怕的對話或許是我們母子從此不和的開端，然而我絲毫未曾察覺，唯一的念頭只是想在她面前替自己辯護。我不打算離開蘇黎世。談話進行之際，我了解到她已下定決心要帶我離開蘇黎世，前往一個比較艱苦、而她也較易監控的地方。

「妳等著瞧吧！我不是寄生蟲。這點我很自豪，我要成為一個人。」

「一個自相矛盾的人！你還真擅於用字遣詞啊！真應該聽聽看自己說了什麼話，好像你發明火藥似的，又好像你做了上帝知道的事，現在得向祂懺悔。你啥事也沒做過，你在閣樓裡連一晚上睡覺的費用也不曾賺過。你所讀的那些書是別人寫的，你只會選擇自己喜歡的，瞧不起所有其他的東西。你真的相信自己是人嗎？人必須為生存而掙扎，但你可曾置身險境當中？可有人威脅過你？沒有人對你迎面痛擊。你只聽一些中聽的話，而且還欣然接受，但是你無權如此。一個自相矛盾的人！你根本不是人！你什麼都不是。一個吹噓的人不是人。」

「我不是吹噓的人。我這樣說是真心的。」

「你會這麼想？你根本就不懂，你所有的知識全是從書上讀來的。你說商業，你其實根本不知道什麼是商業。你認為商業就只是撈錢，但是在撈錢之前，必須先明白一個東西，得先瞭解這個你還不懂的東西，那就是『人』！必須從一些事情著眼，才能確定人是什麼！沒有人會白白給你東西。你以為說些謊話就成啦？真是異想天開！」

「你從沒告訴我說你佩服這類事情。」

「或許我是讚佩這種事，或者還有更令我讚嘆的事。但我現在談的是你的事。你根本沒有權利不屑或佩服任何東西。你首先得知道事情的真相，你必須親身體驗，遭遇挫折後才能證明你能保護自己。」

「我正是這麼做呀！我正在你面前防護自我啊！」

「那也未免太容易了吧！我是一個女人，這和男人之間的情況可完全不同。他們不會輕易饒過你的。」

「那麼老師呢？難道他們不是男人？」

「是啦！是啦！但那是一個人造的環境，在學校裡你受到庇護。他們並不拿你當一回事看，對他們來說，你只不過是個尚待幫助的男孩子，那不算數。」

「我在舅舅面前保護自己，他無法說服我。」

「那只是一場簡短的談話，你同他見面的時間才多久？你得日復一日、時時刻刻跟著他到店裡去，才能知道你是否真能防衛自己。你只在史樸格利喝了他一杯巧克力，然後馬上逃開，這就是你全部的成績。」

「在他那一行，他當然占了上風。在那裡他可以對我頤指氣使，驅過來趕過去的，而我卻得隨時面對他的卑鄙行為。我大可對你直言，他不可能贏得我的信服。」

「或許吧！但這只是你的說辭。你沒證明什麼！」

「我無能為力嘛，我也才不過十六歲，這要我如何證明呢？」

「機會是不多，這倒也是實情。別人在你這個年紀早就投入職場了，如果一切順利，你此刻應該已當了兩年學徒。是我使你倖免於此，但是我卻察覺不到你的感恩。你只有傲慢，而且傲慢還與日俱增。我得告訴你實情：你的傲慢使我錯亂，你的傲慢令我神經緊張。」

「你向來要我認真看待一切。難道這就是傲慢？」

「沒錯啊，你看不起那些和你想法不同的人。你也很狡猾，讓自己過著愜意的生活。你只擔心是否有充裕的書供自己閱讀。」

「那是之前住在舒伊赫策街的時候。我現在壓根兒不曾想過這回事，此刻我什麼都肯學了。」

「什麼都學！什麼都學！根本沒有人辦得到。人必須停止學習，進而採取某些行動。你必須離開這裡！」

「但是沒唸完高中，我能夠做什麼？」

「你永遠也不想做半點兒事，只想完成高中學業，接著上大學。你知道自己為什麼想唸大學？只不過想要繼續學習罷了。這樣一來你會變成怪物，而不是人。學習本身並不是目的；人之所以學習，是為了向他人證明自己的能力。」

「我要一直學習。無論是否能證明自己的能力，我會不斷學習。我要學。」

「怎麼學？怎麼學？誰給你錢？」

「我會自己賺錢。」

「你學了那些知識做什麼用？你會窒息而死。再也沒有什麼東西比死知識來得更恐怖。」

「我的知識不會死，它現在也不是死的。」

「當然沒死，因為你根本還沒擁有它。人必須先擁有知識，它才會死掉。」

「我會運用知識從事一些活動，而不是為了我自己。」

「是，是，我知道。你會贈與他人，因為你根本不曾擁有。你還沒獲得它之前，自然說得很輕鬆。一旦你真的擁有了某些東西，屆時就知道你是否真會送出去，其他的全是廢話。你現在願意把書送人嗎？」

「不，我需要它們。我並沒有說要送給別人，而是說要有所行動，不是為了我自己。」

「但是你什麼都不懂。這些都是姿態、廢話，只因它聽來高尚，你就沈溺其中。其實這全取決於人真正做了什麼，其他的都不算數。至於你所能做的，幾乎所剩無幾。你對自己所有的一切都心滿意足，一個心滿意足的人啥事都不會做的，一個自滿的人是很惰怠。一個自滿的人在他有所為之前，便想著退休了。一個自滿的人總是重蹈覆轍，就像公務員一樣。你太過心滿意足了，你最想要的就是永遠留在瑞士。你對這個世界仍舊一無所知，才十六歲就想退休了。所以你一定要離開這兒。」

我心想，必定是某些事讓她特別惱火，難道又是《黑蜘蛛》？她強烈抨擊我，使我不敢馬上碰這個話題。我於是對她說起自己和女孩子一塊兒去募款時，碰到了那些慷慨大方的義大利工人。這令她歡喜，隨即說道：「那些人得做粗活，卻沒有變成硬心肝。」

「我們何不乾脆到義大利去？」我並不是認真的，只是想試著轉移她的注意。

「不，你想上博物館閒逛，讀讀每座城市的歷史。這不急，你可以日後再去，此刻我談論的不是旅遊玩樂。你得到一個讓自己快活不起來的地方，我要帶你去德國。那兒的人現在很艱困，你該見識一下戰敗後的情況。」

「這不正是你想要的，你希望他們輸掉戰爭。你曾經說過，是他們發動戰爭，誰開啟了戰事就該吃敗仗。我全是從你那兒學來的。」

「你啥也沒學到！你懂嗎？否則你就不會在別人陷於苦難之際，還存著這種念頭。我見到維也納的情形，它始終浮現我眼前，令我忘不了。」

「你為什麼要我看呢？我自己可以想像。」

「就像從書上讀來的，不是嗎？你認為光是讀讀書就足以瞭解了，其實那是不夠的。事實完全是另外一回事，事實就是一切。誰想逃避現實，就不配活著。」

「我並不想逃避，我曾經和你談論過《黑蜘蛛》。」

「你自己挑了一個爛例子。當時我才終於了解你，你之所以留意那個故事，全是因為它和艾門谷有關。你滿腦子想的都是山谷，打從你去過羅遜谷之後就癡呆了。你在那兒聽見兩個字，那兩個字？『過來！小男孩。』或是那邊的類似叫法。那裡的人不善於應對，他們過著與世隔絕的生活，什麼都不懂，又該說些什麼呢？他們從不說些什麼，你因此變本加厲談論著他們。倘若讓他們自己聽見了你的言談，必然大吃一驚。當時你才遠足回來，一連數天談著古高地德語。古高地德語！現今這個時代，他們或許連飽餐一頓的食物都不夠哩！但是你不在乎。你聽見了兩個字，認定那就是古高地德語，因為它們勾起你讀過某些作品的記憶。這比你親眼所見更能讓你激動。老婦人早知道自己不信任的原因就在於你們這類人給她的經驗。你們一路上喋喋不休穿過山谷，因為他們的貧窮而興高采烈，留下他們繼續為生存而掙扎，然後你們以征服者的姿態出現在旅館裡。你毫不留戀晚上的舞會，你帶回了更好的東西，學到了某些東西。那是什麼呢？兩個所謂的古高地德語字彙，連你自己都無法確定。而我卻得坐視你鑽在不存在的東西。我要帶你看看德國的通貨膨脹，那會使你忘了古高地德語區的小男孩。」

我跟她敘述過的每一件事情，她都不曾遺忘，所有的事情全搬了出來。她扭曲我所有的話，而我卻找不出新的話來動搖她。她不曾這般打擊過我，這是生死攸關的問題，倘若她能了解我是如何嚴正地看待她的話語，她會停止一切攻擊，她所說的每個字句都像是鞭子打在我身上。我既覺得她不公平，又覺得她是對的。

她不斷重提《黑蜘蛛》。她的感受與我全然不同，我們之前對它的探討並不真實，她並不否認自己曾嘗試改變我的看法。她從前對荷特海爾夫的說法只是些小爭執，他根本引不起她的興趣。她否定他，認為故事中全是她自己讀出來的真理，那是她的故事，不是他的；蜘蛛的出處不是艾門谷，而是森林療養院。那些和她討論黑蜘蛛的人，其中兩位已經逝去。往常她鮮少與我論及療養院中的死亡事件，然而死亡在療養院卻很尋常。我們見面時，為了怕我受到傷害，她從來也不想讓我猜出那裡所發生的事情。當她不再提及某個名字，我便知道意味著什麼，往後也不再追問。她之所以厭惡「山谷」，似乎只是肇因於它的狹隘。她對我諸多指責，例如喜愛田園詩、無知又自滿等等，其實肇因於她對危機的不安，她想助我脫離這個巨大的危機，而此危機多年來一直存在於我們的生活當中。她把「通貨膨脹」這個字眼和德國串在一塊兒，這個自她口中道出的陌生字眼，聽來像是懺悔。我知道自己不可能說得這麼清楚，但是之前她不曾談論過這麼多關於貧窮的話題，使我的印象很深刻。儘管為了保護自己，我必須集中一切的力量，然而我喜歡她為了攻擊我而指出他人的不幸。

這僅僅是當中的一部分。我對於要離開蘇黎世的威脅感受較為強烈。學校裡已經平靜了一年多，我開始瞭解同學，思索他們，進而和同學們以及許多老師產生歸屬感。雖然我意識到自己在深井區的享受地位有點強奪僭取的味道，身為那裡唯一的男性是有些可笑，然而安全感和不必受質疑卻令我感到十分愜意。在這種有利的狀況下，學習的過程益發精彩。每一天都加入新東西，顯得永無盡頭。我想像如此這般度過一生，任何打擊都無法改變我。那是無所畏懼的時光，和生命的擴張有關，我四下伸出觸角，卻未能意識到這是不公平的，因為每個人都可以獲得同樣的經驗啊。她認為我對羅遜谷居民的那股熱衷是不公平的，我感到既困惑又不知所措。

這次她的嘲諷並沒有突然中斷，而是伴隨著每一個句子逐漸增強。她之前從未拿我當寄生蟲來折磨我，也不曾談論過我必須自立更生的話題。她指責我的「學徒」字眼，她從未使用過，我則向來把它和實用或呆板的活動聯想在一起。我沈溺於字母和辭彙，倘若這即是高傲，那也是因為她堅持而養成的。所有我不曾經歷過、也無從了解的事物，在一夕之間都被她稱作「現實」了。這就好像她把一個可怕的重擔加在我身上，滾動著把我碾碎。當她宣稱「你什麼也不是」的時候，彷彿我的確什麼也不是了。

對於她這種突如其來的轉變、這種存在她天性中的瘋狂矛盾，我並不感到陌生，反而經常讓我看得目瞪口呆又讚嘆不已，這些轉變和矛盾才是她的「現實」，她用它來否定我。或許我太信任這一點了。即使在我們分開的期間，我仍舊依賴她。我從來無法確定她對我所敘述的事情有什麼反應，所有的主動權都操之於她。我企盼她反唇相譏，我希望她動怒。唯有事情牽涉到她公認的弱點時，我才能杜撰一些諸如月光下的鼠舞之類的話來矇騙她。但即使在那一刻，我都覺得她控制一切，是她刻意讓自己受騙的。她是一個活生生的最高法院，她的判決是如此出人意料、如此天馬行空卻又鉅細靡遺。雖然無可避免地招致對立反應，對方卻連上訴的氣力都消失殆盡。她是個不斷提升威權的最高法院，雖然她的要求似乎愈來愈高，卻絕非最高。

但是這一回，我卻覺得她想摧毀我。她談起一些無法反駁的事物，使我明白自己的處境，癱瘓我的防禦；當我想起某些足以表達異議的東西時，她又跳到其他不相干的事物上。她對過去兩年的生活表示惱怒，彷彿她才剛獲悉所有的事情。某些她以前贊同的、或是出於不耐煩而沈默的事情，現今突然都成為不法的行為。她不曾遺忘，她有自己一套獨特的記憶方式，彷彿她隱忍著我和她自己的事情，直到現在才譴責我。

這樣持續了好一段時間，我內心滿是惶恐。我開始對她產生恐懼，不再問自己她為什麼要這麼說。如果我能找到她可能的動機，加以駁斥，便可以減輕自己的束縛。如果我們相互間平等對待，各自據理以爭，便是兩個自由的人。這樣的自信逐漸粉碎了，我發現自己再也沒有足夠的力量提出異議。我只是一堆殘渣，毫無希望。

談話結束後，她不像往常一般筋疲力竭。通常談完話她總要提起自己的病情、她那虛弱的身體，還有她對軀體的絕望。相反地，這次她看來不但強健、狂野，還很堅決，這正是我在其他場合裡最歡喜看見的她的模樣。打從那一刻起，她不再放鬆，忙著遷居到德國，一個如她所言、殘留著戰爭陰影的國度。她認為我應當到一所艱苦的學校去，置身於那些經歷過戰爭且識得困境的人當中。

我用盡各種方法反對遷居，但是她聽不進去，並且強行帶走我。這些年來，在蘇黎世這個天堂的幸運日子就這麼結束了。如果我留在蘇黎世或許會快樂，但是她帶著我離開了。我的確認識了一些自己在天堂裡所不瞭解的東西，就像早期的人類，被逐出天堂後才成形。

得救的舌頭 ／ 伊利亞斯・卡內提(Elias Canetti
)著；林維杰譯. -- 初版. -- 臺北市 ： 臺
灣商務, 2004[民 93]
面 ； 公分. --（Open；4:21）（卡內提
回憶錄三部曲：1）
譯自：Die gerettete Zunge
ISBN 957-05-1881-2(平裝)

1. 卡內提(Canetti, Elias, 1905-1994) - 傳記

784.418 93009234

100臺北市重慶南路一段37號

臺灣商務印書館　收

對摺寄回，謝謝！

OPEN

當新的世紀開啓時，我們許以開闊

OPEN系列／讀者回函卡

感謝您對本館的支持，為加強對您的服務，請填妥此卡，免付郵資寄回，可隨時收到本館最新出版訊息，及享受各種優惠。

姓名：______________________　　性別：□男 □女

出生日期：_____年_____月_____日

職業：□學生　□公務（含軍警）　□家管　□服務　□金融　□製造
　　　□資訊　□大眾傳播　□自由業　□農漁牧　□退休　□其他

學歷：□高中以下（含高中）　□大專　□研究所（含以上）

地址：______________________________________
　　　______________________________________

電話：（H）______________　（O）______________

E-mail: ______________________________________

購買書名：____________________________________

您從何處得知本書？

□書店　□報紙廣告　□報紙專欄　□雜誌廣告　□DM廣告
□傳單　□親友介紹　□電視廣播　□其他

您對本書的意見？（A/滿意 B/尚可 C/需改進）

內容______　編輯______　校對______　翻譯______
封面設計______　價格______　其他______________

您的建議：______________________________________
____
____

臺灣商務印書館

台北市重慶南路一段三十七號　電話：（02）23116118・23115538
讀者服務專線：0800056196　傳真：（02）23710274
郵撥：0000165-1號　E-mail：cptw@ms12.hinet.net
網址：www.commercialpress.com.tw